Rolf Cantzen

Magische Haut

Rolf Cantzen

Magische Haut

Alibri Verlag
Aschaffenburg

2024

Alibri Verlag
www.alibri.de
Aschaffenburg
Mitglied in der *Assoziation Linker Verlage* (aLiVe)

Erste Auflage 2024

Umschlaggestaltung: Eva Creutz
unter Verwendung einer Abbildung von © pexels-karolina-grabowska-4046567
Druck und Verarbeitung: druk-24h, Białystok

ISBN 978-3-86569-403-4

Danksagung und Widmung

Meinem Freund und oftmaligen Ko-Autor Bodo Dringenberg danke ich für all die guten Ideen und Tipps zur Bewältigung des komplexen Stoffs, für seine mehrmalige kritische Durchsicht während des stockenden Zustandekommens des Skripts und für das gründliche Korrekturlesen.

Gewidmet ist das Buch
den mir bekannten und unbekannten Zöglingen
des von Herz-Jesu-Priestern geführten Internates
des Gymnasium Leoninum Handrup,
die dort sexualisierte Gewalt erlebt haben.

In diesem Roman ist weniger erfunden,
als es den Anschein hat

Teil 1

Antwerpen • Maria Groensten (1) • 1. Januar 1489

Vorhautprozession

Sanctum Praeputium soll mich fruchtbar machen. Dieses Mal ist alles richtig. In der Adventszeit haben wir kein Fleisch gegessen und jeden Freitag gefastet. Dann haben wir in der Vorweihnachtszeit und in der Weihnachtswoche nicht ehelich verkehrt. Mein Gemahl hat das einige Male versucht, aber ich habe ihn nicht gelassen. Wir haben sogar etwas von unserem Ersparten der *Bruderschaft von der Hochheiligen Vorhaut* gegeben, damit sie uns in ihre Fürbitte aufnimmt. Jeden Tag habe ich gebetet, dass uns die Hochheilige Vorhaut in diesem Jahr hilft. Wir brauchen endlich einen Stammhalter. Die Eltern fragen schon, woran es liegt, dass ich drei Jahre nach der Hochzeit noch kein Kind habe. Meine Verwandten tuscheln, dass mein starker Mann, der Schmiedemeister, wohl doch nicht so stark ist und der Schwager ärgert mich, dass unfruchtbare Kühe schnell verkauft oder geschlachtet werden.

Jetzt warten wir hier auf dem Domplatz. Die 49 Glocken unserer Kathedrale sind so laut, dass das Lied von der Hochheiligen Vorhaut unseres lieben Herrn kaum noch zu hören ist. Wie immer am Morgen des Beschneidungsfestes haben sich viele Pilger und Fremde unter die Bürger der Stadt gemischt. Mit mir im Schlepptau hat sich mein Mann durch die Menge ganz nach vorn geschoben. Wachen mit ihren Piken halten den Weg frei für die große Vorhautprozession. Mit einem Kopfnicken begrüßen wir die anderen Handwerksmeister mit ihren Familien. Mir ist kalt. Der Wind von Westen her tut weh im Gesicht. Ich stehe ganz dicht bei meinem Gemahl, trete von einem Fuß auf den anderen.

Gleich vorne am Domportal stehen die Adligen mit ihren Bediensteten, dann kommen die reichen Kaufleute mit ihrem Anhang, dann wir, die Handwerker. Einige haben ihre Alten und Kranken mitgebracht. Sie sitzen in warme Decken eingewickelt in ihren Tragestühlen. Das sieht gemütlich aus. Ihnen sind die Füße wohl nicht von der Kälte taub geworden wie mir. Die armen Kranken aus der Vorstadt oder vom Land liegen in ihren dünnen Kleidern auf Schubkarren, die nur mit ein wenig Stroh gepolstert sind. Einige Kranke halten sich hustend an ihren Krücken fest oder stützen sich auf ihre Begleiter. Blinde werden von ihren Angehörigen geführt. Im letzten Jahr soll ein Blinder sehend geworden sein. Davon hatte der Kaplan der Hochheiligen Vorhaut in seiner Predigt erzählt. Doch vielleicht ist das nicht die Wahrheit und er hat das nur gesagt, damit die Kranken kommen und der *Bruderschaft von der heiligen Vorhaut* ihr Geld geben.

Wir alle halten Kreuz und Rosenkranz in unseren Händen. Meine Finger spüre ich schon gar nicht mehr vor Kälte. Wir alle singen das Lied von der Hochheiligen Vorhaut: „*Dilectissimi omnium sanctorum praeputia cordium nostrorum Domino*“. Ich kann ein paar Strophen auswendig und weiß auch, was sie bedeuten, dass nämlich die Hochheilige Vorhaut Jesu die heiligste aller Reliquien ist. Sie ist heiliger noch als Kreuzessplitter und der Schädel vom Heiligen Carolus und sie ist hier, bei uns, in Antwerpen. Das Lied von der Hochheiligen Vorhaut erzählt, dass dem kleinen Jesus, wie allen Judenkindern, am siebten Tag nach seiner Geburt die Vorhaut abgeschnitten wurde. Das hat ihm sicher sehr wehgetan. Unser Herr Jesus ist nach der Kreuzigung in den Himmel aufgefahren: „ ... *ascendit in caelum, sedet ad dexteram Patris*“. Die Vorhaut ist auf der Erde geblieben, während Jesus nun zur Rechten des Vaters sitzt. Am Tag der Beschneidung, am ersten Tag des Jahres, vollbringt die Vorhaut immer viele Wunder. Sie macht, dass die Frauen Kinder bekommen, wenn sie fromm empfangen. Sie heilt Krankheiten und löscht alle Sünden von der Seele, wenn man zusätzlich noch einen Ablassbrief erwirbt.

Gleich werden die Türen der Kathedrale geöffnet. Wie jedes Jahr stellen sich in der Kathedrale der Kaplan der Hochheiligen Vorhaut und die *Bruderschaft von der heiligen Vorhaut* zu einer Prozession auf. Vor der Kathedrale achten die Wachen darauf, dass eine Gasse frei bleibt. Die Adligen dort vorne frieren ganz sicher nicht, auch nicht die Familien der Kaufleute. Die Frauen haben ihre Mantelkragen aus Marderpelz hochgeschlagen. Die Männer tragen Pelze und dicke Goldketten über ihren Kleidern. Die reichen Töchter halten sich am Arm ihrer Mütter fest. Auch sie singen das Lied von der Hochheiligen Vorhaut. Sie können sicher Latein und verstehen alles. Vielleicht macht sie das geil. Meine Tante sagt, das Lied macht trockene Frauen feucht. Mich nicht, obwohl mein Mann neben mir ist. Mir ist einfach nur kalt.

Von hinten drängen die Gesellen, die Knechte und Dienstmägde an die Gasse heran. Die Männer halten die größeren Kinder an der Hand, die kleinen tragen die Mütter auf dem Arm. Alle schieben von hinten, um möglichst nah dorthin zu kommen, wo gleich die Vorhaut vorbei getragen wird. Mein Mann dreht sich um und befiehlt unseren beiden Gesellen, die Leute wieder zurückzudrängen. Seine laute Stimme kann kaum die Glocken und das Singen übertönen. Etwas weiter hinter uns in der Menge stehen auch Menschen mit ihrem kranken Vieh, meist Kühe und Schafe. Eine alte Frau hält eine klapprige Ziege an einem Strick. Sie denkt sich sicher, wenn die Hochheilige Vorhaut unfruchtbare Frauen heilt, warum sollte sie nicht auch dafür sorgen, dass eine alte Ziege noch einmal ein paar Zicklein bekommt? Aber vielleicht liegt es ja auch am Bock. Das denke ich manchmal auch von meinem Gemahl. Es kann auch an ihm liegen.

Auf dem Weg zu unserem Platz sind wir auf pilgernde Büßer getroffen. Sie haben sich mit einem stumpfen Messer ihre verdreckten Schädel geschoren. Einige bluten noch, bei anderen sind die Schnitte verkrustet und vereitert. Die Büßer sind an ihrer schäbigen Kleidung erkennbar und an ihren bloßen Füßen. Sie singen am lautesten, doch davon wird ihnen auch nicht warm. Ein paar besonders Fromme schlagen sich auch dieses Jahr mit ihren Geißeln auf den nackten Rücken. Wer ihnen zu nahe ist, bekommt manchmal Blutspritzer ab oder auch Hautfetzen. Vor einem Jahr, so wurde erzählt, sollen sich einige Büßer nicht nur die Vorhaut abgetrennt, sondern sich sogar eigenhändig entmannt haben. Sie hätten sich dann durch die Menge nach vorn gedrängt, um sich mit dem Abgeschnittenen in den Händen in die Vorhautprozession einzureihen. Ich konnte das nicht sehen, weil wir nach der Prozession immer schnell nach Hause gehen. Der Kaplan der Hochheiligen Vorhaut hatte später die Verschneiderei auf Befehl des Bischofs verurteilt, aber die gottgefälligen Absichten der Geißelbrüder gelobt. Mit den Geißlern machten sich heute Morgen einige betrunkene Seeleute einen Spaß. Sie wollten unbedingt sehen, wie sie ihr Gehänge abschneiden. Die Betrunkenen riefen, die Geißler sollten doch – schnipp, schnapp – sich vom Stachel des Fleisches befreien. Wenn sie verbluteten, kämen sie auch ganz schnell in den Himmel, so ohne Eier.

Im letzten Jahr war es nicht so kalt, da lag zwar etwas Schnee, aber es schien wenigstens die Sonne. Ich versuche beim Singen ein bisschen auf und ab zu wippen, damit meine Füße wieder warm werden. Mein Gemahl lächelt mir zu. Es kann nicht mehr lange dauern, dann öffnen sich die großen Tore im Portal der Kathedrale. Meine Tante erzählt, wenn sie betet und singt und an nichts anderes denkt als an die Hochheilige Vorhaut, dann spürt sie die Kraft und die Wärme von ihr. Und wenn die Prozession vorbeizieht, dann riecht es so gut wie im Himmel. Das ist der süße Geruch des Göttlichen. Der kann einen ganz und gar erfassen. Ich werde schon merken wo, lachte die Tante. Sie meinte, wenn die Prozession den Domplatz verlassen hat, sollen wir sofort nach Hause gehen, ins Schlafzimmer und das tun, was Eheleute tun. Ganz sicher wird dann ein Kind kommen. Die Tante sagt, es sei kein Zufall, dass die meisten Kinder in Antwerpen im Oktober geboren werden. Die göttliche Vorhaut mache die Frauen fruchtbar und gebe den Männern Kraft. Das sei auch bei ihr und dem verstorbenen Onkel so gewesen.

Köln • Bischof Dr. Ralf Flitz (1) • 16. Mai 1989

Die GWK im Bischofspalais

„Wieder einmal ein exquisites Essen! Wir danken Gott und der Küche, besonders unserer Chefköchin Schwester Margarete.“ Die überaus üppige Schwester Margarete lächelt geschmeichelt, sodass ihre speckigen Wangen aus ihrer Ordenshaube hervorquellen. Sie steht zwei Schritte von Cumulus entfernt und entgeht wohl nur deshalb seinem Rückentätscheln. Sie nickt freundlich, macht so etwas wie einen Knicks und schickt mit einem beiläufigen Wink das schwarze Dienstmädchen Josephine und den schwarzen Diener Jonathan zurück in die Küche. Kardinal Cumulus streicht sich, in seinen Stuhl zurückgelehnt, über seinen beachtlichen Bauch und blickt in die Runde. Er trinkt in zwei energischen Schlucken sein Glas leer, beugt sich vor, um sich mit seinen Würstchenfingern auf dem Tisch abzustützen und sich dann in einer ruckartigen Bewegung zu erheben. Er wendet sich an mich: „Ich darf dich, lieber Flitz, noch in die Bibliothek bitten, du wirst dort erwartet.“, und dann beiläufig erklärend an die Runde: „Wir trinken dort noch einen Cognac zusammen, um einige Einzelheiten zu besprechen. Allen anderen danke ich von Herzen für ihr Kommen. Ich hoffe, das Essen und auch der Riesling von unserem Weingut im Rheingau waren ein entspannter Abschluss dieser von hässlichen Kontroversen bestimmten Bischofskonferenz. Doch wir,“, und jetzt legt Cumulus jenes Pathos in seine Stimme, das alle aus seinen Predigten kennen und fürchten gelernt haben, „die *Getreuen des wahren Katholizismus*, die GWK, stehen zusammen in Christo gegen die Modernisierer. Fest im Glauben an der Seite unserer einzig wahren, uns liebenden und beschützenden Mutter Kirche.“

Ich bin in der Runde – zwei Kardinäle und zehn Bischöfe, alles alte grauhaarige oder glatzköpfige Männer in schwarzen Anzügen – mit meinen 47 Jahren der jüngste. Und wohl der Einzige, der nicht angetrunken ist. Vor einem Jahr hatte mich der Papst höchstpersönlich angerufen und mich gebeten, meine Funktion als Generaloberst des *Herz-Jesu-Ordens* aufzugeben, um Bischof von Osnabrück zu werden. Ich hatte damals nur widerstrebend zugestimmt, denn ich hatte meinen Orden da noch nicht ganz auf Kurs gebracht. In zwei, drei Jahren wäre das abgeschlossen gewesen. Jetzt gewinnen wieder die Lauen und Lockeren das Oberwasser und orientieren sich an den notorischen Modernisierern. Bisher ich immer Mittel und Wege gefunden hatte, sie kalt zu stellen: Eine Versetzung nach Südamerika hier, einen Aufenthalt in Rom – zwecks Vertiefung des Glaubens – da, manchmal auch eine deutliche Rüge und ein Hinweis darauf, dass verheiratete Frauen tabu seien. Kurzum: Lange hatte sich mir niemand widersetzt. Deshalb hat mich wohl auch Cumulus in seinen Kreis der *Getreuen des wahren Katholizismus* eingeladen. Seine Jovialität und Schlüpfrigkeit gehen mir bisweilen auf die Nerven, aber er ist entschlossen und auf seine eigene Art sehr geschickt. Nicht ohne Grund schätzt ihn der Papst und hält seine schützende Hand über ihn.

Als ich den Raum verlassen habe, spreche ich noch kurz mit dem alten Bodewig, der bereits auf dem Flur steht. Seine Rührseligkeit ist peinlich: Er ist von seinen eigenen Predigten so ergriffen, dass er immer fast weinen muss. Gut, dass er keine Interviews mehr geben darf. Cumulus hat es ihm auf seine nette, aber verbindliche Art untersagt. Bodewig bedankt sich für meine, wie er sagt, wortgewandte Unterstützung bei der Diskussion vorgestern, als ihn Schapers mit seinen merkwürdigen Thesen in die Enge getrieben hatte. Schapers gilt in der Bischofskonferenz inzwischen als der intellektuelle Kopf der Modernisierer, obwohl er theologisch äußerst schwach auf der Brust ist. Er moralisiert, statt kühl und strategisch zu denken. Die Presse liebt ihn dafür. Cumulus hasst ihn, intrigiert gegen ihn, wo es nur geht.

Ich verabschiede mich vom alten Bodewig, der, wie Cumulus auch, wieder mal ein Glas zu viel getrunken hat. Aber Cumulus bleibt selbst dann konzentriert, wenn er betrunken ist. Das ist seine große Stärke. Cumulus hatte damit begonnen, allen Lebewohl zu sagen und sich bei jedem Einzelnen noch einmal für die Unterstützung der „gemeinsamen alten katholischen Sache" zu bedanken. Er wünscht denen, die das Kölner Palais gerade verlassen, eine Gute

Heimfahrt, schüttelt ausgiebig Hände, tätschelt ebenso ausgiebig Schultern. Denen, die heute im Palais bleiben würden wünscht er eine erholsame Nacht. Er versichert ihnen lautstark, er habe dafür gesorgt, dass die Zimmer im Gästetrakt gemütlich hergerichtet seien und wenn es noch Wünsche gäbe, könnten sie sich an Josephine und Jonathan wenden. Die beiden seien sehr aufmerksam und würden ihnen jeden Wunsch – wirklich jeden, betont er – von den Augen ablesen. Die beiden Schwarzen könnten, obwohl man sie direkt aus der Missionsstation des *Herz-Jesu-Ordens* im Urwald Kameruns geholt habe, inzwischen auch hinlänglich deutsch und seien sehr zugänglich, sehr.

Das wird noch dauern. Ich wende mich endgültig von diesem Szenario ab und Richtung Bibliothek. Cumulus ist mir in seiner Art die Dinge zu händeln manchmal zwar nicht ganz geheuer, aber er weiß, was er will, und es ist für eine gute Sache. Morgen früh wird er sich zutragen lassen, wer wie welche Dienste des schwarzen Ordensnachwuchses in Anspruch genommen hat

In der Bibliothek warten bereits zwei Herren auf mich. Dem einen, Pater Winczyk, bin ich bereits einmal bei einem Treffen der GWK vorgestellt worden. Damals war ich noch nicht Bischof, sondern frisch ernannter General der deutschen Provinz meines Ordens. Winczyk ist für das heutige Treffen extra aus Rom angereist. Er gilt als enger Vertrauter des Papstes. Cumulus erklärte mir, er sei der Mann des Papstes für besondere Aufgaben, quasi der päpstliche Mann fürs Grobe. Seine Karriere hatte er im katholischen Untergrund als Exorzist im kommunistischen Polen begonnen. Inzwischen pflegt er europaweit beste Kontakte zu den Führungsspitzen konservativer Parteien, sogar zu den neuen Reichen in Osteuropa.

Winczyk begrüßt mich kumpelhaft, wie einen alten Bekannten. Er gibt sich nicht die geringste Mühe, seinen polnischen Akzent zu unterdrücken: „Nun, Flitz, hast du die nette Runde mit den *Getreuen des wahren Katholizismus* gut überstanden?“

„Überstanden ja. Gut nein. Ich ertrage dieses Gejammer nicht sehr lange. Unser lieber Cumulus ist bewundernswert, dass er hier so geduldig ist. Er tut wirklich alles, um unsere Gruppe zusammen – die Reihen sozusagen 'fest geschlossen' zu halten."

„Viel Erfolg hatte er bei den Modernisierern der Bischofskonferenz allerdings nicht, habe ich gehört. Selbst Neumann soll sich inzwischen von uns distanzieren. Der alte Ehrgeizling will wohl doch noch Kardinal werden? Ich weiß nicht, wer ihm diesen Floh ins greise Ohr gesetzt hat. Der Papst denkt gar nicht daran. Wenn ein Sitz vakant wird, nähme er eher noch den alten Bodewig, der ist zwar dumm, aber immerhin treu. Für dich, lieber Flitz, ist es ja noch etwas zu früh für den roten Kardinalshut." Winczyk lacht kennerisch.

Er schmeichelt mir, testet mich. Ich ignoriere das und mache weiter mit Neumann: „Der gute Neumann bat mich übrigens in einem persönlichen Gespräch darum, mich doch ein wenig zurückzuhalten mit meiner Ablehnung zu gemischtkonfessionellen Ehen und mit meinen Äußerungen zur Abtreibung."

„Und, was hast du ihm geantwortet?"

„Dass ich meinem Glauben folge und dass mir Prinzipien und Traditionen wichtiger sind als wohlfeile Anpassung und gefälliger Opportunismus. Ich gab ihm den Rat, sich doch an Bischof Schapers zu wenden, der sich in seinen zahlreichen Interviews weiter aus seinem liberalen Fensterchen in Hildesheim lehnt, als unserer Kirche guttut. Daraufhin meinte Neumann, wir hätten uns doch geeinigt, die jeweiligen Flügel an der langen Leine laufen zu lassen. Schapers sei nun mal Reformer. Ein breites katholisches Spektrum sei gut für die Öffentlichkeit. Die Kirche bliebe so außerdem Thema in den Medien und so weiter ..."

Winczyk lacht nun nicht mehr, er kommt einen halben Schritt auf mich zu: „Das war aber noch nicht alles, habe ich gehört.", fragt er lauernd.

„Was du so alles hörst. Aber du hast recht." Unglaublich, er weiß tatsächlich von unserem Gespräch, obwohl außer mir und Neumann niemand anwesend war. Ich versuche meine Verunsicherung zu verstecken, lache vielleicht etwas zu laut, als ich antworte: „Neumann geht mir mit seiner Schleimerei auf die Nerven. Ich habe ihm versichert, dass Inkonsequenz uns noch mehr Glaubwürdigkeit kosten würde als die übergroße Zuneigung mancher Würdenträger zu ihren Messdienern."

Nun scheint mir Winczyk etwas zu laut zu lachen. Ganz plötzlich unterbricht er dieses Lachen und fragt kalt: „Und Neumann?"

„Neumann ist mit hochrotem Kopf abgezogen und hat dann noch irgendetwas von übler Verleumdung in seinen Pfaffenbart gemurmelt.", berichte ich.

„Der alte Bock sollte sich wirklich ein wenig zurückhalten, sonst könnten gewisse Stellen ihre Schweigegeldzahlungen an seine Ex-Messdiener einstellen oder ihm bei seinen Eskapaden auf die Finger – oder besser auf etwas anderes schauen."

Ich nicke: „Ist Neumann tatsächlich immer noch 'aktiv'? Er ist schon über siebzig?"

„‚Aktiv'. Gut ausgedrückt.", schmunzelt Winczyk kalt, „Er liebt Knaben so zwischen zwölf und vierzehn. Gerade hält er sich an zwei Flüchtlingsjungen aus Sri Lanka, die er in den Schoß der Kirche aufgenommen hat – und die andersherum jetzt etwas von ihm aufnehmen."

„Diese Sau."

„Nicht so hart, lieber Flitz, nicht so hart! Der Mensch ist schwach und sündig, manche sogar bis ins hohe Alter. Darum gibt es Mutter Kirche, die alles verzeiht und gelegentlich auch den geliebten Messdienern ein gutes Taschengeld zahlt. Es gibt noch mehr von diesen knabenliebenden Neumännern, meist kleine Lichter, aber nicht nur. Cumulus führt Buch. Vergiss nicht: Die stehen uns im Bedarfsfall treu zur Seite."

„Schapers auch?"

„Nein, nein. Schapers ist sauber und hält sich seit vielen Jahren an seine Haushälterin. Er durfte sie sogar mitnehmen an seinen Bischofssitz, als gut bezahlte Chefköchin. Sie hat eine Tochter im Teenager-Alter. Ich weiß nicht, ob sie *Papa* zu ihm sagt. Jedenfalls braucht ihre Mutter das Geld."

„Ist die Tochter von ihm?"

„Wohl nicht von ihm, sondern vom Vorgänger seiner ehemaligen Gemeinde. Er war ja mal ein knappes Jahr Gemeindepfarrer."

Winczyk ist wirklich bestens informiert. Ich habe immer gedacht, Schapers sei eine Art Saubermann. Aber das mit seiner treuen Köchin macht auch ihn erpressbar. Vielleicht hat ihn der Papst deshalb zum Bischof wählen lassen. Die alte Haushälterin-Nummer ist immer noch die sauberste Art, sich ein bisschen Privatleben zu gönnen. Neumanns Vorliebe für Jungen hingegen ist widerlich. Das würde ich am liebsten gleich öffentlich machen ...

„Vor was ich dich warnen möchte, Flitz", reißt Winczyk mich aus meinen Gedanken, „keine nutzlose Konfrontation mit den Modernisierern. Langfristig kommen wir weiter mit einer zurückhaltenden Strategie. Wir brauchen einen allmählichen und nachhaltigen Umschwung. Langer Atem ist gefragt und natürlich eine gewisse, nun ja, Raffinesse."

„Wäre nicht auch eine konsequentere Haltung angebracht?"

„Ja auch das. Aber vor allem Geduld. Und wer weiß, vielleicht hilft uns Gott, wenn wir ein bisschen nachhelfen.", bemerkt Winczyk geheimniskrämerisch süffisant.

„Was habt ihr beide denn für Geheimnisse, du und Cumulus?", versuche ich daher so beiläufig wie möglich zu fragen.

„Warten wir noch auf ihn, er dürfte da draußen bald fertig sein. Nur soweit schon mal: Es geht um ein Andenken. Etwas, das Jesus uns auf Erden hinterlassen hat, mein Lieber. Etwas, das in dein theologisches Fachgebiet fällt. Hast du nicht über Volksreligiosität promoviert? Da spielen doch auch Reliquien eine Rolle."

Antwerpen • Maria Groensten (2) • 1. Januar 1489

Befruchtung

Endlich öffnet sich das Portal unserer Kathedrale. Zuerst treten vier Wachen mit ihren Piken heraus. Sie bahnen der Vorhautprozession den Weg. Notfalls schlagen sie zu, aber nicht vorne bei den Adligen und Kaufleuten. Den Wachen folgen zwei der *Bruderschaft von der heiligen Vorhaut* mit ihren vier Messdienern. Sie tragen ein weißes Hemd über ihrer schwarzen Soutane. Sie gehen langsam und schwenken die Weihrauchfässchen, aus denen es ordentlich raucht. Ihnen folgt ein Mitglied der Bruderschaft, der ein Kreuz trägt. Dort, wo sich die beiden Balken des Kreuzes treffen, ist ein goldenes Kästchen mit vielen Edelsteinen darauf angebracht. Im Kästchen sind große Splitter vom Kreuz, an dem unser Herr Jesus gestorben ist. Der Bruder, der das Kreuz trägt, reicht es den Adligen so an, dass sie es küssen können. Dem Bruder mit dem Kreuz folgen wiederum vier Messdiener, die kleine Glocken in der Hand tragen, die sie heftig läuten. Bis zu unserem Platz kann man sie aber kaum hören. Die 49 Glocken im Turm sind zu laut. Außerdem singen alle das Lied von der Hochheiligen Vorhaut.

Da kommt sie endlich, die Hochheilige Vorhaut, das *Sanctum Präputium*. Ein aufgeregtes „Präputium“ geht durch die Menge. Der Kaplan der Hochheiligen Vorhaut tritt aus dem Dom. Er trägt einen dicken runden goldenen Stab, um dessen Spitze ein mit Diamanten besetztes goldenes Band gewunden ist. Auf der Spitze ist ein rundes verziertes Kästchen angebracht. In diesem Kästchen befindet sich ein Glasfläschchen und in diesem Fläschchen ist sie: die Vorhaut. Das wissen hier alle. Der Kaplan dreht er sich zuerst nach rechts, dann nach links. Er neigt den Stab ein wenig zu den adligen Damen hin. Diese heben beide Hände, bekreuzigen sich dann. Der in Messgewänder gekleidete dicke Kaplan der Hochheiligen Vorhaut nickt ihnen zu. Dann geht er weiter zu den Kaufleuten und ihren Familien. Ein junges Fräulein versucht laut schluchzend den goldenen Vorhautstab zu fassen, doch der Kaplan lässt das nicht zu. Ihre Mutter zieht sie zurück und nimmt sie in den Arm. Auf der anderen Seite der Gasse, die sich gebildet hat, passiert auch etwas: Die junge Frau des Ratsherrn reißt sich ihren Mantel und ihr Kleid auf und schreit etwas. Der Kaplan wendet sich rasch von ihr ab und der Menge auf der gegenüberliegenden Seite zu. Die junge Frau bricht zusammen und wird vom Ratsherrn unbarmherzig wieder hochgerissen. Solche Vorfälle passieren immer wieder.

Zwei weitere Soldaten mit ihren Piken schieben die anderen Kaufmannstöchter zurück. Beim einfachen Volk sind sie weniger vorsichtig. Hinter dem Kaplan der Hochheiligen Vorhaut folgen jetzt die Brüder in zwei Reihen. Auch sie schwenken Weihrauchbehälter und singen das Lied von der Hochheiligen Vorhaut. Der Prozession schließen sich die Adligen, dann die Kaufmannsfamilien an. Schließlich erreicht der Zug auch die Meister der Zünfte und die Handwerker. Nur der alte Lehrherr meines Mannes und seine Familie stehen noch zwischen mir und dem Träger der Reliquie. Ich merke, wie mir die Tränen über die Wangen laufen. Ich singe und hebe meine Arme. Die Vorhaut muss mich fruchtbar machen. Ich will es so sehr. Mir ist ganz warm geworden. Alles ist warm. Und dann ist der Kaplan der Hochheiligen Vorhaut ganz nah bei uns. Er senkt den Stab etwas, berührt kurz die Diamanten. Dabei hält er den Stab leicht schräg. Mein Gemahl könnte ihn nun greifen. Warum nimmt er ihn nicht und lässt ihn mich berühren? Ich will den Stab küssen, ihn nah bei mir spüren. Ich will das heilige Präputium küssen und immer wieder küssen. Da sehe ich, wie einige Blutstropfen aus dem Kästchen austreten. Jetzt weiß ich: Sie ist die einzig wahre Vorhaut, das Fleisch des Erlösers. Es ist so, wie es der Kaplan erzählt: Gottfried von Bouillon hat sie im Heiligen Land, in Jerusalem erhalten. Sein Kaplan Arnold Heerbrandt hat sie dann nach Antwerpen gebracht. Einem Toten hatte man die Vorhaut auf die Lippen gelegt und der hat wieder angefangen zu atmen. Es ist die Vorhaut unseres Herrn Jesu. Und wie sie duftet, sie duftet so innig und schön nach Lilien, Rosen – und auch noch etwas anderem, nach etwas gar nicht so Frommem. Es ist so schön, dass mir fast die Sinne schwinden.

Als meine Augen wieder sehen und meine Ohren wieder hören, spüre ich immer noch den Duft. Mein Mann muss mich fest unter dem Arm halten, so sehr zittere ich. Meine Beine halten mich nicht mehr und mein Atem geht schnell, sehr schnell. Doch als die Reihe der Vorhautbrüder vorübergezogen ist, kann ich mich wieder auf meine Beine verlassen. Aber dieser heilige Duft erfüllt immer noch meinen Schoß, meinen ganzen Körper und meine Seele. Endlich ist es so, wie die Tante sagte: Ich spüre etwas in mir, überall. Endlich werde ich ein Kind bekommen.

Mein Gemahl zieht mich nach hinten und sagt, er will jetzt nach Hause gehen. Lang genug hat er gewartet. Ich habe die Wärme schon in mir und lache und singe. Ich singe das Lied von der Hochheiligen Vorhaut: „*Dilectissimi omnium sanctorum praeputia cordium nostrorum Domino*". Die Übersetzung des Textes kenne ich: dass die Vorhaut dem Herrn Jesu im zarten Alter von sieben Tagen abgeschnitten wurde, wie jedem anderen Judenknaben, dass sie aufbewahrt wurde in heiligem Öl. Lange Zeit hat Jesus dann seine Vorhaut im Verborgenen gehalten. Ihre Nähe macht die Frauen zu Müttern, die Männer zu Vätern. Sie heilt die Kranken und gewährt frommen Büßern Sündenerlass. In den Wirtshäusern der Stadt wird das Lied immer gern gesungen und macht die Männer geil, so wie jetzt meinen Gemahl, der schnell nach Hause möchte.

Immer wieder werden Geschichten erzählt, dass am Beschneidungstag auch der fette Kaplan der Hochheiligen Vorhaut in der Sakristei nach seinen Messdienern verlangt und dass die Großeltern sich an ihre Jugend erinnern. Es gibt auch Geschichten über einen Einbeinigen, der sich ganz sicher war, dass ihm das fehlende Bein nachgewachsen sei. Er wollte loslaufen und hat sich beim Sturz das Genick gebrochen. Und es gibt die Geschichte von einem Verschnittenen, der an diesem Tag sein Geld ins Freudenhaus trug und erst nach drei Tagen wieder herauskam. Auch bei mir wird es jetzt gelingen. Ich werde ein Kind bekommen, hoffentlich einen Jungen, doch ein Mädchen wäre auch schön.

Köln • Bischof Dr. Ralf Flitz (2) • 16. Mai 1989

Strategiediskussionen

Was Winczyk wohl alles von mir weiß? Es kann nicht viel sein. Ich war immer vorsichtig und verhalte mich seit meiner Bischofsweihe vor einem Jahr geradezu vorbildlich. Ich bin zwar streng, aber nicht so wie früher, bin immer gutmütig, meist moderat. Ich zwinge mich bei meinen Predigten und öffentlichen Auftritten dazu, milde zu lächeln und etwas Väterliches auszustrahlen und, wenn das notwendig ist, auch Betroffenheit zu zeigen. Ich übe meine verschiedenen Gesichtsausdrücke regelmäßig vor dem Badezimmerspiegel. Diesen Tipp habe ich aus einem Buch für Manager mit dem Titel *Kopf gewinnt: Empathische Dominanz im erfolgreichen Unternehmen.* Gefühle bestimmen die Welt und man muss auf ihrer Klaviatur zu spielen wissen. Dazu gehört auch ihre Kontrolle. Aber mein Ausfall, meine grobe Andeutung gegen den perversen Neumann tat mir gut, hat ihn sicher gequält. Aber vielleicht war das doch ungeschickt gewesen.

Woher verdammt nochmal weiß Winczyk von meinem Gespräch mit diesem widerlichen, alten Päderasten. Es hatte uns ganz sicher niemand hören können. Wir standen abseits in einer Nische. Vielleicht hat sich Neumann jemandem anvertraut und der hat es an Winczyk weitergetragen? Unwahrscheinlich. Wem sollte er sich als Kinderschänder offenbaren? Etwa seinem Beichtvater? Lachhaft. Vielleicht gab es in den Räumlichkeiten der Bischofskonferenz auch Abhöreinrichtungen und Kameras? Das würde ich Winczyk und auch Cumulus zutrauen. Schließlich geht es um die katholische Sache. Es ist nicht ganz unwichtig, wer wem was mitteilt. Von den Geheimnissen anderer zu wissen, bedeutet Macht, deshalb sollte ich auch gegenüber Winczyk vorsichtig sein.

Winczyk erzählt mir inzwischen, dass die Glaubensüberzeugungen der *Getreuen des wahren Katholizismus* auf dem Vormarsch seien: Ich solle nach Polen schauen, nach Frankreich, nach Spanien und Lateinamerika. Dort würden wir Fortschritte machen, versichert er. Da seien wir ganz nah dran an den nationalistischen und konservativen Kräften. In zehn bis fünfzehn Jahren werde es auch in Deutschland und Frankreich und Italien anders aussehen. Auch in Deutschland gäbe es Kräfte, die bereit stünden, eine christliche Heimatpartei zu gründen. Bald würde man die 68er das Fürchten lehren. Winczyk gibt sich sichtlich Mühe, kämpferisch zu wirken und endet allzu offensichtlich mit einem Satz, von dem er meint, dass er mir gefallen muss: „Glauben, Kirche, Familie, Vaterland – das sind unsere Werte.“

Dass ich während dieser kleinen Rede immer wieder zur Tür geschaut habe, dürfte Winczyk nicht entgangen sein. Ich warte auf Kardinal Cumulus, damit diese angestrengte Plauderei ein Ende hat.

„Ja, sicher, Glaube, Familie, Vaterland, das sind unsere Wurzeln.“, stimme ich Winczyk schnell zu. „Doch ich meine wir brauchen – aus rein strategischen Gründen selbstverständlich – auch etwas, das uns verbinden könnte mit den Linken, zum Beispiel den Umweltschutzbewegungen. Die sprechen vom Bewahren der Schöpfung. Und das ist doch eigentlich unsere Sprache. Die Kirche wollte schon immer die Schöpfung und das Leben bewahren. Das bietet doch Anknüpfungspunkte außerhalb des nationalistisch-konservativen Lagers.“

Cumulus lässt immer noch auf sich warten. Doch es nähert sich uns eine andere Person aus dem hinteren unbeleuchteten Teil der Bibliothek. Sie hatte dort, von mir unbemerkt, in einem Sessel mit einer hohen Lehne gesessen: deutlich jünger als wir, sportlich, breitschultrig, Halbglatze, kurz geschnittener Bart, grauer Rollkragenpullover unter dem schwarzen Jackett. Winczyk schien ihn vergessen zu haben: „Ach Völler! ... Lieber Flitz, darf ich dir Pater Bernd Völler vorstellen. Ihr kennt euch doch noch nicht persönlich, oder? Völler ist unser Mann für die Umsetzung neuer Strategien. Er arbeitet schon länger mit mir zusammen, und mit Cumulus.“

Natürlich kenne ich Völler. Er ist auch beim *Herz-Jesu-Orden*. Wie kommt Winczyk also auf Idee, dass wir uns nicht kennen? Winczyk spielt ein Spiel. Er will den Eindruck erwecken, dass er doch nicht so gut informiert ist: Understatement. Ich wusste allerdings nicht, dass Völler so enge Beziehungen zu Cumulus unterhält. Und ich hatte ihn immer zu den Modernisierern gezählt. Pater Völler tritt lächelnd auf uns zu. Er bewegt sich leicht und flüssig, wie ein Sportler, und er lächelt offen. „Guten Abend, Exzellenz, und noch meinen Glückwunsch zu ihrer Ernennung."

„Die ist schon fast ein Jahr her. Und lass den Unsinn mit der 'Exzellenz'. Ich hatte dich nicht in unseren Kreisen vermutet." Ich gebe ihm die Hand. Er hat einen sehr festen, aber nicht unangenehmen Händedruck.

Winczyk schaltet sich ein: „Ich glaube, wir können uns duzen. Wir ziehen am selben Strang."

Ich stimme ihm zu. Völler ist also der Mann mit den unorthodoxen Methoden. Cumulus hatte uns gegenüber schon erwähnt, dass er einen absolut loyalen Mann an der Hand habe, der komplizierte Aufträge diskret erledige.

„Völler gehört zu den *Getreuen des wahren Katholizismus*, zur GWK", fährt Winczyk mit seiner Vorstellung fort, „doch er ist ein Klandestiner, einer, der lieber im Verborgenen wirkt mit etwas anderen Spielregeln. Der Wind bläst uns scharf ins Gesicht. Das rechtfertigt es, dass wir unsere Handlungsspielräume ein wenig erweitern ..."

„Das sind fast wörtlich die Formulierungen unseres Kardinal Cumulus ...", wirft Völler ein.

„... und Cumulus hat diese Ideen aus Rom mitgebracht.", beendet Winczyk.

Ich höre Schritte.

Endlich hat sich Cumulus vom Bischofskollegium verabschiedet. „Ihr sprecht von mir? Ich hoffe, nur Gutes, meine Lieben."

Winczyk wendet sich um: „Immer nur Gutes, Cumulus, immer nur Gutes. Wir schätzen dein Geschick und auch deine Geduld im Umgang mit den Leuten."

„Beides benötigen wir, Geschick und Geduld und – wie ich gehört habe – erweiterte Handlungsspielräume – *ad maiorem Dei gloriam*."

„Unser Cumulus ist und bleibt ein Jesuit", lacht Winczyk. Cumulus nickt ihm zu: „Und unser guter Winczyk ist der Jesuit der Jesuiten, obwohl er sich, wie Völler, als harmloser Pater des *Herz-Jesu-Ordens* tarnt."

„Alles zur größeren Ehre Gottes“, bestätigt Winczyk das Motto der Jesuiten.

„Diese Ehre braucht heute viel Unterstützung. Was ich in der Konferenz nicht erwähnen wollte: In meiner Diözese gab es in den letzten fünf Jahren einen Mitgliederschwund von fast elf Prozent durch Todesfälle und Austritte. Ähnlich sieht es auch in den anderen Diözesen aus, von Bayern einmal abgesehen. Ganz schlimm. Außerdem hat sich unsere Finanzabteilung einige Male arg verspekuliert. Nur gut, dass die Bodenpreise in den Städten steigen. Das aber nur nebenbei. Wir haben uns hier versammelt – möchte übrigens noch jemand einen Cognac, ich habe hier einen sehr schönen alten, wunderbar ... niemand ... ? Dann eine Zigarre? ... Winczyk? ... Also, wir brauchen etwas wirklich Neues, eine ‘Produkterweiterung’ sozusagen – einen großen spirituellen Aufschwung, meine Herren, einen ungewöhnlichen spirituellen Aufschwung.“

Ob Cumulus der Cognac wirklich so gut tut, wage ich zu bezweifeln. Erstaunlich behände dreht er sich um, geht einige Schritte und macht vor dem Schränkchen Halt, in dem ich immer besondere Akten vermutet hatte. Cumulus kommt mit der Karaffe und zwei Cognac-Schwenkern in der Hand zurück, gibt mir beide in die Hände und schenkt ein, nimmt ein Glas zurück und prostet mir zu: „Na, dann mal zum Wohl, Herr Bischof.“

Der Cognac ist wirklich vorzüglich. Winczyk und Völler grinsen. Winczyk kann sich ein „Na zdrowie“ nicht verkneifen.

Cumulus fährt fort: „Uns helfen keine Jazz-Messen und Jugendfreizeiten mit tolerantem Aufsichtspersonal, uns helfen keine Kontemplationswochenenden für Manager und Lehrerinnen in unseren Klöstern, uns helfen keine Notfallseelsorger bei Terroranschlägen und keine ökumenischen Gedenkgottesdienste bei Flugzeugabstürzen oder dergleichen. Das ist alles gut und schön. Ich meine, ich habe vor zwei Wochen selbst einen feierlichen Gottesdienst zu einem Busunglück mit achtzehn Toten zelebriert, mit einer anrührenden Predigt – mein Sekretär schreibt wunderbar anrührende Predigten, ich habe zwar den Verdacht, er schreibt sie irgendwo ab und verändert sie nur ein wenig, ihr müsst wissen, er ist ein bisschen dämlich, aber offensichtlich ist er schlau genug, sich so zu retten – und anschließend habe ich eine gut besuchte Pressekonferenz abgehalten. Auch meine Talkshow-Auftritte waren ein kleiner Erfolg. Aber sind wie doch mal ehrlich: das reicht doch alles nicht! Was wir brauchen, ist eine neue katholische Religiosität und Innigkeit, eine volksnahe und zugleich natürlich kontrollierte Spiritualität ..."

Als Cumulus den nächsten Schluck Cognac nimmt und so zu einer Sprechpause gezwungen, ist, ergreife ich die Chance und das Wort und erläutere den dreien noch einmal, was ich in einem internen Thesenpapier bereits vor einem halben Jahr formuliert hatte: dass sich nämlich die neue katholische Spiritualität durchaus auch daran orientieren könnte, was innerhalb der immer weiterwachsenden Esoterik- oder New-Age-Szene geschieht.

„Ich weiß, Cumulus, davon willst du nichts hören, aber Spiritualität findet derzeit überall statt, nur nicht bei uns. Haltet euch das einmal vor Augen: Die Esoteriker machen Engelworkshops und rufen ihre Schutzengel an. Und wir? Wir überlassen den Esoterikern sogar dieses Feld: die Engelsverehrung, die ja schließlich zu unserem volksreligiösen Traditionsbestand gehört. Schamanen machen mit ihren Klienten Phantasiereisen in ein Jenseits und stellen Kontakte zu sogenannten Geistführern her. Das was sie Geistführer nennen, das sind im Grunde doch unsere Heiligen! Es gibt Meditationsworkshops, an denen jedes Jahr tausende von Menschen teilnehmen. Ich erinnere daran, dass wir eine alte Tradition der Kontemplation in den Klöstern hatten. Warum nicht daran anknüpfen? Oder die sogenannten Weisheitslehrer, die den Menschen Erleuchtung oder ein 'Erwachen' versprechen. Haben wir nicht auch unsere Pfingsttradition? Stichwort Mystik: Workshops zur christlichen Mystik stehen hoch im Kurs! Da werden Texte von Meister Eckhart und Angelus Silesius gelesen. Warum verabschieden wir uns nicht von unserer Arroganz gegenüber den Mystikern, veranstalten selbst derlei Workshops und inszenieren mystische Erlebnisse beziehungsweise 'Ozeanische Gefühle'. Warum nicht? Es gibt Benediktiner-Mönche in den Klöstern, die das können. Oder Geistheilung. Wir beten doch im Grunde auch dafür, dass Menschen gesund werden! Die Geistheiler der Esoterikszene machen nichts anderes, nur verbunden mit irgendwelchen netten Ritualen. Es gibt Heiler in den USA und in Mittel- und Südamerika, die mit christlichen Reliquien gute Erfolge erzielen. Oder – nächstes Stichwort – : Reinkarnation bzw. Wiedergeburt! Auch wenn unsere katholische Lehre das nicht zulässt. Aber warum verabschieden wir uns nicht von dieser, ich nenne es einmal 'Jenseitsabstinenz': Vermitteln wir den Menschen doch wieder den Gedanken an ein wirklich besseres Jenseits, ein Jenseits, das wir mit allen Sinnen genießen kön ..."

Winczyk fällt mir ins Wort: „Und umgekehrt: Wir müssen wieder vor Hölle und Teufel warnen. Ich habe als Exorzist Teufel und Dämonen in vielen Menschen gesehen. Vielen konnte ich helfen, sehr vielen, aber leider nicht allen."

„Auch das.", stimme ich zu, „Und sogar das, was sich derzeit unter feministischer Theologie etabliert, an den Universitäten. Das muss man sich mal vorstellen, einige driften sogar in die Verehrung altorientalischer Göttinnen ab. Lächerlich. Aber wir könnten hier bei der katholischen Marienverehrung anknüpfen, schon um das aufzufangen. Wir müssen mit unseren sogenannten weiblichen Anteilen offensiver umgehen. Wir haben offensichtlich wohl auch eine weibliche Kraft ..."

Cumulus grinst breit, Winczyk zieht skeptisch seine linke Augenbraue hoch. Nur Völler signalisiert mit einem Nicken sein Einverständnis.

Dann pflichtet mir Winczyk doch und mit leichter Ironie bei: „Doch, da hast du recht Flitz, da hast du sehr recht. Als Pole bin ich mit dieser weiblichen Seite der Macht aufgewachsen. Meine Großmutter verehrte die Jungfrau Maria wie eine Göttin – mit ihr im Rücken hatte sie die ganze Großfamilie im Griff. Das hat etwas Matriarchales."

„Ich meine das sehr ernst, Winczyk: Wir müssen mit christlichen volksreligiösen Traditionen an der heutigen Esoterik anknüpfen, ihre Themen übernehmen und so zurückführen in unsere katholische Kirche. Das ist auch nicht Neues, wir haben immer Fremdes integriert und überschrieben: in Südamerika, in Afrika, in Asien.

Schon bei der Germanenbekehrung: Unter vielen katholischen Kapellen liegt ein Heiligtum der Heiden, wir haben ihre sogenannten Kraftplätze übernommen. Das ist auch heute unsere Chance, nicht im Abseits zu enden oder uns unsere Identität von Modernisierern wie Schapers und Co. abschleifen zu lassen. Die wollen nicht wirklich modernisieren, sondern nur alles nivellieren."

Winczyk lächelt nun nicht mehr. Cumulus trinkt sein Glas leer.

„Lasst mich noch einen letzten Aspekt anführen: In der Esoterikszene inszenieren sich geistige Lehrer, Gurus. Sie versprechen Erleuchtung und spirituelle Hilfe. Warum machen *wir* das nicht? Die Gurus der Esoterikszene kassieren ab, zwanzig bis vierzig Milliarden Mark im deutschsprachigen Raum. Warum nicht *wir*? *Wir* sind das Original!"

Winczyk klatschte ein wenig ironisch Beifall: „Ja, mein lieber Flitz. Wir sollten uns also nicht scheuen, das Rad der Geschichte ein wenig zurückzudrehen."

„Nein, weiterzudrehen, Winczyk, *weiter*. Und wieder zu den Menschen hin. Der Katholizismus war noch nie eine kalte Intellektuellenreligion. Das überlassen wir doch *gerne* den Protestanten."

Völler, der bis jetzt schweigend zugehört hat, ergänzt: „Ja, und es darf ruhig ein bisschen laut und kitschig werden. Und mit Weihrauch sollten wir auch nicht sparen. Weihrauch, viel Weihrauch ist nötig und ein bisschen Geheimnis und Zauberei ..."

Ich bin erleichtert, dass ich mit meinen Ausführungen nicht völlig auf taube Ohren stoße und schlage einen versöhnlicheren Ton an, als ich meine Kompetenz dieses Thema betreffend weiter zu unterstreichen versuche: „Lest einmal die jüngsten Publikationen der kirchlichen Sektenbeauftragten und der Religionswissenschaft! Das sind patchworkreligiöse Tendenzen, synkretistische religiöse Formen, da müssen wir uns einhaken. Die Leute, die auf dem Esoterikmarkt ihre religiösen Bedürfnisse stillen, sind für uns nicht verloren ..."

„Jaja, Flitz.", unterbricht mich Cumulus. An seinem leichten Lallen merken sicher auch die anderen Anwesenden, dass der Alkohol nun auch beim trinkfesten Kardinal seine Wirkung hinterlassen hat. „Du hast ja bereits Ähnliches gesagt, auch in deinem Interview neulich, allerdings viel, viel vorsichtiger. Schönes Interview. Und du hast ja recht. Die Kirche muss ihre Schäfchen zurückholen durch alte Formen der Spiritualität und eine neue Volksfrömmigkeit, die an die Bedürfnisse der Menschen anknüpft. Man merkt, dass du zum Thema Reliquienglaube und Volksfrömmigkeit promoviert hast."

„Nun ja, aber aus Reliquien lassen sich ja nun einmal keine Rezepte für die Zukunft gewinnen." Ich frage mich warum Cumulus mich auf meine Dissertation anspricht. „Was war, das muss man aus der Zeit heraus verstehen, das ist nicht wiederzubeleben. Reliquien waren einmal eine tragende Säule des Volksglaubens und nebenbei bemerkt, auch eine tragende ökonomische Säule so mancher Diözesen. Die Wallfahrten, Prozessionen, die kleinen und großen Wunder, die Schauspiele, die veranstaltet wurden. Das weißt du als Jesuit ja ganz genau, Cumulus. Aber damit habt ihr Jesuiten noch nicht einmal eine erfolgreiche Gegenreformation in Gang setzen können im 17. Jahrhundert."

„Mit deiner Überlegung, das Wasser der Esoterik auf unsere Mühlen zu leiten, bist du gar nicht so weit von dem entfernt, was ich meine.", kommt mir Cumulus nun erstaunlicherweise ein wenig entgegen, „Deinem Plädoyer für eine neue Volksfrömmigkeit kann ich mich durchaus anschließen. Ich denke auch, wir benötigen eine neue ... sagen wir Sinnlichkeit in der Religion. Wir brauchen die strukturierende Macht der kirchlichen Rituale, die den Alltag durchdringen mit gelegentlichen Spektakeln und einer großen Medienpräsenz."

„Man wird uns leider keine Hexen mehr verbrennen lassen", bedauert Winczyk, „und die Exorzisten müssen im Verborgenen wirken. Das ist schade, weil es wirklich die Ignorantesten überzeugen würde. So ein Exorzismus im Fernsehen zur besten Sendezeit – das würde Menschen überzeugen, massenhaft. Also, was ich da gesehen habe ..."

Es entsteht eine Pause. Cumulus schaut sich nach der Flasche um. Der auffallend schlanke, fast schmächtige Winczyk tritt unruhig von einem seiner dünnen Beine auf das andere. Er räuspert sich. Völler schaut Cumulus an. Ich habe den Eindruck, den dreien ist irgendetwas unangenehm, was auch in mir Unbehagen auslöst. Schnell mache ich weiter mit etwas, was Konsens ist: „Wichtiger ist es, wieder eine Hegemonie herzustellen, die spirituelle Hegemonie."

Winczyk stimmt ironisch zu: „Okay, also weiter Fernsehserien in den öffentlich-rechtlichen unterbringen, in denen dicke Pfarrer und fröhliche Ordensschwestern die Hauptrollen spielen?"

Cumulus interveniert: „Ja natürlich, das auch. Damit müssen wir auch weitermachen. Das ist wichtig. Wichtiger ist aber, dass wir neue Leitfiguren finden."

Ich bestätige: „Genau, neue Leitfiguren, wie den Dalai Lama und Mutter Theresa, oder Osho ..."

„... meinetwegen auch einen Osho ... allerdings ohne Rolls Royce. Diese Figur muss überzeugend sein: Gütig, würdevoll, intelligent, witzig, ernsthaft und er muss meditieren und Wunder tun, am besten echte, wirkliche Wunder!"

Ich bin irritiert: „Cumulus, willst du unseren Herrn auf die Erde zurückbeten? Da hast du keine Chance. Der hat sich zurückgezogen bis zum Jüngsten Tag. Der will mit uns nichts mehr zu tun haben. Und wer weiß, vielleicht ist das auch gut so. Wir müssen mit uns selbst zurechtkommen."

„Genau das meine ich, genau das meine ich ...", bestätigt Cumulus.

Mir verschlägt es die Sprache: „Ich habe dich für einen Realisten gehalten, Cumulus, für einen Realisten, der ein wenig zynisch ist, manchmal."

Nun deutlich alkoholisiert reagiert Cumulus fast empört: „Herrgott Flitz, du müsstest mich inzwischen gut genug kennen! Zynisch war ich nie und werde ich nie sein. Ich bin ein Gläubiger, wenn auch ein sündiger. Es vergeht kein Tag, an dem ich nicht verzweifelt bete und den Herrn bitte, endlich Hilfe zu schicken. Ich bin jemand, der hofft und betet und so jemand ist nicht zynisch. Ich bin Katholik, durch und durch, ein *Getreuer des wahren Katholizismus*, der GWK. Mir ist das ernst!"

Winczyk und Völler stehen schweigend da. Mir geht dieser zweifellos alkoholinduzierte Ausfall merkwürdig nah. Ich muss mich entschuldigen, aber es kommt nur ein kurzes: „Ich weiß, dass du kein Zyniker bist, Cumulus, und ein gläubiger Mensch bist du auch." Cumulus hebt die Hände: „Vielleicht habe ich ein bisschen viel von dem guten Riesling getrunken, aber für das, was ich euch zu sagen habe, brauche ich noch einen Cognac. Noch jemand? Du Völler? Nein?"

Auch ich trinke nun ein Schlückchen des hervorragenden Cognacs. Cumulus schenkt sich ordentlich nach. „Erzähl mal, Cumulus!", fordert Winczyk den Kardinal auf, der gerade einen weiteren kräftigen Schluck Cognac nimmt. Jetzt merke ich, dass ich wahrscheinlich der Einzige im Raum bin, der keine Ahnung hat, was gerade passiert.

Cumulus setzt an: „Flitz, du bist doch Experte für mittelalterliche Volksfrömmigkeit und weißt einiges über Reliquien. Also eine Frage an dich: Was ist die heiligste Reliquie?"

„Kreuzessplitter, das Turiner Grabtuch, Lanzensplitter der Lanze, die Jesus durchbohrt hat. Die ganzen Marienreliquien, die Schädel der Heiligen ..."

„Mensch Flitz!", unterbricht mich Cumulus ungeduldig. „Die Herrenreliquie, die Heiligste aller Reliquien, Lukas 2, 21!"

„Du meinst doch nicht das hochheilige Präputium, die Vorhaut Jesu?"

„Genau die meine ich. Jesus war Jude und Judenknaben schneidet man am siebten Tage nach der Geburt die Vorhaut ab. So steht es in der Bibel: 'Als acht Tage vorüber waren und das Kind beschnitten werden sollte ...'. Es ist das Stück von Jesus, das auf der Erde blieb, als er in den Himmel auffuhr."

Ich schüttle den Kopf: „Wollt ihr die Vorhaut reaktivieren? Das kann nicht euer Ernst sein. Cumulus? Das Präputium wird schon lange nicht mehr verehrt. Damit machen wir uns nur lächerlich."

Winczyk schaltet sich ein: „Dennoch gab es bis vor ein paar Jahren in Calcata Prozessionen mit der Vorhaut ..."

„... und dann ist sie unter mysteriösen Umständen verschwunden, ebenso die Vorhaut von Antwerpen, von Hildesheim, von Charroux.", weiß Cumulus. „Was denkst du, Flitz? Wo ist die echte?", fragt er mich und nimmt mich sehr genau in Augenschein.

„Falsche Frage! Du weißt, ich bin Spezialist. Die richtige Frage lautet meiner Meinung nach: Welche Vorhaut hat *Virtus*, welche hat Macht, zeigt Wirksamkeit?“, unterstreiche ich ein weiteres Mal meine Kompetenz.

Cumulus nickt: „Genau! Das ist die, die wir brauchen und wenn wir zusammen mit der Vorhaut noch die Nabelschnur hätten ...“

„Darüber zu diskutieren und darüber zu publizieren ist bei Strafe des Banns verboten seit 1900. Damit wollte schon Papst Leo XIII. dem Spott, den die Sache auf sich gezogen hat ein Ende machen. Außerdem: Es ist gar nicht klar, ob sie auf der Erde geblieben ist, die Vorhaut.“, entgegne ich.

Winczyk schaltet sich ein: „Klar ist, sie wurde dem Herrn abgetrennt. Klar ist auch, dass Karl der Große sie dem Papst geschenkt hat im Jahr 800. Verehrt wurde sie seit den Kreuzzügen.“

„Mit der Himmelfahrt Jesu hat sie sich wieder mit ihm vereint, so jedenfalls eine These, die im 18. Jahrhundert diskutiert wurde“, widerspreche ich.

„Unwahrscheinlich“, brummt nun Völler. „Für eine Säuglingsvorhaut hat ein erwachsener Mann kaum Verwendung, zu eng.“

Ich werde immer unruhiger: „Aber, was soll diese Diskussion? An diese Reliquie kann sich kein Mensch mehr erinnern und wenn, dann nur, um sich darüber lustig zu machen. Das haben die Protestanten immer schon gemacht: Empfängt man den Leib Christi bei der Kommunion mit oder ohne Vorhaut? Witzig! Und Ordensfrauen spürten die Vorhaut bei der Kommunion solo im Mund oder bildeten sich ein, sie trügen sie als Ring am Finger. Noch witziger! Wie gesagt: Nicht umsonst hat Leo XIII. die Diskussionen um die Vorhaut untersagt. Damit wir uns nicht lächerlich machen. Dazu kommt, dass das Hochheilige Präputium im Mittelalter an gleich 13 Orten verehrt wurde! Das sind 12 zu viel! Und alle sollen sie geblutet haben, jedes Jahr am 1. Januar, am Tag der Beschneidung ...“

Cumulus unterbricht mit leicht schwankender Stimme: „Nein, nein, lieber Flitz, die echte Vorhaut, die Vorhaut mit *Virtus*, die blutet tatsächlich auf wunderbare Weise am Jahrestag, am 1. Januar jeden Jahres und sie riecht wunderbar, das lässt sich nachlesen in alten

Berichten. Die Päpste dieses Jahrhunderts haben zwar versucht, den Vorhautkult zu unterdrücken, doch es gab ihn lange und Berichte über die *Virtus* des *Sanctissimum Präputium* auch."

Ich kann es nicht fassen: „Das wäre ein gefundenes Fressen für die atheistische Presse und natürlich auch für die Modernisierer. Die lachen sich tot."

Der Kardinal richtet sich mit einem Ruck auf. „Mein lieber Flitz.", sein alkoholgerötetes Gesicht mit der fast violetten Nase gewinnt einen geradezu feierlichen Ausdruck, als er weiter spricht: „Wir suchen die echte Vorhaut und die mit ihr oft zusammen verehrte Nabelschnur Jesu *nicht*, um sie in Prozessionen durch die Straßen zu tragen. Wir suchen sie, weil sie das Blut Christi blutet, das Blut Jesu, das Blut unseres Herrn. Und wir suchen sie, weil wir unseren Herrn wiederhaben wollen. Einen, wenn du so willst, neuen Guru, einen jungen Guru, der die Herzen, der die Menschen berührt. Wenn Jesus uns allein lässt, dann müssen wir dafür sorgen, dass er zu uns zurückkehrt. Dazu brauchen wir sein Blut, das Blut der echten Vorhaut, Herrenblut. Und wenn wir Glück haben, ist zusammen mit ihr auch die Nabelschnur verwahrt. Das sagen uns viele Legenden."

Feldlager vor Rom • Ulrich von Borsum (1) • 5. Mai 1527

Glückskind

Kein Bier, kein Wein. Das Einzige, was es noch zu trinken gibt, ist muffiges Wasser aus dem Tiber oder aus einem der schlammigen Brunnen zwischen den Hügeln. Zu essen haben die meisten Leute meiner Rotte schon länger nichts mehr. Ich konnte mir eine eiserne Reserve zurücklegen, ein kleines Stück Dörrfleisch und einen Kanten altes Brot. Ich hebe es mir bis morgen früh auf. Dann habe ich auch nichts mehr. Morgen Abend bin ich dann entweder tot oder satt. Hungrig auf keinen Fall. Vom Hügel aus können wir auf das reiche Rom hinabsehen. Hinter den Stadtmauern gibt es genug für alle, sagt unser Hauptmann Seidenstricker. Unseren Sold haben wir schon mehr als ein halbes Jahr nicht mehr bekommen. Als es zu ersten Meutereien kam, versprach man uns, wir könnten uns in Rom unseren Sold selbst holen. Rom ist schon tausend Jahre lang nicht mehr geplündert worden. Wir werden uns von den Reichtümern Roms nehmen, was wir kriegen können und so viel wegschleppen, wie es geht. Und wir werden essen, viel essen und noch mehr trinken und unseren Spaß haben. Dann werde ich nach Hause aufbrechen, zusammen mit den anderen deutschen Landsknechten aus meiner Rotte, die noch leben. Unsere Beute darf nicht zu schwer sein und nicht zu auffällig. Sonst kommen wir nicht heil über die Alpen. Am Weg nach Norden lauern viele Halsabschneider.

Wenn der Papst nicht so geizig wäre, hätte er für unseren Abzug gezahlt. Dann würden wir den ausstehenden Sold bekommen, das geforderte Essen und ein paar Tage später abziehen. Doch der Papst will nicht. Er denkt wohl, die Heilige Stadt und ihn wird niemand angreifen, weil er unter besonderem Schutz Gottes steht. Da hat er sich geirrt und Gott ist mir in den letzten acht Jahren nicht begegnet. Eher der Teufel, und immer wieder der Tod. Morgen Abend werden wir jedenfalls in Rom sein, satt, betrunken und vielleicht auch reich. Oder eben tot.

Wir sitzen hier oben und schauen uns die Stadtmauer an. Sie sieht fest aus und hoch, nicht gleichmäßig hoch, aber hoch genug. Es heißt, weil die Geldsäcke in Rom zu gierig seien, hätten sie Jahrzehnte kein Geld mehr für die Befestigung der Stadt ausgegeben und die Stadtmauer nicht in Stand gehalten. Es heißt, an einigen Stellen sei sie brüchig und nicht besonders hoch. Doch das sind nur Gerüchte. So nah war niemand von uns an der Mauer. Freiwillig bewegt sich hier niemand mehr. Einige waren heute früh zu schwach, um in der Umgebung ein paar Bäume zu fällen für die Sturmleitern. Das habe ich dann selbst mit Ludwig gemacht, obwohl ich als Rottenmeister das nicht nötig gehabt hätte. Den Rest meiner Leute habe ich zum Bau der Sturmleiter eingeteilt. Ich habe darauf geachtet, dass unsere Leiter stabil ist und hält. Je schneller wir auf der Mauer sind, desto weniger sterben, desto schneller bekommen wir etwas zu essen.

Den Weg von Bologna hierher haben wir kaum etwas Essbares gefunden. Jetzt im Frühjahr sind die Wintervorräte der Bauern meist aufgebraucht und viel Neues gibt es auch noch nicht. Ihr Vieh hatten die Leute in den Wäldern vor uns in Sicherheit gebracht. Ein paar Schweine, Kühe und Esel, auch Hühner und Gänse haben wir noch gefunden. Doch das reicht nicht für 5000 Männer. Auch durch Drohungen und Folter war aus den Bauern nicht viel herauszuholen. Aus Wut haben die Landsknechte ihre Höfe und Hütten in Brand gesteckt. Mir macht das wenig Freude, aber Landsknechte machen so etwas, vor allem dann, wenn die Befehlshaber schwach oder weit weg sind und wenn sie ihnen den Sold für ein halbes Jahr und länger schuldig geblieben sind. Außerdem hatten wir Hunger und Durst. Das macht schlechte Laune, vor allem dann, wenn die Bauern fett sind wie die Pfaffen.

Als Rottenmeister sorge ich meist dafür, dass die gefolterten Bauern ein schnelles Ende finden und sich nicht lange mit den eigenen Därmen in den Händen zu Tode quälen müssen. In meiner Rotte gibt es einen Spezialisten für derlei Todesspielchen, Ludwig. Sie nennen ihn Ludwig den Lustigen. Er ist ein guter Kämpfer, stark und schlau, aber er hat einen bösen Hang zur Grausamkeit. Er tötet aus Vergnügen, gern auch Frauen und Kinder. Sein gemeines Grinsen macht mir Angst. Er redet wie ein Vater mit den Bauern, klopft ihnen freundlich auf die Schulter und lächelt. Dann schlitzt er ihnen geschickt die Bäuche auf, schaut wie die Därme herausquellen und erklärt mit ruhiger Stimme, bei welchen Schnitten welche Innereien herausquellen. Manchmal sind seine Opfer so gebannt, dass sie ihm erstaunt zuhören. Bei den Frauen und Mädchen macht er das auch. Ich sage immer, warum die Mädchen und Frauen auch noch töten, nachdem wir ihnen Gewalt angetan haben. Das ist nicht nötig. Ludwig der Lustige, ist da anderer Meinung. Ich schaue bei ihm nicht so genau hin. Ansonsten gehorcht er mir, ist treu und ein flinker und geschickter Landsknecht. Beim Kampf habe ich ihn gern an meiner Seite, ansonsten graut mir vor ihm.

Als Ludwig und ich heute die passenden Bäume für die Sturmleitern suchten, ist uns nichts Essbares in die Hände gefallen und auch keine Bauern. Ludwig hatte gejammert, dass ihm ein dürres Kaninchen schon reichen würde, sogar ein Igel oder ein mageres Eichhörnchen. Jetzt sitzen wir hier neben unseren Sturmleitern und schauen auf die ewige Stadt hinab, die genauso ewig ist, wie andere Städte auch. Langsam wird es kühl. Der Wind kommt vom Meer und die Sonne geht gleich unter. Ich wickle mich in meine Decke. Wer hungert, friert schnell.

Die Geschütze der Kompanie hatten wir mit großen Teilen des Trosses vor Bologna zurückgelassen. So waren wir schneller. Außerdem sind wir weniger geworden. Viele haben sich abgesetzt und sind auf dem Weg nach Hause, einige sind aus Schwäche zurückgeblieben, andere sind gestorben. So bleibt für die Übriggebliebenen mehr beim Plündern. Es heißt, dass wir morgen zuerst gegen die Kanonen auf der Engelsburg anrennen müssten. Das ist gefährlich. Auch wenn niemand es zugibt: Viele haben Angst und die Jüngeren können sie nicht verbergen. Wenn die Hälfte von uns überlebt, ist das viel. Aber ich habe schon ganz andere Sachen überlebt. Acht Jahre Landsknecht und immer noch am Leben – viele von uns Altgedienten gibt es nicht mehr. Irgendwann trifft es jeden. Wer Glück hat, den erwischt ein Bolzen oder eine Kugel voll am Kopf oder in der Brust. Schnell geht es auch, wenn einen ein Zweihänder am Hals trifft. Doch meist dauert das Sterben länger. Die meisten krepieren an Wundbrand oder sie scheißen und kotzen sich tot, wie letzten Herbst in Frankreich. Das dauert mehrere Tage. Mehr als die Hälfte ist so zum Teufel gegangen. Im Kampf zu sterben, ist besser, viel besser. Doch am besten ist es, zu überleben.

Ich bin für viele so etwas wie ein Glückskind. Vier Schlachten habe ich mit nur wenigen Schrammen überlebt, da gibt es nicht viele. Das liegt an meinem Glücksbringer, den mir damals Pater Erich in Hildesheim gegeben hat. Er war mein Lateinlehrer und hat mir vor meinem Aufbruch ein Amulett gegeben mit einem Splitter vom Kreuz Jesu. Vielleicht hat mir das wirklich geholfen. Zwei Mal stand ich in der ersten Reihe und habe es geschafft. Im Kampf sage ich meinen Leuten, tut, was ich sage, dann lebt ihr länger. Wenn sie auf mich hören, saufen sie vor der Schlacht weniger und sie sind vorsichtiger und stürmen nicht wie eine Hammelherde zur Schlachtbank.

Als ich mit siebzehn Jahren zu den Landsknechten ging, hatte ich es zu Hause nicht mehr ausgehalten. Mein ältester Bruder sollte das kleine Gut erben, der zweitälteste sollte eine auskömmliche Pfarrei ganz in der Nähe von Hildesheim bekommen, meine älteren Schwestern waren mit guter Mitgift verheiratet. Für mich blieb nichts übrig. Ich hätte Gutsverwalter werden können bei meinem eigenen Bruder oder bei meinem Oheim. Doch mein Bruder ist zu dumm und der Oheim zu geizig.

Als Junge hatte ich lesen und schreiben gelernt, sogar etwas Latein bei Pater Erich. Vor allem aber prügelte ich mich herum. Meinen beiden älteren Brüdern war ich bald im Kämpfen überlegen. Ich war der bessere Jäger, der bessere Kämpfer, der bessere Reiter. Und mehr Verstand hatte ich auch. Mit dem Kurzschwert war ich schneller und mit dem Zweihänder war ich ausdauernder, obwohl ich jünger war. Als ich davon hörte, dass in Hildesheim ein Obrist Landsknechte warb, hatte ich von meinem Vater ein Pferd, zwei Schwerter und dessen altes Kettenhemd gefordert und war aufgebrochen, kurz nach meinem 17. Geburtstag. Meine Mutter hatte ein paar Tränen vergossen und mir versichert, dass ich, Ulrich, ihr Lieblingskind sei. Mein Vater hatte mir herzhaft auf den Rücken geklopft und mir als seinem überflüssigen Sohn versichert, dass es gut sei, dass ich meine Erfahrungen mache, dass ich aber jederzeit wieder zurück nach Hause kommen könne. Vor allem mein älterer Bruder war froh, dass er mich loswurde. Mit den Bauern, die bei uns im Frondienst standen, war ich immer besser klargekommen als er. Auch die Frau meines Bruders zeigte mehr Interesse an mir als an ihm. Auf die Dauer wäre das nicht gut gegangen. Das wussten alle.

Nach meiner Anwerbung hatte der Obrist meinen Namen notiert und mir den ersten Monatssold ausgezahlt. Wir waren über die Alpen gezogen und hatten in Italien gelernt, wie man in Formation kämpft. Dann kam meine erste Bewährungsprobe. Unsere Landsknechts-Truppe war vom spanischen König Karl V. bezahlt worden. Wir trafen bei Pavia auf die Soldaten der Franzosen. Die Franzosen waren fast doppelt so viele wie wir. Ich hatte Pech und wurde dem „Verlorenen Haufen“ zugelost. Ich kämpfte also ganz vorne zusammen mit Halsabschneidern, Mördern, zwangsrekrutierten verschuldeten Bauern und ein paar anderen unerfahrenen, ausgelosten Landsknechten. Es war, wie wir alle wussten, ein Himmelfahrtskommando. Weil ich ausgebildet war, wurde ich kurzerhand zum Anführer einer Gruppe von einem Dutzend schlecht bewaffneter Männer ernannt. Wir sollten auf die Feinde zustürmen, um ihre Formation durcheinander zu bringen. Insgesamt waren wir etwa sechshundert Mann aus verschiedenen Fähnlein im „Verlorenen Haufen“. Meine älteren Kameraden hatten mir viel Glück gewünscht und, wenn es denn mein Schicksal war, einen leichten Tod.

Ich erinnere mich noch gut: Wir nahmen Aufstellung. Artillerie gab es keine. Das Gelände war zu sumpfig für die schweren Stücke. Zuerst schossen unsere Arkebusiere aus sicherer Entfernung auf die gegnerischen Reihen. Es stank und knallte. Die Arkebusiere verstanden ihr Handwerk. In den ersten Reihen des feindlichen Heeres brachen viele Männer zusammen. Dann schossen die Arkebusiere der Franzosen, allerdings zu unserem Glück sehr viel ungenauer. Einige ihrer Schusswaffen explodierten und rissen den Schützen die Hände weg. Wir haben sehr gelacht. Dann kam der Befehl. Hinter uns standen eine Reihe Landsknechte, damit wir nicht fliehen konnten. Dann stürmten wir, der „Verlorene Haufen“, schreiend auf die gegnerischen Truppen zu. Es gelang uns, eine Bresche in die Reihen des Feindes zu schlagen. Die ersten Reihen des Feindes bestanden auch aus schlecht bewaffneten und ungeübten Bauern. Mit meinem Kurzschwert hatte ich schnell einige erledigt. Sie waren zu langsam und hatten zu große Angst. In ihrem Rücken standen ihre eigenen Leute und hinderten sie an der Flucht. Unserem „Verlorenen Haufen“ ging es ähnlich. Im Rücken drängten uns die eigenen Leute nach vorn, von vorne kamen unsere Feinde uns entgegen. Als wir die Bauern niedergemacht hatten, trafen wir auf die besser bewaffneten und kampferprobten Soldaten der Franzosen. Mit meiner Rechten schlug ich zu mit meinem Kurzschwert, in der linken Hand stach ich zu mit meinem Langmesser. Mit einem Franzosen kämpfte ich länger. Ich habe nach all der Zeit noch immer sein Gesicht vor Augen. Er war ein paar Jahre älter als ich. Er war noch gut bei Kräften, ich wurde langsam müde. Als er von hinten einen Stoß bekam, geriet er aus dem Gleichgewicht und ich stach ihm mit meinem Langmesser in den Hals und stolperte über seinen zuckenden Körper. Hinter mir drängten jetzt meine Kameraden vor und ich stand endlich nicht mehr in der ersten Reihe.

Hinter uns rückten der Hauptmann Klaus Seidensticker und seine Doppelsöldner nach, um in die vom „Verlorenen Haufen“ aufgebrochenen Reihen einzudringen. Ich lief nun hinter ihnen her. Als einer der Doppelsöldner neben mir mit den Händen vor dem Unterleib zusammenbrach, nahm ich seinen Zweihänder an mich und schloss mich Seidensticker an. Ich gehörte am Ende zu den wenigen vom „Verlorenen Haufen“, der nicht verloren war. Von den 600 Männern im „Verlorenen Haufen“, blieben am Ende mehr als 550 tot oder verwundet liegen.

Die Schlacht war damals auch in den anderen Abschnitten schnell entschieden. Unsere gut ausgebildeten Landsknechte hatten sie gewonnen gegen eine dreifache Übermacht. Es war ein übles Gemetzel. Damals war der Kriegsherr Georg von Frundsberg noch der Held. Die Truppen von Franz I. von Frankreich wurden vernichtend geschlagen, Frankreichs Adel um die Hälfte reduziert. Die Franzosen mit ihren Hilfstruppen kämpften völlig ungeordnet. Franz I. erwies sich als miserabler Feldherr, obwohl er zuvor die Schlachten der antiken Feldherren studiert hatte und sich damit rühmte, als König genauso weise zu sein wie als Feldherr listig. Wir Landsknechte nahmen ihn gefangen und übergaben ihn Karl V., unserem spanischen Auftraggeber.

Ich selbst hatte eigenhändig einen jungen französischen Adligen mit meinem aufgelesenen Zweihänder die Knie weggehauen und ihm dann in den Bauch gestochen. Der vielleicht 14-jährige Junge gurgelte einen Augenblick, dann war er ruhig. Ich nahm ihm noch seinen wertvollen Dolch weg und machte weiter. Pardon gab es nicht. Wer nicht weglief, wurde abgestochen. Doch bald war es vorbei. Die Beute war reichlich: Waffen, Harnische, Kettenhemden, etwas Gold – alles wurde geordnet unter den Landsknechten verteilt. Da ging es anders zu als bei einer Plünderung. Wer heimlich etwas für sich in Anspruch nahm, landete zuerst vor dem Schultheiß und endete dann unter dem Schwert des Henkers der Kompanie.

Bei einer Plünderung ist das anders. Dann darf jeder das behalten, was er erbeutet hatte. Deshalb waren so viele schnell bereit, gegen Rom zu ziehen. Dennoch ist die Stimmung heute Abend gedrückt. Der Gedanke, zuerst ohne Artillerieunterstützung die Stadtmauern zu überklettern, macht mir Angst. Beim Hochklettern auf der Sturmleiter haben wir nur Schutz durch einen kleinen Schild, den wir uns über den Kopf halten. Das hilft nichts gegen die Steine von oben und den Beschuss von der Seite.

Ich hoffe immer noch, dass der Papst nachgibt. Er sollte die verlangten 300.000 Dukaten zahlen, das Vieh vor die Mauern treiben und uns ein paar Fässer Wein und ein paar Wagenladungen Essbares überlassen, dann würden wir abziehen. Das hatte Charles von Bourbon verlangt. Diese Summe war nicht zu hoch. In den nächsten Tagen bekommen wir 50.000 Dukaten für einen fetten Kardinal, hat man uns versprochen. Doch der Papst ist ein Geizhals. Aber ohne Geld und ohne Essen werden wir verhungern. Die Plünderung Roms ist die einzige Überlebenschance, wenn der Papst nicht zahlt. Und wenn es ans Plündern geht, das habe ich mir gut überlegt, nehme ich mir Gold und Edelsteine, wenn ich sie kriegen kann. Ich nehme nichts Großes und Sperriges, das ich nicht nach Hause tragen kann, sondern kleine Schätze und dazu gehören die wertvollen Reliquien. Reliquien sind mehr wert als goldene Kelche und viel leichter zu transportieren. Goldmünzen nehme ich mir auch, vielleicht auch Silber, aber vor allem Reliquien, die kann ich in Hildesheim verkaufen.

Hildesheim • Oliver Bauer (1) • 2. und 3. Januar 1990

Nachts im Dommuseum

Ich hocke im Dunkeln in einer engen Besenkammer. Das Licht ist ausgeschaltet, damit es niemand von außen unter der Tür sieht. Sicherheitshalber habe ich die Tür von innen abgeschlossen. Mit meinen Werkzeugen ist das kein Problem. Wenn nur der geflieste Boden nicht so eisig wäre. Ich habe mir einige Putztücher und Putzlappen unter den Hintern geschoben, dummerweise habe ich aber wegen der Handschuhe zu spät gemerkt, dass sie feucht sind. Jetzt ist meine Hose nass, es juckt und ich kann mich kaum kratzen. Die Handschuhe kann ich nicht ausziehen, weil ich sonst Fingerabdrücke hinterlasse. Außerdem muss ich aufpassen, dass ich keinen Lärm mache. Ich rücke einige Male hin und her, doch das Jucken verstärkt sich noch. Vielleicht sollte ich mich hinstellen. Ich lasse es, weil ich Angst habe, dass die vielen Besen, Schrubber, Eimer und was sonst hier noch alles herumsteht, dabei umfallen. Und das würden die Besucher des Dommuseums ganz sicher hören, jedenfalls die, die nebenan auf der Toilette sind. Die würden dann vielleicht auf den nicht ganz abwegigen Gedanken kommen, hier triebe es wieder einmal ein katholischer Priester mit einem Messdiener. Bernd meint – aber nur wenn er angetrunken oder bekifft ist –, dass fast die Hälfte aller katholischen Priester schwul sind. Er meint, dass sei ganz okay. Doch die andere Hälfte steht auf kleine Jungen oder minderjährige Mädchen und das ist weniger gut. Ein bisschen viel, denke ich: Schwul oder Kinderficker. Egal. Bernd muss es wissen. Er gehört als Pater selbst dem *Herz-Jesu-Orden* an und weiß, was dort los ist. Er selbst steht allerdings eindeutig auf Frauen und hat schon seit Jahren eine Freundin in Osnabrück, eine Theologin. Ich kenne sie inzwischen auch ganz gut. Sie ist sehr nett, sieht nicht schlecht aus und macht gerne Witze darüber, wie zölibatär Bernd lebt. Bernd fühlt sich wohl mit ihr, das merkt man. Ich gönne es ihm.

Ich entschließe mich, trotz des juckenden Hinterns, ruhig sitzen zu bleiben. Der heftige Geruch nach Reinigungsmitteln erinnert mich an meine Zeit im Jugendknast. Über ein Jahr lang war ich für das Putzen der verkackten Toiletten und vollgespritzten Pissbecken zuständig gewesen. Ich hatte mich nie daran gewöhnt und immer Mengen von Reinigungs- und Desinfektionsmitteln eingesetzt, um meinen Ekel loszuwerden. So habe ich dann selbst nach Putzmittel gerochen, die ganzen 15 Monate lang. Und jetzt stinke ich wieder danach. Den Geruch werde ich mindestens eine Woche nicht aus der Nase kriegen. Ein schlechtes Omen. Wenn ich jetzt auffliege, wäre es kein Jugendknast mehr. Jetzt wäre es der normale Strafvollzug. Egal. Es wird schon gut gehen. Die Brüche mit Bernd sind immer problemlos verlaufen. Meist waren es Aktionen in Kirchen, Klöstern, Bischofspalais oder Dommuseen und dort kannte sich Pater Völler bestens aus. Außerdem hatte er immer alles genau geplant, so wie hoffentlich auch diesen Bruch im Dommuseum in Hildesheim. Ich bin gespannt, wie viel er mir dieses Mal gibt, 1.000 Mark, 1.500, vielleicht sogar 1.800? Egal. Er behandelt mich fair und respektiert mich. Das ist wichtig.

Bernd habe ich eine Menge zu verdanken. Damals war er für mich noch Pater Völler und mein Judolehrer im Freizeitheim. Er hatte mich, als ich dann 12 Jahre alt war, von zu Hause weggeholt, als er mitkriegte, dass mein Vater mich verprügelte und meine Mutter nichts dagegen unternehmen konnte, weil sie depressiv zu Hause herumsaß oder eben in der Klapse war. Ich war ein paarmal abgehauen und lebte auf der Straße. Er brachte mich in einem Internat, in Hautrup, unter. Allerdings haute ich dann auch ab, als Pater Heuhoff, der Musiklehrer, nett und netter wurde und mir schließlich an die Wäsche ging. Ich habe es Bernd damals erst erzählt, als er mir Vorwürfe gemacht hat, weil ich es dort nicht ausgehalten habe. Aber ich lasse mich nicht von alten geilen Böcken ficken. Bernd hat es dann verstanden, dass ich abhauen musste. Zurück zu Hause ging es dann weiter abwärts mit mir. Als ich dann mit 17 Jahren mit einer Reihe Einbruchdiebstählen aufflog, besuchte mich Bernd im Knast und sorgte dafür, dass ich eine günstige Sozialprognose erhielt und man mich auf Bewährung entließ. Mit Bernds Hilfe überstand ich auch die Bewährungsfrist gut. Obwohl ich kein Student war, sondern eine Lehre als Industriemechaniker machte, hatte ich ein Zimmer im katholischen Studentenwohnheim. Völler hatte damals einige kleinere Brüche im Ausland organisiert und mich gut bezahlt.

Bis jetzt klappt auch bei diesem Bruch alles perfekt. Ich habe genaue Anweisungen: Zuerst sollte ich das Einbruchswerkzeug am Körper verstecken, auch den schweren Hammer. Dann sollte ich mich – unauffällig gekleidet – am frühen Nachmittag unter die Besucher des Dommuseums mischen. Die Besucher des Museums rücken zu dieser Zeit gleich in ganzen Busladungen an und erhalten eine Führung. Da bin ich nicht weiter aufgefallen. Dann habe ich mich in Richtung Toilette abgesetzt. Die Besenkammer ist gleich nebenan und unverschlossen. Jetzt muss ich noch bis zum Abend warten. Bernd wird dann anklopfen und wir können ein paar Gegenstände einsacken. Bernd kommt irgendwie anders rein, wie er mir sagte, wie genau, weiß ich nicht. Warum er mich nicht auch hereinschmuggelt, wie sich selbst, weiß ich auch nicht. Egal. Ich warte mit meinem nassen Arsch und friere.

Bernd hatte an alles gedacht, nur nicht daran, dass es in dieser Besenkammer des Dommuseums so kalt ist. „Wir gehen später hinunter und ich muss ein paar Türen öffnen, die hinunter führen in die Kellerräume des Museums unter dem Dom, in eine geheime Schatzkammer“, sagte Bernd. Dort befinden sich einige Reliquien in weniger kostbaren Behältern. Niemand würde etwas vermissen, meint er. Die Alarmanlage sei dann ausgeschaltet. Ich bin natürlich neugierig, was er dort finden will. Bislang waren es immer alte Dokumente in den Bibliotheken und Büros. Was genau, weiß ich bis heute nicht. In den Museen in Antwerpen, Altötting, Charroux, Calcata und anderswo waren es weniger auffällige Reliquiare. Manchmal brachen wir auch in riesige Privatbibliotheken ein, haben alte Aufzeichnungen fotografiert. Einmal hatten wir sauber den verschlossenen Schreibtisch eines Kardinals geknackt. Da waren Pornos drin, aber mit Frauen, keine für Schwule.

Nebenan gehen die Toilettenspülungen. Einmal hat sich ein Kind gegen die Tür gelehnt und an der Türklinke gerüttelt. Gut, dass ich abgeschlossen hatte. Irgendwann schlafe ich ein, obwohl mir der Hintern juckt. Im Knast hatte ich auch viel geschlafen, habe aber auch bei der Berufsorientierung viel gelernt. Mein Meister damals hat mich für eine Art Naturbegabung gehalten. Der Meister hatte Recht, als er meinte, ich würde ein guter Mechaniker werden. Schlösserknacken konnte ich vorher schon gut.

„Oliver, jetzt mach schon auf! Ich bin es, los mach auf!" Ich schrecke hoch. Trotz der Kälte bin ich eingeschlafen. Das muss Bernd sein. Ich taste nach dem Lichtschalter. Dabei geschieht das, was ich die ganze Zeit befürchtet habe: Die Besen und Schrubber geraten in Bewegung. Ich versuche sie noch festzuhalten. Dabei stoße ich einen Eimer um. Der Krach ist ohrenbetäubend. Endlich finde ich den Lichtschalter.

„Licht aus!" höre ich vor der Tür. Reflexhaft schalte ich das Licht wieder aus. Ich taste nach dem Schloss und öffne es mit meinem Werkzeug. Einfache Türschlösser schaffe ich auch ohne Licht. Beim Öffnen der Tür fallen zwei Besen, die an die Tür gelehnt waren, in den Flur. An der gegenüberliegenden Wand steht Bernd. Ganz in schwarz gekleidet. Auf seiner Glatze eine schwarze Mütze. „Ruhig, Oliver, und schnell. Der Wachmann kommt in zehn Minuten. Los!"

Ich schiebe die Besen zurück in die Besenkammer. Es riecht sehr stark nach dem Reinigungsmittel. Da ist wohl etwas ausgelaufen. Bernd drückt mir eine Taschenlampe in die Hand und geht vor. Er kennt sich aus. Zielstrebig steuert er eine Tür an und wendet sich an mich: „Die da, aber leise." Ein simples Sicherheitsschloss. Ich brauche keine Minute. Bernd verschwindet im Raum hinter der Tür und schaltet nun die Taschenlampe ein. Einige Computer und Arbeitstische. An den Wänden Vitrinen mit alten Büchern. Bernd läuft mit großen Schritten zur Tür rechts hinten. Er ist sportlich: Schwarzer Gürtel im Judo. Bis vor einigen Jahren hat er regelmäßig trainiert. Er hat den zweiten Dan, ist also Judo-Meister. Da ist die nächste Tür. Wieder ein Sicherheitsschloss, aber ein altes. Egal. Ich fummle ein bisschen. Schon ist die Tür auf. Es macht Spaß.

In diesem Raum sieht es bereits interessanter aus. In den offenen Regalen pompöse Kelche und Gefäße. Einige haben das Aussehen von Gliedmaßen, von Armen und Beinen. Bernd erklärt beiläufig: „Arm- und Beinreliquiare. Kennst du ja inzwischen. Darin sind die

Gebeine vieler Heiliger." Bernd bekreuzigt sich schnell. Ich wundere mich, dass er auf eine so abergläubische Art fromm ist. Als wenn ihn solch ein Kreuzzeichen vor irgendetwas schützt. Vor bösen Dämonen? Ein bisschen durchgeknallt ist er schon. Egal.

An den Reliquiaren gehen wir vorbei. Auf sie hat er es offensichtlich nicht abgesehen, obwohl die Dinger wertvoll aussehen: Viel Silber mit roten und grünen Klunkern. Ich staune schon ein bisschen. In anderen Dommuseen, besser in deren Hinterzimmern, sieht es ärmlicher aus. Einige Reliquiare sind handlich, klein genug, um sie in meiner Tasche verschwinden zu lassen. „Denk nicht mal daran!", warnt Bernd. Er kennt mich wirklich gut.

Bernd durchquert auch diesen Raum zielstrebig, um dann schnell eine Treppe hinunterzugehen, die sich am hinteren Ende des Raums befindet. Am Ende ein kleiner Gang und wieder eine Tür. Das Schloss ist uralt, mehr als hundert Jahre würde ich schätzen. Gegen den Rost habe ich Caramba-Spray dabei. Brauche ich hier nicht. Ich habe es schnell erledigt. Hinter dieser Tür leuchten unsere Taschenlampen auf einen längeren leicht abschüssigen Gang. Ich frage, ob wir hier unter der Erde sind. Bernd bestätigt mit einem genervten „Ja klar, unter dem Dom." Die Decke hat starke Rußflecken. Bernd spricht davon, dass der Dom Ende des Zweiten Weltkrieges abgebrannt sei. Der Boden des merkwürdigen Ganges besteht aus verstaubten unregelmäßigen Steinplatten. Ich schaue mich um. Wir hinterlassen deutliche Fußspuren auf dem Boden. Morgen werde ich meine Schuhe wegschmeißen. Diese Fußspuren könnte man mir zuordnen, wenn ich in Verdacht geriete. Bernd scheint das nicht zu irritieren. Er läuft weiter. Nach dreißig Metern macht der Gang einen Knick. Nach einigen weiteren Metern stehen wir vor einer altertümlichen und stabilen Holztür. Zwei Schlösser: Eins weiter oben stammt aus neuerer Zeit, das untere scheint mir Jahrhunderte alt. Ich habe beide in fünf Minuten offen. Das alte Schloss ist verrostet. Der Rostlöser hilft.

Hinter der Tür ein länglicher Raum mit weniger kostbar aussehenden Reliquiaren. Sie stehen auf morschen Regalbrettern, alle mit handbeschriebenen vergilbten Zetteln versehen. Auf einem sehe ich eine Aufschrift „Sanctus Bernwardus – cranium III." Dass *cranium* Schädel heißt, weiß ich inzwischen von unseren früheren Brüchen. Also: Schädel des Heiligen Bernward Nummer 3. Ich mache Bernd darauf aufmerksam: „Ein Heiliger mit drei Schädeln. Wunder über Wunder". Bernd ignoriert mich. Egal. Klar ist: In diesem Raum sind seit vielen Jahren keine Menschen mehr gewesen. Überall dicke Staubschichten, selbst auf dem Blechteil, in dem sich der dritte Schädel des Heiligen Bernward befindet. Vielleicht halten sie wenigstens die anderen beiden Schädel in Ehren.

Bernd bekreuzigt sich wieder und murmelt sogar irgendwelche Gebete vor sich hin. Das kapier ich wirklich nicht: Ein geweihter Priester, also ein Gottesmann, bricht in ein Gotteshaus ein, um etwas zu stehlen und bekreuzigt sich und betet, als sei der Teufel hinter ihm her. Er scheint Angst zu haben, aber nicht davor, dass plötzlich ein Wachmann vor ihm steht und fragt: „Pater Völler, warum brechen Sie hier ein ins Haus des Herrn?" Wie er das wohl mit seinem Gewissen vereinbaren kann? Heilige Dinge klaut man doch nicht so einfach, wenn man an so etwas glaubt.

Einmal erklärte er mir bei einem Einbruch ins Bischofspalais: „Es gibt höhere Ziele, die es einem erlauben, Regeln zu brechen. Der Zweck heiligt die Mittel!" Vorher waren wir in Archive eingebrochen, haben im Bischofspalais in Fulda die Privatschatulle des Bischofs geklaut, in Dommuseen nach besonderen Reliquiaren gesucht und auch ab und an etwas mitgenommen. Am schlimmsten waren aber die schweren Computer. Dann schon eher den Opferstock oder Klingelbeutel. Doch da gibt es nicht viel zu holen. Egal.

Bernd orientiert sich kurz, läuft dann zur hinteren Wand und greift nach einem alten Tisch: „Hilf mir mal!" Ich fasse mit an. „Wir müssen diese Wand einhauen."

„Dieses Mal keine Tür?" Bernd deutet auf den Tisch: „Leg die Taschenlampe auf den Stuhl da. Nimm du die andere Seite des Tisches. Wir benutzen ihn als Rammbock." Ich staune. Die Wand sieht massiv aus. Außerdem würde es Krach machen. Bernd gibt das Kommando: „Auf drei." Bei drei bröckelt der Putz ab und eine Strohmatte wird sichtbar.

„Leise sind wir nicht“, bemerke ich.

„Ist hier unten auch nicht nötig“, murmelt Bernd, „hier kommt niemand hin.“

Beim zweiten und dritten Einsatz des Tisches öffnet sich ein handgroßes Loch. Bernd nimmt seine Taschenlampe und sieht hinein und murmelt ein kurzes „Richtig, ein kleiner Raum. Jetzt nimm den Hammer!“ Ich hole ihn aus dem Rucksack. Einige wuchtige Schläge, und die Öffnung vergrößert sich. Der Schutt fällt nach hinten in den Raum. Es staubt und ich muss husten. Dann merke ich es: Es kommt ein ganz merkwürdiger Geruch aus dem Raum. Es riecht nicht muffig, sondern ganz lebendig und schwer, ein bisschen wie in einem Blumengeschäft. Bernd greift mit den Händen nach den verbliebenen Teilen der Strohmatte, schüttelt und drückt sie nach hinten. Plötzlich trifft mich dieser Geruch wie ein Schlag. Süß und schwer, aber nicht unangenehm. „Riechst du das auch Bernd oder bilde ich mir das nur ein?“ Bernd bekreuzigt sich.

„Was ist das? Was ist das für ein Geruch?“ Ich erinnere mich daran, dass es komisch gerochen haben soll, wenn nach Tausenden von Jahren die Grabkammern der Pharaonen geöffnet wurden. Hinterher starben die Archäologen wie die Fliegen. Altägyptisches Giftgas. Da mir Bernd nicht antwortet, sage ich das, was einer unserer Schließer im Jugendknast immer sagte: „Es riecht wie in einem orientalischen Wanderpuff.“

Bernd dreht sich um und sagt so feierlich, wie ich das gar nicht von ihm kenne: „Oliver, bitte wahre ein wenig Würde! Hier lagern heilige Dinge, heiligste sozusagen. Mäßige dich nur dieses eine Mal! Am besten du betest! Der Herr ist hier zugegen.“

Ich schüttle den Kopf. Jetzt ist er völlig durchgedreht. Egal. Ich beruhige ihn: „Okay Bernd, du kannst ja kurz beten, ich mache hier weiter.“ Der Geruch haut mich fast um, aber bald ist die Öffnung in der Wand groß genug. Bernd schiebt mich weg und steigt mit der Taschenlampe in der Hand durch das Loch. Ich klettere hinterher. Der Raum ist nicht groß, vielleicht zwei Meter breit und drei Meter lang, ganz ohne Tür und Fenster. Fenster gibt es hier, unter dem

Dom nicht. Aber warum hatte man den Raum zugemauert und so gut getarnt, dass man von außen nichts sieht?

Bernd hält mich fest: „Hörst du das?“ Ich frage zurück: „Was denn, was soll ich hören?“

„Den Gesang, diesen Gesang, diesen wunderschönen Gesang.“

Und dann höre ich auch etwas. Vielleicht ist es auch Einbildung. Ich denke, das liegt am Geruch, der benebelt mich wie gutes Gras. Ich bin mir jetzt sicher: Reine Einbildung. Doch Bernd erstarrt, fällt dann auf die Knie und zieht mich mit hinunter: „Knie dich hin!“ Mir fällt die Taschenlampe aus der Hand. „Was soll das, Bernd, verdammt. Hast du sie nicht mehr alle. Beten kannst du in der Kirche. Lass uns das Zeug nehmen und dann abhauen. Mir ist unheimlich. Dieser komische Geruch und jetzt hörst du auch noch etwas.“

Als ich dann wieder aufblicke, sehe ich einen kleinen Lichtblitz in einer alten Vitrine mit bunten Glasfenstern am Ende des kleinen Raumes. Wohl das Licht der Taschenlampe von Bernd, das sich in irgendetwas spiegelt. Da lässt sich Bernd auf den Bauch fallen. Er betet inbrünstig: „Oh Herr, ich bin nicht würdig, dass du eingehst unter mein Dach, aber sprich nur ein Wort und meine Seele ist gesund.“ Jetzt ist er völlig durchgedreht. „Mensch Bernd, was ist? Komm zu dir!“

Der Geruch wird immer dichter. Es riecht muffig, aber irgendwie auch gut, nach Rosen, Weihrauch – und auch ein bisschen nach etwas anderem, wie ungewaschener Pimmel. Mir wird schwindlig. Jetzt werde ich auch noch verrückt. Bernd liegt da und schluchzt laut auf.

„Bernd, hör auf mit dem Scheiß! Lass uns das Zeug holen und dann nichts wie weg hier.“

Doch Bernd bleibt im Dreck liegen und betet wie ein Wahnsinniger.

Rom ♦ Ulrich von Borsum (2) ♦ 6. Mai 1527

Plünderung mit Fischgeruch

Sollen doch die anderen den Widerstand in den Gassen und auf den Plätzen Roms niederkämpfen. Von meiner Rotte fehlen schon sechs Leute. Drei hat es auf der Leiter erwischt. Zwei von ihnen kannte ich kaum. Sie waren erst vor kurzem zu mir gekommen. Der dritte, Heiner, war seit zwei Jahren bei mir. Das ist eine lange Zeit für unser Gewerbe. Die anderen drei Ausfälle kamen beim Kampf auf der Mauer ums Leben. Alles unerfahrene Kämpfer, die vom Hungern geschwächt waren. Schade um sie. Wir sind jetzt noch acht. Ich habe wieder einmal keinen Kratzer abgekommen. Jetzt sitzen wir in einem Wirtshaus einige hundert Schritte vom Stadttor Santo Spirito entfernt und essen und trinken, was die gefüllten Vorratskammern hergeben. Die Türen und Fenster haben wir wieder verbarrikadiert, damit keine anderen Landsknechte uns stören und auch keine der versprengten Verteidiger Roms. Der Wirt liegt mit durchgeschnittener Kehle neben der Tür. Wäre er nicht mit seinem Knüppel auf uns zugestürmt, hätte er Ludwig dem Lustigen das Vergnügen genommen, ihn von einem Ohr bis zum anderen aufzuschlitzen und er könnte jetzt seiner Frau und seiner Tochter beim Kochen helfen. Zuerst hatte seine Frau gebrüllt wie am Spieß, doch ich konnte sie beruhigen. So haben sie und ihre etwa vierzehnjährige Tochter vielleicht eine Überlebenschance. Sie servieren uns, was sie haben. Wir essen schnell und trinken noch schneller. Dann ziehen wir los, und holen uns, was reich macht. Aber erst einmal ein wenig zur Besinnung kommen.

Wir hatten heute Morgen Glück. Der Nebel, der vom Tiber aufstieg, schützte uns beim Sturm der Mauern. Die Schützen auf den Mauern konnten uns erst spät sehen. Als wir an einigen Abschnitten die Mauern gesichert hatten, ging bei den Römern jede Ordnung verloren. Vereinzelte Gruppen leisteten Widerstand, kurze Zeit mit Erfolg, denn unsere Kämpfer waren erschöpft und geschwächt, weil sie in den letzten Wochen wenig zu essen hatten. Doch bald war der Widerstand gebrochen. Die Römer sprangen von der Mauer auf die

Dächer der Häuser, die an die Stadtmauern angelehnt waren und rannten um ihr Leben. Die, die sich beim Sprung verletzt hatten, stachen wir ab.

Unsere Truppen verteilten sich in der Stadt und brachen die Türen der Häuser auf. Es gab keinen Oberbefehl mehr. Jeder tat, was er wollte. Ich versuchte das, was von meiner Rotte übriggeblieben war, zusammenzuhalten. Unseren obersten Kriegsherr, Charles von Bourbon, hatte eine Kugel im Unterleib erwischt. Unser Hauptmann Seidenstricker kämpfte vor der Engelsburg mit denen, die übrig geblieben waren. Ich setzte mich mit meinen Leuten ab. Zuerst einmal essen.

Doch Ludwig der Lustige denkt gleich an etwas anderes. Mit einem Krug Wein geht er in die Küche zur Wirtin und ihrer Tochter. Ich folge ihm. Er will Geld. Die Wirtin macht wieder großes Geschrei. Ludwig zieht sein Messer und geht mit gezücktem Messer auf die Tochter zu. Die Wirtin lenkt ein und zaubert unter einem losen Stein im Fußboden einen Beutel hervor und gibt ihn mir. Es ist nicht viel. Ludwig hat es auf die Tochter abgesehen. Ich halte ihn zurück, weil ich weiß, mit welchem Gemetzel das bei ihm endet: „Ganz ruhig Ludwig. Wir sollten doch lieber schauen, was es in den Palästen zu holen gibt, bevor sich die anderen die fettesten Happen holen." Ludwig lacht sein grausiges Lachen, aber kommt mit.

Auf der Straße treffen wir auf andere Landsknechte. Alle ziehen sie zum Lateranhügel. Hier stehen die reichsten Kirchen der Stadt und die Paläste der Adligen. Widerstand gibt es jetzt nur noch vereinzelt. Einzig die Schweizer Garde wehrte sich vor der Peterskirche noch ernsthaft. Der Papst hat sich wohl in der Engelsburg in Sicherheit gebracht. Andere Gardisten des Papstes haben vor der Peterskirche Aufstellung genommen und sollen sich niedermetzeln lassen. Es sind knapp 150 Männer. Sie haben keine Chance gegen die Übermacht der Landsknechte.

Die spanischen Landsknechte haben sich weiter nördlich einen eigenen Zugang in die Stadt erkämpft. Sie kommen von der einen Seite, Seidensticker und seine Leute von der anderen. Die Schweizer Garde kämpft tapfer. Ich halte meine Leute zurück. Wir warten und rücken dann nach. Bald liegen etwa 100 Angreifer und 150 Gardisten auf dem Petersplatz. Seidensticker gibt nun wieder den Befehl, sich zu sammeln. Zunächst folgen ihm etwa 200 Männer. Doch dann laufen alle auseinander, zuerst die spanischen Landsknechte, dann die deutschen. Ich will zur *Sancta Sanctorum*, der Privatkapelle des Papstes. Der Rest meiner Rotte folgt mir, ohne dass ich ihnen etwas befehle. Vor uns sind bereits andere auf diese Idee gekommen. Die Tür vor der Treppe ist bereits beseitigt. Wir steigen über einige Leichen, rennen die Treppe hinauf, die sonst die Gläubigen auf Knien hinaufrutschen und finden uns in der *Sancta Sanctorum* wieder.

Das Gitter vor dem Altar ist schnell aufgebrochen. Die Landknechte nehmen alles mit, was kostbar aussieht und was sie tragen können. In den Nischen der Kapelle gibt es goldene, silberne und oft edelsteinverzierte Behältnisse in Form von Armen, Beinen, Köpfen. In ihnen sind die Gebeine wichtiger Heiliger. Ich greife mir ein Kopfreliquiar des Heiligen Urban. Es hat etwa die Größe eines Kinderkopfes. Ich packe es in die Altardecke eines Seitenaltars und knote sie zu einer Art Sack zusammen. Andere greifen nach Bein- oder Armreliquiaren, nach silbernen und goldenen Kerzenhaltern. Es kommt zu den ersten Streitereien. Ein deutscher Landsknecht zieht blank gegen zwei spanische. Diese gehen weiter.

Ich weiß, was ich suche. Ich schaue, ob ich den Rücken frei habe und gehe vor zum Altar. An der Stirnseite der Kapelle lese ich die Inschrift: NON EST IN TOTO SANCTIOR ORBE LOCUS. Das heißt: „Kein Ort ist heiliger als dieser auf dem ganzen Erdkreis." Das Heiligste ist auch das Wertvollste. Hier bin ich richtig. Und die wertvollsten Reliquien befinden sich immer unter oder im Altar. Und wenn dies der heiligste Ort auf Erden ist, dann befindet sich die wertvollste und heiligste Reliquie genau hier. Ein Stückchen vom Gottessohn höchstpersönlich.

Die meisten Landsknechte ziehen bald weiter. Sie interessieren nur die sichtbaren Reichtümer der *Sancta Sanctorum*. Ich schaue mir den Altar genauer an und entdecke einige auffällige Spalten. Mit dem Messer vertiefe ich die Spalten, das kratzende Geräusch geht mir auf die Nerven. Dann erinnere ich mich an die Piken, die die erschlagenen Soldaten getragen haben. Ich renne die Treppe hinunter und hole mir zwei. Es nützt nichts, mit den Piken auf die Steinplatten einzuschlagen. Sie rühren sich nicht. Schließlich finde ich eine Vertiefung, die es mir erlaubt, die Spitze der Pike als Hebel einzusetzen. Es bewegt sich etwas. Es ist eine Art Mechanismus. Der Spalt wird größer und es gelingt mir, mit den Fingern unter den Stein zu kommen und ihn anzuheben. Plötzlich meine ich, einen eigenartigen Geruch wahrzunehmen. Ich weiß, Reliquien riechen gut, vor allem mächtige Reliquien. Es riecht fast angenehm. Dann glaube ich, einen merkwürdigen, weit entfernten Gesang zu hören. „So singen die Engel", geht es mir durch den Kopf.

Da stürmt eine Horde betrunkener Landsknechte in die Kapelle. Einige brüllen laut „Halleluja", andere rufen: „Hier waren schon andere" und stolpern weiter. Einer aber bleibt direkt vor mir stehen. Er ist schlank, zäh, nicht sehr groß und erstaunlich alt für einen Landsknecht, mindestens vierzig. Neugierig schaut er auf die kleine Öffnung am Fuß des Altars. „Nur ein paar vergoldete Buchstaben.", ich lächele. Der Landsknecht ist nicht ganz so betrunken wie die anderen. Ich schaue ihn an, hebe die Pike und sage: „Sei so nett, mach, dass du fortkommst. Du wärst nicht der erste, den ich heute absteche." Der Mann murmelt mit einer beschwichtigenden Geste: „Irgendwie riecht es gut hier." Ich versuche es mit einem Witzchen: „Ich habe Weihrauch gefressen. Dann riechen meine Fürze immer so." Der Mann lacht freudlos, greift nach seinem Messer am Gürtel, scheint es sich aber anders zu überlegen und folgt wortlos seinen Kameraden durch die Seitentür der Kapelle, die in den Palast führt. Ich beruhige mich und warte kurz. Ich weiß: Gegen einen erfahrenen Landsknecht zu kämpfen, ist nicht ohne Risiko. Gegen einen, der zweifellos schon viele Kämpfe überlebt hat, ist es in jedem Falle lebensgefährlich. Als ich wieder allein bin, setze ich meine Arbeit fort. Hinter der Steinplatte befindet sich eine Öffnung. Wieder meine ich diesen Duft zu riechen und auch diese merkwürdigen Töne zu hören. Ich gehe einen Schritt zurück und zögere. Es läuft mir kalt den Rücken herunter und ich erinnere mich: „Kein Ort ist heiliger als dieser auf dem ganzen Erdkreis." Dann setze ich die Pike wieder an. Eine weitere Steinplatte bricht heraus. Ich lasse die Pike fallen und bücke mich hinunter. Ich erblicke die Verzierung eines kleinen Kastens in Kreuzform. Das Kästchen ist nicht groß. Vielleicht zwei Handbreit lang, mehr nicht. Es ist goldfarben, verziert mit roten Edelsteinen, wahrscheinlich Rubine. Mir wird schwindelig, vielleicht wegen des Geruchs. Niedergehockt hole ich tief Luft. Das hilft immer.

Schnelle Schritte hinter mir lassen mich instinktiv zur Pike greifen. Ich drehe mich schnell um, hebe die Pike an. Es ist der ältere Landsknecht. Er spießt sich selbst auf, sein Messer fällt ihm aus der Hand. Die letzten Worte, die ihm mit einem Schwall Blut aus dem Mund kommen, sind: „Präputium Jesu, die Hochheilige Vorhaut“.

Ich bin wie betäubt: Die blutige Leiche neben mir, dieser Geruch, diese Mischung aus Weihrauch, Rosen und Fisch, dann die Stimmen, dieser vielstimmige Gesang, dazu noch ein feines Leuchten aus der Altaröffnung – das alles raubt mir die Sinne. Ich sacke zusammen und hocke einfach nur da. Irgendwann, ich weiß nicht wann, gelingt es mir, mich mit großer Anstrengung am Altar hochzuziehen. Ich schaue mich kurz um. Ich bin allein, höre aber Stimmen, menschliche Stimmen. Dann bücke ich mich und schaffe es das aufblinkende Goldkästchen zu greifen. Ich lese die Aufschrift SANCTISSIMUM PRAEPUTIUM JESU.

Nun höre und rieche ich nichts mehr. Ich sehe nur dieses kreuzförmige Kästchen in meinen Händen. An den vier Enden je ein goldgefasster Splitter. Splitter vom Kreuz Jesu, da bin ich mir sicher. Das Kästchen springt auf. Es öffnet sich für mich, denke ich. Im Innern ein sorgfältig gearbeitetes Fläschchen aus sehr klarem Glas. Ich weiß, darin ist es aufbewahrt, das heilige Präputium, vollständig erhalten, in heiligem Öl. Und plötzlich breitet sich in mir eine warme, süße Geborgenheit aus. Ein heiliger Schauer überläuft mich. Mir laufen die Tränen über die Wangen. Ein großes Glück erfasst mich, saugt mich in sich auf. Mich gibt es nicht mehr. Dann sehe ich dieses leuchtende geflügelte Wesen. Es schwebt auf mich zu, umfasst mich, verschmilzt mit mir. Im Fläschchen schimmert der winzige

Hautring, an seinen Rändern etwas, das wie ehemals getrocknetes Blut aussieht. Und noch etwas ist in dem Fläschchen: ein kleines rundliches, von Äderchen durchzogenes Teil: Ein Stück der Nabelschnur, sehr wahrscheinlich. Doch ich kann nicht mehr denken. Ich stehe nur da, in meiner Hand dieses kleine Fläschchen. Die Tränen fließen mir über das Gesicht. Es ist so schön. Ich werde fortgetragen von einer Wolke aus reiner Seligkeit.

Ich habe in meinem Leben allerlei gesehen und erlebt. An einen gütigen, weisen, liebenden Gott habe ich nie geglaubt. Aber diese Vorhaut, da bin ich mir ganz sicher, ist etwas ganz Besonderes. Sie ist heilig, göttlich, magisch. Ich fühle mich großartig, mächtig, stark, erhaben. Ich zwinge mich dazu, das Fläschchen wieder zu verschließen und lege es in das Kästchen zurück. Der Gesang verstummt, der Geruch verflüchtigt sich – bis auf jenen merkwürdigen, intimen Fischgeruch, der mir nicht aus der Nase will.

Hildesheim • Oliver Bauer (2) • 2. und 3. Januar 1990

Die Windel Jesu

Ja. Bernd ist wahnsinnig geworden. Er wälzt sich auf dem Boden im Staub der Jahrhunderte. Er betet wie besessen. Hebt seine Hände, schluchzt immer wieder laut auf: „Oh Herr, ich bin nicht würdig, dass du eingehst unter mein Dach, aber sprich nur ein Wort, so wird meine Seele gesund."

Ich versuche ihn zu beruhigen: „Bernd, jetzt steh erstmal auf. Hier ist alles staubig. Du siehst aus wie Sau. Los, steh auf. Beten kannst du immer noch."

Bernd kriegt sich nicht ein: „Hörst du das? Hörst du das nicht, dieser Gesang?!"

Ich höre nichts, aber habe auch keine Zeit mich auf irgendwelchen Gesang zu konzentrieren. Ich muss dafür sorgen, dass Bernd wieder vernünftig wird.

„Und wie es riecht. Riechst du nichts? Oliver, rieche und höre ... und wie das glitzert."

„Bernd, es riecht muffig, es hallt ein bisschen und das Glitzern kommt von unserem Taschenlampenlicht auf den Klunkern."

Es riecht wirklich komisch. Der Mief hier fängt an, auch mein Hirn einzunebeln. Bernd liegt immer noch auf dem Boden und stammelt herum: „Jesus, lieber Jesus, nimm mir das nicht übel, nimm mir das bitte nicht übel."

Dann kommt die Jungfrau Maria an die Reihe: „Jungfrau, Mutter Gottes mein, lass mich ganz dein Eigen sein ..." Ich hocke mich neben ihn und spreche ihn ganz ruhig an: „Pater Völler, Bernd, Hochwürden jetzt komm zu dir. Lass uns das Zeug nehmen und verschwinden."

„Aber hörst du das nicht, riechst du es nicht, siehst du es nicht?"

„Nein Bernd, da ist nichts!"

Vielleicht hat er was genommen. LSD vielleicht. Aber das macht er sonst nicht, außer mal einen Joint, aber nichts anderes. Jetzt fängt er auch noch an zu singen: „Meerstern, ich dich grüße, o Maria hilf ..." Er singt laut, wahrscheinlich um die merkwürdigen Töne zu überdecken, die er zu hören scheint. „Hilf mir streiten zu allen Zeiten, auch in der Not, bis in den Tod, o Maria hilf ..."

Er macht mir Angst. Wenn er weiter so laut ist, hört das selbst der schwerhörigste Wachmann. Ich fasse seinen Arm und bitte ihn inständig: „Bernd, jetzt komm zu dir. Wir machen hier einen Bruch, Mensch! Wir sind hier nicht in der Kirche. Jetzt komm zu dir!" Ich schüttle ihn kräftig an der Schulter. Keine Reaktion. „Oho Maria hilf. Hilf uns streiten, zu allen Zeiten ..."

Ich leuchte ihm mit der Taschenlampe direkt ins Gesicht. Er will den Kopf wegdrehen, dreht ihn hin und her – und beginnt dann ein neues Lied, diesmal auf Latein: „O sanctum praeputium ..." Egal. Jetzt verpasse ich ihm ein paar Ohrfeigen, zuerst noch sanft, dann fester. Wieder leuchte ich ihm ins Gesicht. Endlich wird er etwas ruhiger, hört dann auf zu singen. Einen Moment lang ist es gespenstisch still. Und als sei nichts gewesen, steht Bernd auf und bekreuzigt sich. Er klopft sich kurz den Staub von der Kleidung und fasst mich am Arm: „Oliver, das muss ein eher unauffälliges Kästchen sein, goldfarben, in Kreuzesform, etwa handgroß.“

Auch hier stehen in uralten Regalen weitere Reliquiare, viele davon in Kreuzform. Einige sehen aus wie mit Klunkern besetzte Schrumpfköpfe. Als Bernd in die Ecke leuchtet, in die er vorhin so erschrocken gestarrt hat, stecke ich mir einen, etwa faustgroßen dieser Klunker-Schrumpfköpfe ins Hemd. Das daneben liegende Kreuz mit den Kristallen stecke ich mir in die Hosentasche. Ich kenne da einen aus dem Knast. Der hat Kontakte in Köln. Der hilft mir, das zu verkaufen.

Bernd steht jetzt wie erstarrt einige Zeit vor der Vitrine mit den bunten Glasfenstern. Dann geht ein Ruck durch seinen Körper. Er hebt seine beiden Hände und schiebt den Haken nach oben. Die rechte Vitrinentür schwingt auf. Der betäubende Geruch verstärkt sich. Ich frage: „Wo kommt der Gestank her. Das wird mir zu viel. Gleich muss ich kotzen. Liegen hier Leichen rum?“

Bernd stört das nicht. Er greift in die Vitrine und hat dann ein mäßig verziertes Kästchen in der Hand. „Mein Gott. Wer hätte das gedacht. Es gibt sie also doch.“

Ich frage: „Was gibt es?“ Erstarrt hält er das Kästchen in der Hand. Ich hoffe, dass er nicht wieder zu singen anfängt. Doch er öffnet das Kästchen schweigend. Darin ist ein Fläschchen. Er öffnet es vorsichtig.

„Mensch Bernd, da tropft was raus. Was ist das? Sieht aus wie Blut.“ Er murmelt: „Das Blut Jesu.“

„Ist sicher nur Wasser.“ Bernd murmelt wieder etwas vom Blut Christi, das aus einer Vorhaut tropft. Mir ist klar, er ist durchgedreht und ich muss auf ihn aufpassen. Dabei ist Bernd alles andere als ein weltfremder Frömmler. Er organisiert perfekt die kompliziertesten Einbrüche und kann saufen wie ein Maurer. Und jetzt das. Bernd murmelt: „Blut aus der Vorhaut von gestern. Gestern war der 1. Januar, der Tag der Beschneidung.“

Egal. Ich will hier nur noch raus, bin verzweifelt: „Bei mir tropft was ganz anderes aus der Vorhaut. Man, lass und gehen, wenn die uns erwischen!“ Jetzt muss ich kühlen Kopf bewahren und Bernd vorsichtig hier rausschaffen. Dabei hat er sonst die wirklich gute Nerven. Er bleibt immer cool. Deshalb sind die vielen Brüche mit ihm auch immer so gut gelaufen. Bernd redet jetzt weiter und wird etwas deutlicher: „Gestern war der 1. Januar. Tag der Beschneidung Jesu. Da blutet die Vorhaut. Es ist die echte. Lukas 2, 21. Das stimmt also, alles stimmt."

Ich atme tief durch, was bei dem Staub hier einen Hustenanfall auslöst. „Dann haben wir ja das, was wir wollen. Also los, Bernd. Pack das Zeug ein und dann verpissen wir uns."

Ich greife nach einem Stück Stoff, das ebenfalls in der Vitrine liegt und reiche es ihm: „Wisch dir die rote Farbe ab."

„Bist du wahnsinnig! Das ist die Windel Jesu!"

Trotzdem nimmt er den brüchigen Stoff, wickelt darin das Kästchen ein und steckt es sich in den Rucksack: „Jetzt komm schon, wir müssen weg."

Wir klettern durch die Wandöffnung und klopfen unsere Kleidung ab. Der feine Staub ist hartnäckig. Ich bin froh, dass Bernd nicht merkt, dass der Klunker-Schrumpfkopf und das Kreuz fehlen. Als er durch die Kleidung zufällig das Kreuz berührt, sage ich schnell: „Werkzeug!"

Bernd hätte meine Lüge sonst schnell durchschaut. Er kennt mich. Doch jetzt scheint er völlig neben sich zu stehen, brummt nur ständig etwas wie „Das ist tatsächlich die echte ..."

Er klopft umständlich an seinen Klamotten herum und sagt dann: „Alles wieder sorgfältig abschließen!"

Mir machen diese alten Schlösser keine Probleme, neue meist auch nicht. Vor der letzten Tür schaut Bernd auf seine Uhr: „Wir warten sicherheitshalber noch zehn Minuten, falls der Wachmann Verspätung hat."

Während wir warten informiert er mich flüsternd: „Wir haben jetzt das, wonach wir so lange gesucht haben. Es lag fast unter unserer Nase. In Hildesheim, wer hätte das geglaubt, in Hildesheim, nicht in Calcata, nicht in Charroux und auch nicht in Antwerpen. Ich bringe dich jetzt zur Besenkammer. Also, du wartest hier drin bis um 10 Uhr. Dann kommen die ersten Busse. Dann sieh zu, dass du dich unters Volk mischst. Lass dir Zeit und komm dann gleich zu mir, so um drei nachmittags."

Ich protestiere: „Ich soll den Rest der Nacht in der eisigen und stinkigen Besenkammer verbringen? Kommt da morgen früh keiner und will an die Putzsachen?"

„Nein, die Putzfirma streikt morgen. Spontanstreik! Alles organisiert!"

„Trotzdem kann ich doch jetzt mit dir gehen. Dann trinken wir noch etwas zur Entspannung ..."

Bernd kommt langsam wieder zu sich: „Nein, das geht nicht. Es braucht niemand zu wissen, dass du mir geholfen hast. Das ist viel zu gefährlich. Mach es so, wie vereinbart. Dann fahre morgen früh nach Osnabrück und komm morgen Nachmittag zu mir. Ich lege noch mal 500 drauf."

Ich lenke ein: „Okay, bis morgen um drei. Und dann erklärst du mir, was wir geklaut haben und was du damit vorhast." Bernd schüttelt den Kopf: „Lieber nicht. Du glaubst es doch nicht und du musst es auch nicht wissen. Erzähl mir morgen lieber von deiner neuen Freundin. Ist das jetzt etwas Ernstes? Ich fände das gut."

Ich gehe in die Besenkammer, räume die Putzutensilien zur Seite und setze mich auf einen umgedrehten Eimer. Ich habe ein schlechtes Gewissen wegen des „Schrumpfkopfs" und des Kreuzes. Egal.

Rom • Ulrich von Borsum (3) • 6. Mai 1527

Im Bett des Kardinals

Ich stehe in einer Blutlache. Der aufgespießte Landsknecht schaut mich aus starren Augen an. Er wirkt, wie er so daliegt, ein bisschen blöde. Immerhin wusste er, was ich hier gesucht habe. „Gott hab dich selig, du Idiot! Wahrscheinlich vermisst dich niemand." Ich durchsuche seine Taschen. In seiner Jacke finde ich ein paar Münzen, dann in einem Beutel an seinem Gürtel vier grüne und zwei rubinrote Edelsteine. Er hat sie wohl irgendwo herausgebrochen, wahrscheinlich aus einem Kelch oder Kreuz. „Vielen Dank!" Dann putze ich mir die blutigen Schuhsohlen an seiner Hose ab und schaue, wo er seine restliche Beute abgelegt hat. Gleich neben der Treppe finde ich zwei Armreliquiare, vermutlich aus Silber, verziert mit kleineren Diamanten. Wessen heiliger Arm wohl da drin ist? Ich packe sie in meinen provisorischen Sack und nehme sie mit. Später werde ich die Diamanten vorsichtig herausbrechen.

Vor der Kapelle treffe ich auf andere Landsknechte. Ludwig der Lustige begrüßt mich und deutet auf ein Fässchen Wein, das er auf einer Schubkarre abgestellt hat. Ich trinke einen Schluck. Der Wein schmeckt mir: Nicht zu süß, trotzdem rund, gerade richtig. Ludwig und die anderen Landsknechte aus seiner Rotte haben so viel Beute gemacht, dass sie sie kaum tragen können: Kelche, Kerzenleuchter, wertvolle Stoffe. Einer aus meiner Rotte sitzt auf einem schweren vergoldeten Stuhl, den er erbeutet hat und lacht besoffen.

Am anderen Ende des Platzes sammelt Hauptmann Seidenstricker ein paar Landsknechte. Trotz Drohungen laufen die meisten weg. Er kommt auf mich zu und schreit: „Es gibt noch Widerstand im Stadtteil Trastevere. Kommt mit. Wenn das erledigt ist, plündern wir die Paläste der fetten Kardinäle." Ich sage ihm, dass ich heute genug Leute in die Hölle geschickt habe und lege meine Hand auf mein Schwert. Später gerne. Der Hauptmann dreht sich um. Er will keinen Ärger und hofft wohl darauf, dass andere kampfeswilliger sind als wir. Es wird auch langsam dunkel. Ich schlage dem versammelten Rest meiner Rotte vor: „Wir nehmen unsere Beute und verschwinden in einer Seitenstraße. Wir brauchen so etwas wie einen Stützpunkt und einen Ort, an dem wir übernachten können. Heute Nacht werden sich betrunkene Landsknechte gegenseitig ihre Beute abjagen und abstechen. Da brauchen wir einen sicheren Unterschlupf."

Wir nehmen uns ein Tor in einer hohen Mauer vor. Einen abgestellten Wagen benutzen wir als Rammbock. Das Tor springt auf und gibt den Blick frei in den sehr gepflegten Hof einer Villa. Doch vor der schmucken Haus steht das bewaffnete Personal. Viele sind noch Kinder und einige schon Greise. Probleme könnte der kräftige Koch mit seinen imposanten Messern machen. Bevor ich etwas sagen kann, hat Ludwig sein Wurfmesser in seinem Hals versenkt. „Guter Wurf", kommentiert er seine Aktion und schaut in meine Richtung. Ich schüttle mit dem Kopf.

„Was soll das? Das war der Koch. Für den hätten wir noch Verwendung gehabt."

Ludwig erwidert: „Zu spät." Die anderen Bediensteten des Hauses lassen ihre Waffen fallen und knien nieder. Ich hoffe nur, dass Ludwig nicht weitermetzelt. Ich frage nach dem Besitzer. Offensichtlich ist er ausgeflogen. Ludwig zieht sein Messer aus dem Hals des Kochs und bedroht damit einen alten Mann. Der versichert uns, sein Herr habe sich in die Engelsburg geflüchtet. Ich bin erleichtert, dass Ludwig ihn nicht auch noch umbringt.

Wir durchsuchen das Haus. Alles Wertvolle hat man in Sicherheit gebracht, die Schränke sind leer. In den Räumen des Hausherrn ist keinerlei Geld, in den Räumen der Hausherrin kein Schmuck. Ein paar Kupfermünzen finden wir in den Räumen der Bediensteten. Was fortzutragen war, ist weg. Doch Küche und Keller sind gut gefüllt und ich lasse auftischen: Wein, Schinken, Käse, Oliven, Brot, getrocknete eingelegte Tomaten.

Wir quartieren uns in den Gemächern des Hausherrn ein. Nach seiner zurückgelassenen Garderobe zu urteilen, ist er tatsächlich ein Kardinal. Eine hübsche Hausbewohnerin mit sehr gepflegten Händen ist deutlich besser gekleidet als die anderen. Ich frage sie, ob sie die Mätresse des Kardinals sei. Sie versteht meine Frage, obwohl ich ihre Sprache nur schlecht spreche. Der Schönen ist klar, was nun folgen würde. Sie kommt auf mich zu, nimmt mich keck beim Arm und gibt mir flüsternd zu verstehen, dass sie sich dankbar erweisen werde, wenn sie nur meine Geliebte sein würde und nicht die all meiner Männer. Ich signalisiere Interesse, frage sie aber, wo das Gold des Kardinals sei, sein Silber, seine sonstigen Schätze. Sie zeigt sich so lange ahnungslos, bis ich Ludwig hole. Zwei Minuten später wissen wir Bescheid und zehn Minuten später ist die Kardinalsmätresse tot. Einmal wieder graust es mir vor Ludwig dem Lustigen. Die Reichtümer sind im Innenhof versteckt unter einer dicken Marmorplatte.

Ich komme erst jetzt dazu, mir den kleinen Palast näher anzusehen. Ein mit Marmorplatten abgedeckter Innenhof mit einem kleinen Springbrunnen. Die repräsentativen Räume unten in der Villa mit schweren Sitzmöbeln. An den Wänden einige Gemälde. Sie zeigen Szenen aus der Mythologie der Griechen und Römer. Die Privatgemächer des Kardinals sind geräumig, mit Schreibtischen und bequemen Sitzmöglichkeiten ausgestattet, sein Schlafgemach mit einem weichen, breiten Bett. Ich merke plötzlich, wie müde ich bin. In der letzten Nacht habe ich kaum geschlafen.

Ich lasse das verteilen, was die Diener des Hauses aus dem Loch unter der Marmorplatte ans Tageslicht bringen – zu gleichen Teilen, damit mir meine restlichen Leute nicht weglaufen oder mich abstechen. Ich ordne an: Zwei Mann schlafen vor dem wieder zusammengezimmerten Eingangstor, zwei unten in der Halle. Die Bediensteten sperren wir in das Zimmer der Kardinalsmätresse zusammen mit ihrer Leiche. Ludwig hatte diese überzeugende Idee. Ich lasse mich ins Kardinalsbett fallen und schlafe gleich ein, neben mir der Sack mit der Beute. Irgendwann werde ich wach mit dem Wohlgeruch in der Nase, den das hochheilige Präputium verströmt. Schade, dass Ludwig der Lustige die Kardinalsmätresse ausgeweidet hat. Sie war hübsch und nicht blöd. Ich muss sehen, dass ich Ludwig loswerde.

Köln • Bischof Dr. Ralf Flitz (3) • 2. Februar 1990

Blut und Engelsstimmen

Mein Terminkalender ist voll: Firmungen, Einweihungen von kirchlichen Kindergärten, Besuche in Altenheimen, Radiovorträge, persönliche Verwarnungen von Priestern meiner Diözese, Treffen mit meinem Schneider wegen meines schwarzen Bischofsgewands mit violett abgesetzten Säumen, Vorbereitung von Sonntagspredigten, Bewilligung von Alimenten für die Bastarde unserer Priester, ein Interview mit *Radio Maria* aus Polen zur Frage „Exorzismus oder Psychotherapie?“ – und jetzt kommt noch Cumulus mit seinem

Treffen des inneren Kreises der *Getreuen des wahren Katholizismus*, unserer Kern-GWK. Er wollte einen Termin binnen einer Woche. Und jetzt sitzen wir hier im Kölner Palais und essen, das heißt: Winczyk, Völler und ich essen. Cumulus trinkt vor allem, wieder seinen geliebten Riesling vom Rheingau zur exquisiten Vorspeise: Pikant eingelegte Tintenfischringe und Tunfisch-Carpaccio mit einigen Blättchen Rucola. Als Cumulus die vorsorglich bereit gestellte zweite Flasche öffnet und sich großzügig einschenkt, versuche ich einen Vorstoß: „Cumulus, es ist eine Freude, dir beim Trinken und Essen zuzuschauen, aber warum sind wir hier? Winczyk ist extra aus Rom angeflogen…“ Winczyk unterbricht mich: „Warschau, Warschau, lieber Flitz, da ist es jetzt nach der Befreiung vom Kommunismus spannender für uns. Ich komme aber immer sofort, wenn unser aller Herr, seine Exzellenz der Kardinal, ruft.“ Cumulus lächelt zu ihm herüber und spült gerade den letzten Tintenfischring mit einem Schluck Riesling herunter.

Völler tritt kaum in Erscheinung: Er scheint wenig Appetit zu haben. Er wirkt ein wenig weggetreten und lächelt sanft. Seine geröteten Wangen geben ihm aber auch etwas innerlich Aufgeregtes. So wirken Priesteramtskandidaten, die nach drei Tagen Exerzitien ihr erstes mystisches Alleinheitserlebnis hatten. Das macht mich noch neugieriger: „Also Cumulus, weshalb hast du uns zu dir nach Köln beordert?“

Auch Cumulus beginnt nun so merkwürdig zu lächeln. Das kann bei seiner Trinkfestigkeit nicht an den zwei oder drei Gläschen Riesling aus dem Rheingau liegen. Er richtet sich auf und es wird, wie ich befürchtet habe, feierlich: „Also, meine lieben *Getreuen des wahren Katholizismus*, wir wollen uns erst einmal stärken, dann berichtet euch Völler, was er im Hildesheimer Dommuseum, nun ja ... *gefunden* hat.“ Winczyk scheint auch nicht genau zu wissen, um was es geht, obwohl er zu den bestinformierten Leuten der gesamten Kirche gehört. Er schaut Völler erstaunt an und fragt: „Ihr habt es tatsächlich gefunden. Wo? In Calcata? In Antwerpen? In Charroux? In Nancy, Metz? Nicht in Paris, das ist zu gut bewacht. Und wir haben keine Kontakte, da wärt ihr nicht so einfach reingekommen. Kloster

Andechs, dort habe ich es vermutet. Die Benediktiner bilden seit je her eine Kirche in der Kirche. Die hatten es sogar im 16. Jahrhundert auf ihrer Inventarliste. Da seid ihr doch auch eingebrochen, habe ich gehört? Nein? Also wo?“

Völler lächelt: „Also ja, in Andechs waren wir auch, mit tatkräftiger Unterstützung eines besonders schwarzen Schäfchens, das für die Jugendarbeit zuständig ist. Aber es ist nicht das echte. Nein, nicht Andechs, sondern Hildesheim, also quasi um die Ecke. Es lag unter dem Hintern unseres populären Modernisierungsbischofs Schapers.“

Mich beschleicht eine Ahnung, aber ich kann es nicht glauben. Ich muss achtgeben, dass ich nicht zornig wirke. „Aber bitte, liebe Mitbrüder, um was geht es hier? Einbrüche? Warst du das in Hildesheim, Völler? Ihr seid wahnsinnig. Kann mich mal jemand informieren? Cumulus!“

Und jetzt erzählt mir Cumulus – mit kleinen Unterbrechungen, als Schwester Margarete den Hauptgang aufträgt, leichter Fischgeruch: Steinbeißer-Filet auf einem Gemüsebett –, was so Bemerkenswertes geschehen ist. Sie hätten es gefunden: Das hochheilige Präputium! Wir könnten uns gleich nach dem Essen selbst überzeugen. Ich frage, woher sie wüssten, dass es die echte Vorhaut ist, ob sie *Virtus* habe. Cumulus versichert mir, ich würde es schon merken. Es sei die echte. Da gäbe es keinen Zweifel.

Nun schaltet sich Völler ein: „Da gibt es keinen Zweifel. Das angebliche Präputium von Andechs ist eine Fälschung aus dem 16. Jahrhundert. Das in Antwerpen ist im dortigen Dommuseum nicht mehr auffindbar, auch nicht in den Archiven. Charroux – schlecht erhalten und völlig ohne *Virtus*. Das von Calcata haben sie verschwinden lassen, wahrscheinlich schon kurz nach 1900. Das Präputium von Metz ist gar keines. Das in der Literatur nur flüchtig erwähnte des Straßburger Münsters ist ein eingelegter Tintenfischring, wir haben das untersucht. Aber das von Hildesheim ist echt. Ihr könnt es gleich prüfen. Es hat *Virtus*, enorme *Virtus*. Dank sei Gott. Es ist, ja, es ist einfach wunderbar …“

Cumulus schaltet sich ein: „Seine volle *Virtus* entfaltet das Präputium aber erst am 1. Januar jeden Jahres, am Tag der Beschneidung, den die Modernisierer als Gedenktag abgeschafft haben."

Ich trinke nun auch etwas von dem Riesling. Ich bin ja kein Kenner, aber er schmeckt mir. Und dann trinke ich noch ein Glas auf den Schrecken. Die meinen es tatsächlich ernst. Völler hat in den Hinterzimmern der Dom- und Klostermuseen nach Vorhäuten gesucht und etwas gefunden. Dann frage ich etwas zu laut: „Doch wozu die Mühe? Was wollt ihr damit machen? Wenn ihr damit durch die Straßen zieht und Wunder erwartet, dann lacht sich die Welt tot. So etwas klappt höchstens in Polen oder Süditalien oder auf dem Land in Andalusien. Wir waren uns doch einig: Wir von der GWK brauchen etwas für die westlichen Industriegesellschaften, zur Erringung spiritueller Hegemonie. Uns laufen die Schäfchen davon, massenweise."

Cumulus nickt mir lebhaft zu: „Du hast ganz recht, Flitz, natürlich hast du recht."

„Und außerdem", fahre ich fort, „es ist nicht erlaubt, über die Vorhaut zu reden oder zu schreiben oder zu forschen. Das wisst ihr doch. Leo XIII hat im Jahre 1900 bei Strafe des Banns verboten, über die Vorhaut öffentlich zu reden. Der Papst kann uns bannen, aus unseren Ämtern werfen, wenn wir mit dem Präputium – gleichgültig ob echt oder nicht – irgendetwas anstellen. Außerdem, stellt euch das Gelächter vor: Kardinal Cumulus segnet mit der Vorhaut Jesu seine Gläubigen. Hohn und Spott gibt es, nichts als Hohn und Spott. Und mit dem Gotteslästerungsparagrafen 166 bringen wir niemanden mehr zum Schweigen. Alle werden lachen."

Cumulus steht ruckartig auf. Er wirkt plötzlich nüchtern: „Hör zu Flitz, das hat niemand vor. Das habe ich dir bereits erklärt. Wir wollen doch nicht die Vorhaut, um Wallfahrten zu organisieren, Ablässe zu verkaufen oder um Kranke zu heilen. Darum geht es nicht. Jetzt stärke dich doch erst einmal."

Nun gut, *ad maiorem Dei gloriam*. Das Steinbeißer-Filet ist jedenfalls punktgenau gegart, lecker! Der Wein passt perfekt dazu. Die Kartöffelchen wunderbar. Das Dessert folgt zeitnah. Ich bin gespannt, was ich gleich gezeigt bekomme, kann es kaum noch erwarten, das zu sehen, was das hochheilige Präputium sein soll.

Cumulus macht es feierlich, legt seine Kardinalsschärpe um, zieht sich seine weißen Handschuhe an, kniet dann zu meiner Überraschung nieder vor dem Schränkchen, in dem er sonst seinen besten Cognac verschließt und betet. Völler und Winczyk lassen sich ebenfalls auf die Knie fallen, allerdings erheblich behänder als der dickliche Cumulus. Ich tue es ihnen etwas widerwillig nach. Dann erhebt sich Cumulus wieder, schließt das Schränkchen auf, holt eine größere Metall-Kassette heraus und stellt diese auf ein Beistelltischchen. Er holt einen weiteren Schlüssel aus seiner Tasche und schließt die Kassette auf. Riecht ihr es? Spürt ihr es? Das ist die *Virtus*. Da gibt es keinen Zweifel."

Zuerst rieche und spüre ich nichts. Die anderen sind ganz verzückt, sogar Winczyk murmelt ergriffen etwas Polnisches vor sich hin. Aber jetzt merke ich es auch. Der Metall-Kassette entströmt ein merkwürdiger Geruch, eine Mischung aus Rosenduft und – ja, ein Hauch von Fisch. Vielleicht war der Steinbeißer ja doch nicht so frisch? Cumulus entnimmt der Kassette nun sehr vorsichtig ein altes, goldfarbenes, kreuzförmiges, aber nur wenig verziertes Kästchen hervor. Die Aufschrift ist noch gut sichtbar: SANCTISSIMUM PRAEPUTIUM JESU. Er öffnet es. Der Geruch verstärkt sich und meine Ohren nehmen jetzt einen fernen merkwürdigen Gesang wahr. Das Fläschchen, das Cumulus nun dem Reliquiar entnimmt und öffnet, scheint blutverschmiert. Cumulus betet das *Pater noster* und wir anderen stimmen ein. Was nun folgt, weiß ich nicht mehr. Wir beten zusammen und bitten den Herrn um Gnade, auch in dieser Sache seine Diener sein zu dürfen.

Irgendwann, es ist schon spät, verschließt Cumulus das kreuzförmige Kästchen in der Kassette und beides im Schrank und verkündet: „Und jetzt trinken wir erst einmal einen Cognac!" Winczyk fragt nun: „Und das am 1. Januar austretende Blut geht dann an unsere Wissenschaftler?" Cumulus bestätigt: „Ja, alles, nicht nur das Blut, auch das Präputium selbst und das kleine Teilchen, was in dem Blut schwimmt. Ich vermute, es ist ein Teilchen der Nabelschnur. Alles geht an ein Team katholischer Genetiker im Norden Schottlands."

Osnabrück • Klaus Kolonko (1) • 2. Oktober 1990

Lehrling beim Kirchenboten

Es hätte mich schlimmer treffen können nach der geschmissenen Priesterweihe. Aber Mutter Kirche kümmert sich um ihre Schäfchen, auch um gestrauchelte wie mich. Mein enttäuschter aber nicht ganz ahnungsloser Mentor, Pater Hinz, hat dafür gesorgt, dass ich die Volontärstelle bekommen habe. Jetzt arbeite ich als Lehrling beim *Kirchenboten*, der Zeitung der Diözese Osnabrück und es gefällt mir, meist jedenfalls. Meinen jetzigen Ausbilder, Christian Münch, kenne ich noch aus meinen Tagen im Klosterinternat Hautrup. Damals war Münch mein Tischpräfekt – als solcher saß der siebzehnjährige Schüler der Obersekunda am Tisch der Sextaner und hatte dafür zu sorgen, dass es beim Essen gesittet und ruhig zuging – und hatte den Spitznamen „Holzauge". Wahrscheinlich hatten ihm ältere Internatszöglinge diesen Namen verpasst oder seine Klassenkameraden. Einmal etabliert blieben einem die Spitznamen dann meist bis zum Abitur erhalten. Oft war die Namensgebung erbarmungslos: Ein Stotterer namens Dalhoff hieß immer Da-Da-Da-Dalhoff, kurz Dada. Ein Kleinwüchsiger hieß Mini. Sein dicker Freund Dino, ein Spastiker – wenig kreativ – Spasti. Ein kleiner Dicker mit abstehenden roten Haaren, der nach der Quarta abging, hieß Klobürste. Eiermann hieß Henne. Ein älterer Schüler hieß Pimmel, warum weiß ich nicht. Da hatte ich noch Glück: Ich hieß Knorri, weil einigen meine Nase wohl bemerkenswert erschien.

Holzauge, so nannten Münch sogar die Präfekten des Internats. „Holzauge sei wachsam", war ein wiederkehrender Spruch. Wir und die anderen jüngeren Schüler nannten ihn allerdings nur Holzauge, wenn er es nicht hörte, sonst setzte es Hiebe. Auch Münch war, wie viele andere, ein Bauernjunge. Außerdem irritierte er damals mit einem sehr auffälligen und schlecht gemachten Auge aus Glas. Als Kind hatte er einen bösen Unfall im elterlichen Schweinestall gehabt. Eine Sau hat ihm das Auge rausgelutscht, erzählte man sich zur allgemeinen Erheiterung. Heute versteckt sich eine kunstvolle Augenprothese hinter seiner Brille.

Holzauge war also bereits damals im Internat gewissermaßen mein Chef gewesen. Als Tischpräfekt war er eine Art Unteroffizier – ein Rang, den er mir gegenüber heute wieder einnimmt. Die Tischpräfekten wurden ihrerseits befehligt von den vier Präfekten, die das Internat leiteten. Anders als Unteroffiziere der Bundeswehr verfügten Tischpräfekten jedoch über Sanktionsgewalt. Es war ganz normal, wenn er einem seiner Untertanen bei Tisch einmal eine Ohrfeige oder eine Kopfnuss verpasste oder ihnen den Sonntagspudding entzog, um ihn dann selbst zu essen oder an seine Günstlinge weiterzugeben. Holzauge war bei Tisch mein Herr und ich, der damals zehnjährige Sextaner Kolonko, alias Knorri, war sein von Heimweh geplagter Untertan. Holzauge genoss diese Stellung. Er füllte sie voll aus, würde er heute sagen, in der totalen Institution „Internat".

Es gab auch Tischpräfekten, die regierten eher milde und kumpelhaft. Holzauge nicht. Er genoss es, Macht zu haben. Dabei war Holzauge kein besonders böser Sadist, er war und blieb auch hier Durchschnitt. Er gab nur das, was er zuvor in den unteren Klassen erlitten hatte, an die Jüngeren weiter. Das war üblich. Er rächte sich quasi generationenübergreifend oder netter gesagt: Er hielt sich schadlos. Schon damals fand ich seine gewaltsamen Übergriffe abstoßend und ich verachte ihn noch heute dafür.

Als ich vor zwei Monaten erstmals in der Redaktion aufkreuzte, hätte ich ihn fast mit „Hallo Holzauge" begrüßt. Wie früher war Holzauge immer noch um einiges größer als ich und heute auch deutlich dicker. Vielleicht, dieser Gedanke kam mir, frisst er, wie mir damals, heute seinen Kindern die Würstchen weg oder beschlagnahmt ihren Sonntagspudding. Holzauge – daran muss ich mich gewöhnen – heißt jetzt Christian, ist nicht nur Ausbildungsredakteur, sondern auch praktizierender Katholik, CDU-Mitglied, Vater von drei Kindern und redet am liebsten über konsequente Werteerziehung. Auf seinem Schreibtisch ein Foto seiner Familie: Allesamt blond, blauäugig, wohlgenährt, diszipliniert lächelnd. Kein weiteres Holzauge. Kurzum: Er hat alles gut hingekriegt.

Manchmal sagt Holzauge: „Wir alten Hautruper“. Doch ich will kein „wir“ mit ihm. Ich zeige mich ihm gegenüber höflich, bleibe aber reserviert. Als er über seine Familie spricht und seine konsequente Werteerziehung, lädt er mich unverbindlich zum Essen ein. Ich könne ja einmal am Sonntag nach dem Kirchgang bei ihm und seiner Familie essen. Da hatte ich gleich wieder vor Augen, wie er mir vor fast 20 Jahren den Pudding weggefressen hat. Ich reagiere so, dass er die Einladung nicht konkretisiert. Doch ich gebe mir redlich Mühe, nett und verbindlich zu sein. Mit einiger Überwindung kooperiere ich: Ich folge seinen Anweisungen, aber gerne zeitverzögert, selten ohne Kommentierung und erledige das Aufgetragene immer ein wenig anders als er es erwartet. Schließlich bin ich kein völliger journalistischer Neuling. Ich habe schon immer gern geschrieben, als Schüler und Student, später dann für die internen Publikationen des *Dein Reich komme. Zeitschrift der Herz-Jesu-Priester in der deutschen Ordensprovinz*. Und für meine Magister-Arbeit *Die drei apokryphen Kindheitsevangelien im Hinblick auf die apokryphen Apostelakten* hatte ich eine glatte Eins bekommen. Einer der beiden Gutachter, Prof. Vorgrimmler, hatte sogar in seinem Gutachten vermerkt, dass die Arbeit in einer sehr präzisen und zudem gut lesbaren Wissenschaftsprosa verfasst worden war. Daran erinnerte ich mich, wenn Holzauge mich wieder einmal einzuschüchtern versuchte mit Bemerkungen wie: „Klaus, du schwurbelst wieder einmal herum. Schreib knapp und einfach.“ Oder: „Als Journalist musst du Komplexitäten reduzieren. Dein Theologen-Chinesisch will niemand lesen.“ Oder aber: „Denk an deine Leser. Du schreibst nicht für dich! Gib deinen Narzissmus auf, sonst wird nie ein Journalist aus dir.“ Und gleich bin ich wieder der gedemütigte Sextaner. Doch heute überlasse ich ihm meinen Sonntagspudding nicht mehr kampflos.

Ich beobachte, dass ich eine heftige Abneigung gegen ihn entwickle. Ich meide jeden Körperkontakt, gebe ihm, wenn möglich, nicht die Hand. Sein gelegentliches Schulterklopfen ekelt mich an. Manchmal reagiere ich ironisch oder arrogant. Um mich selbst zu stabilisieren, besinne ich mich darauf, dass ich ein freier und selbständiger Mensch bin. Schließlich hatte ich den Mut gehabt, noch eine Woche vor der Priesterweihe meinem Orden zu erklären, dass ich kein Priester werden könne. Auf unseren Exerzitien sprachen die Priesteramtskandidaten viel von Berufung, meist etwas verschämt: „Wenn Gott mich zum Priester berufen hat, muss ich ihm folgen" und dergleichen. Ob ich so etwas vorher gespürt habe, weiß ich nicht. Kurz vor dem Termin meiner Priesterweihe spürte ich nichts davon. Vielleicht wollte mich Gott nicht mehr, wenn er überhaupt existiert. Mich hatten immer häufiger Glaubenszweifel überfallen.

Schon im zweiten Studienjahr hatte ich das meinem Mentor, dem alten Pater Hinz, anvertraut. Den Ordenseintritt hatte ich noch gemacht – Das Gelübde: Armut, Keuschheit, Gehorsam. Die Armut war mir leichtgefallen, die Keuschheit händelte ich selbst, von einer großen Ausnahme abgesehen, der Gehorsam fiel mir immer schwer. Vor der feierlichen Priesterweihe hatte ich meinem Mentor dann mitgeteilt, dass mein Glauben erschüttert sei. Daran sei auch meine wissenschaftliche Arbeit schuld. Bei einem langen Waldspaziergang hatte ich dem alten Hinz scherzhaft anvertraut, Theologie sei nur etwas für Atheisten oder theologieresistente Mystiker. Pater Hinz hatte gelächelt. Mein Mentor hatte verstanden, weshalb ich kein Priester werden wollte. Von ihm kamen niemals Vorwürfe. Besser jetzt als nach der letzten Weihe, hatte er gemeint und mich dann gefragt, was ich denn mit meinem Leben anfangen wolle. Schließlich sei ich fast dreißig. Ob ich in die Wissenschaft gehen wolle, Professor werden? Ich wusste es nicht. Um eine wissenschaftliche Karriere zu machen, muss man ehrgeizig sein und fleißig, Bücher lesen, die einen nicht interessieren und Texte schreiben, die einen selbst langweilen. Das ist nichts für mich. Außerdem will ich mich nicht wieder so weitgehend anpassen müssen an eine Institution. Wer von der Wissenschaft leben will, muss konsequent Verbindlichkeiten schaffen, seinem Professor zuarbeiten, Netzwerke aufbauen, sich selbst immer wieder davon überzeugen, dass Wissenschaft sinnvoll ist und dass man selbst die Idealbesetzung für eine Assistentenstelle und später dann für den Professorenstuhl ist. Alles das sind nicht meine Stärken.

So bin ich dann schließlich hier beim *Kirchenboten* gelandet. Pater Hinz, mein Mentor, hatte alles eingefädelt. Meinen besten Freund Theo hatten sie dann im Sommer allein geweiht und mich gebeten, seiner feierlichen Einweihung fernzubleiben. Die lang angekündigte und bereits organisierte feierliche Doppelweihe fiel nach meiner Kündigung also aus. Theo musste reichen. Das war ein harter Schlag für den *Herz-Jesu-Orden*. Einige hatten mich und Theo schon als *Ehepaar* gesehen. Solche Freundschaften gab es im Orden. Doch ich bin eindeutig heterosexuell. Während des Studiums hatte ich auch eine Freundin und der Sex mit ihr hatte mir gefallen. Es war schön, geil, innig, vertraut, aber schließlich zu vertraut und bald hatte ich dann wieder meine Nächte im Priesterseminar verbracht. Theo hatte sich auch in den Priesterseminaren in Freiburg und Münster immer wohler gefühlt und wurde immer mehr eingesogen in den Orden: Er wurde vom damaligen Oberen, Ralf Flitz, eingeladen, machte mit ihm anstrengende Wanderungen im Schwarzwald. Ich hatte die Einladung abgelehnt. Meine Mutter sei krank, ließ ich Flitz ausrichten. Heute ist Flitz frischgebackener Bischof in Osnabrück und noch nicht am Ende seiner Kirchenkarriere. Im Gegensatz zu Theo löste ich mich mehr und mehr vom Orden, vor allem nach meinem Studienjahr in Rom und meinem Einsatz als Diakon in Boston bis vor einem Jahr. So blieb Theo seit fünf Jahren der einzige weiße deutsche Eingeborene, der Pater des *Herz-Jesu-Ordens* wurde. Sonst hatten sie nur neue Ordenspriester aus ihren afrikanischen oder südamerikanischen Provinzen. Ich habe einige kennengelernt. Naive junge Männer, in ihren Heimatländern quasi gekidnappt, die dann mit viel Unterstützung ihren Uni-Abschluss schafften und schnell danach geweiht wurden, ohne dass sie die geringste Chance hatten, auszusteigen. Der von mir in meiner Freiburger Studienzeit betreute Sboro aus Kamerun hatte keinen gesicherten Aufenthaltsstatus und musste sich fügen, wenn er in Deutschland bleiben und ein bisschen Geld als Kaplan oder später als Gemeindepfarrer verdienen wollte. Er würde das Geld dann seiner Familie schicken und sie jedes zweite Jahr besuchen.

Sie hatten also meinen Freund Theo allein zum Priester geweiht und ihn dann als Nachwuchspräfekt ins Internat Hautrup geschickt. Er sollte dort die Kleinen übernehmen, die Gruppe der 10 bis 14-Jährigen. Seinen Vorgänger, der sich allzu zärtlich um manche Jungen kümmerte, bekam die Oberstufenschüler zur Betreuung. Alle wussten um seine Neigungen, alle verschwiegen und vertuschten es. Die Jungen selbst fanden es eher komisch, wenn er kontrollierte, ob sie sich „untenrum" auch ordentlich gewaschen hatten. Bei einigen war er wohl deutlich weiter gegangen und die Eltern hatten ihre Kinder schweigend vom Internat genommen. Ich bin gespannt, was Theo mir darüber noch berichtet.

Ich bin froh, dass ich eine zweite Chance bekommen habe. Vielleicht würde ich ein guter Journalist werden. Schreiben kann ich. So muss ich mich für die nächsten zwei Jahre damit abfinden, dass der *Kirchenbote* mir einen engen Spielraum setzt und Holzauge einen noch engeren. Dafür gibt es finanzielle Sicherheit. Sie haben mir sogar eine kleine Wohnung besorgt. Der Kirche gehören etwa zehn Prozent aller Wohnimmobilien in Osnabrück. Verwalten lässt die Kirche die Wohnungen von einer professionellen Firma, allein schon deshalb, um die kirchliche Eigentümerschaft zu verschleiern. Doch mein alter Mentor Pater Hinz hatte geholfen. Ein Anruf genügte und eine Wohnung wurde frei für mich. Ich wohne jetzt sehr preiswert im dritten Stock eines renovierten Klinkerbaus: Zwei Zimmer, Fliesenbad, Zentralheizung.

Es ist für mich eine neue Erfahrung, allein zu wohnen – dazu noch in einer kaum möblierten Wohnung. Wenn mich jetzt meine Depressiönchen überfallen, kann ich nicht zu meinen Mitbrüdern gehen, um mit ihnen ein Glas Wein zu trinken. Jetzt telefoniere ich oft mit Theo oder besuche ihn in Hautrup. Er hat auch Gesprächs- und Reflexionsbedarf. Außerdem nimmt mich das Volontariat in Anspruch. An jedem zweiten Wochenende habe ich eine Weiterbildung. Es geht um Recherchetechniken, um das Schreiben für den Hörfunk oder um Interviewführung. Ich melde mich jedenfalls für jede mögliche Fortbildung an und überlege mir sogar, über Weihnachten an einem Meditations- und Yogaworkshop teilzunehmen. Holzauge hat mir mit einem kumpelhaften Zwinkern seines funktionstüchtigen Auges versichert, dort seien die interessantesten Frauen zu treffen. Nachdenklich und tiefgründig wie ich wirke, würde ich dort sicher fündig werden. Ich frage mich, ob da etwas dran ist. Doch von gefühlsbetonten spirituellen Mittdreißigerinnen, die sich an frühere Leben erinnern und den Einflüsterungen ihrer Engel vertrauen, habe ich mich bisher lieber ferngehalten. Doch die berufliche Ausbildung ist mir wichtig. Vielleicht kann ich nach dem Volontariat zu einer anständige Zeitung wechseln.

Die wöchentlichen Redaktionssitzungen finden im Büro des Chefredakteurs statt. Er heißt Ansgar Feer, ist lang, dünn, knochig. Sein Vollbart soll wohl sein Pferdegebiss verdecken. Als ich pünktlich eintreffe, verstummt das Gespräch zwischen Feer und Holzauge. Wahrscheinlich hat sich Holzauge über mich beklagt. Die Sekretärin bringt den Kaffee. Der Chef beginnt das Gespräch mit der Bemerkung, für den Herbst müsse man langsam Schwerpunkte setzen. Also klar, das übliche: Die Zeit der Besinnung und Ruhe. Die Blätter fallen, die Astern blühen. Das Wandern im Nebel, wer jetzt noch kein Zuhause hat und so weiter. Vielleicht mal ein Gedicht besprechen. Dazu könne man ja einen Germanistik-Professor interviewen. Also Herz mit Niveau, ob ich nicht Lust hätte, das mal allein zu machen oder irgendetwas mit Engeln vielleicht. Nein, keine Engel, denke ich und erinnere mich an eine meiner Seminararbeiten, während des Studiums. Ich sage: „Gerne etwas über Engel! Spannend, aber das ist eher ein Weihnachtsthema. Das mit dem Gedicht, wie wäre es mit Hermann Hesse, ist eine gute Idee, den Menschen Lyrik wieder näher zu bringen. Gedichte kennen die meisten nur aus der Schule. Aber was haltet ihr davon, wenn ich etwas über Reliquien schreibe?"

„Das passt doch", sagt der Chef. Und an Holzauge gewandt: „Was meinst du?"

Holzauge lässt mich einen Moment warten, nimmt noch einen Schluck Kaffee, brummt unbestimmt, blickt auf den Chefredakteur, schluckt seinen Kaffee, in dem er zuvor mindestens drei Löffel Zucker versenkt hat und sagt dann kopfschüttelnd: „Na, ich weiß nicht."

Als sich der Chefredakteur nicht rührt, macht er weiter: „Also, an wen soll sich das richten, Klaus, an wen genau?"

Dieses Arschloch. Die Totschlagfrage: Wen soll das interessieren?

„Na, unsere Leser und Leserinnen. Die werden vielleicht neugierig, dass auch im Altar ihrer Kirche eine Reliquie liegt und von wem da was liegt. Damit würde ich anfangen. Außerdem ist bald Allerheiligen."

Der Chef stimmt zu: „Du könntest das auch ein bisschen kritisch machen: Reliquienhandel und so weiter. Wichtig ist mir: Reliquien gehören zur katholischen Erinnerungskultur. Ich meine, wir stellen uns ja auch Fotos von Verstorbenen in den Schrank, um uns zu erinnern. Ich glaube, dazu gibt es auch neue Literatur. Da könnte man sogar einen Zweiteiler draus machen."

Ich bin begeistert: „Dann könnte ich etwas über unseren Domschatz erzählen, in dem die wertvollen Reliquiare zu sehen sind: Gold und Edelsteine und dann komme ich auf das Theologische und Historische zu sprechen ..."

Holzauge blickt kurz zum Chefredakteur herüber, fängt an mit „Ich weiß nicht, ja vielleicht, aber ..."

Ansgar Feer unterbricht, jetzt eindeutig als Chefredakteur: „Ja gut, mach das: Zwei Teile, auch mal eine kleine Geschichte erzählen, Kritik am Reliquienhandel und Ablässe historisieren, das Ganze dann anthropologisch, was weiß ich, der Mensch will sich halt erinnern an Heilige ..."

Ich bin überrascht: „Als lange Geschichte im Mittelteil?", „Ja, und wenn du nicht klarkommst, hilft dir Christian oder du kommst zu mir. Du hast ja auch noch ein bisschen Zeit. Deine kleinen Sachen, die du gemacht hast, fand ich übrigens gut ..."

Holzauge pflichtete bei: „Ja, ganz gut, obwohl wir ja auch viel dran arbeiten mussten."

Ich freue mich über das Lob des Chefs und nicke Holzauge ironisch lächelnd zu: „Das ist dein Job als Ausbildungsleiter, die Arbeit an meinen Texten. Und du machst deinen Job einfach großartig."

Feer scheint die Spannung zwischen uns zu merken, lacht und lässt dabei seine Pferdezähne sehen: „Und vergiss mir das Heilige Präputium nicht!"

Ich antworte ihm: „Die Hochheilige Vorhaut soll mir so heilig wie die meine sein." Oke, das war vielleicht ein bisschen viel. Schließlich arbeite ich für ein frommes Katholikenblatt.

Köln • Oliver Bauer (3) • 17. März 1990

Schrumpfkopfanwalt

Hauptkommissarin Beestermüller wickelt das mit vielen Klunkern verzierte Kopfreliquiar aus dem Handtuch und stellt es auf den Vernehmungstisch vor mir auf. Sie schaltet den Aufnahmeknopf des Kassettenrecorders an und setzt sich mir gegenüber. Eigentlich ist sie gar nicht so übel: Freundliches Gesicht mit Doppelkinn, Pferdeschwanz in braun, vielleicht so Mitte Dreißig, vielleicht ein bisschen älter als Bernd und seine Freundin. Egal, wie alt sie ist. Sie lächelt mich an und fragt: „Die Personalien haben wir ja schon: Oliver Bauer, geboren 27.6.1969 in Bramsche bei Osnabrück. Richtig? Sie erhielten eine Jugendstrafe wegen Einbruchsdiebstahls. Richtig?"

Ich antworte: „Ich hatte eine schwere Kindheit, doch jetzt bin ich vorbildlich resozialisiert." Ohne meine Antworten zu beachten, macht sie weiter: „Sie sind auf Bewährung. Die restlichen vier Monate sind Ihnen also sicher. Dann geht es weiter, aber dieses Mal wohl nicht mehr nach dem Jugendgerichtsgesetz. Sie sind ja jetzt fast 21. Wenn Sie kooperieren, kommen sie vielleicht noch einmal halbwegs glimpflich davon. Liegt im Ermessen des Richters. Doch das sieht wertvoll aus, was Sie da geklaut haben."

„Ich bin unschuldig." Sie macht weiter: „Das ist doch mindestens Fünfzigtausend wert …" Ich hatte mir vorgenommen, cool zu bleiben. Und sagte: „Mehr." Sie schaute mich erstaunt an. „Sie wissen also, was das ist?" Ich antwortete: „Nein, aber einige Juweliere meinten, dass es vielleicht mehr wert ist, jedenfalls der, in dessen Laden Sie mich bei meinem zweiten Besuch festgenommen haben." Jetzt habe ich die Hauptkommissarin aus dem Konzept gebracht. „Wie? Mehr? Haben Sie das noch anderen angeboten?"

„Ja, klar, ich hatte ja keine Ahnung, was das wert ist und ich wollte es schätzen lassen, um den besten Preis herauszuholen."

Jetzt glaubt sie, dass sie mich hat. „Also geben Sie zu, dass sie Diebesgut an Hehler weiterverkaufen wollten?"

„Nein, ich habe das Ding geschenkt bekommen."

Jetzt lacht sie höhnisch: „Ein Geschenk also, ist ja interessant. Wer hat Ihnen das wertvolle Geschenk gemacht, wenn ich fragen darf?"

„Kannte ich nicht. In Osnabrück am Bahnhof, da wo die Busse abfahren."

„Wo waren Sie am 27. und 28. Oktober letzten Jahres?"

„Verdächtigen Sie mich etwa, dass ich das geklaut habe?"

„Ja, natürlich! Sie sind vorbestraft wegen Einbruchdiebstahls, dann haben Sie noch eine abgeschlossene Schlosserlehre …"

„Abschlussnote 1,5. Ich sag ja, ich bin sehr gut resozialisiert!"

„Also gut, Sie werden verdächtigt, in der Nacht vom 27. auf den 28. Oktober ins Kloster Andechs eingebrochen zu sein."

Ich zwinge mich dazu, ruhig zu bleiben. Die wissen also nicht, dass der Klunker-Schrumpfkopf aus Hildesheim ist.

„Ich möchte bitte jemanden anrufen. Das darf ich doch, oder?"

Die Hauptkommissarin nickt mir zu: „Das wirft kein gutes Bild auf Sie, Oliver. Ich darf Sie doch so nennen?"

„Dürfen Sie. Und wie darf ich Sie nennen?"

Hautkommissarin Beestermüller wirkt plötzlich ärgerlich: „Ich warne Sie, Herr Bauer, Sie sind dabei, mein Wohlwollen zu verlieren."

Ich bin tatsächlich ein bisschen erschrocken. Egal. „Frau Hauptkommissarin, es täte mir leid, wenn Sie es persönlich nehmen würden. Ich finde Sie eigentlich auch ganz sympathisch. Trotzdem: Ich möchte, bitte, jemanden anrufen, jemanden, der mir einen Anwalt besorgt. Das geht doch, oder?"

Bernd erreiche ich in Neustadt an der Weinstraße in der Mittagspause. Er macht dort für seinen Orden eine Jugendfreizeit. Das heißt: Eine Woche Judotraining, Beten und Quatschen über Gott und die Welt, vor allem über Gott. An solchen Freizeiten habe ich früher auch oft teilgenommen. Diese Erinnerung löst bei mir gleich ein schlechtes Gewissen aus. Bernd hat mir geholfen, als es mir als Kind schlecht ging. Er hat mir geholfen, als ich im Knast war. Er hat mir geholfen, als die Sache mit meiner Freundin schief ging. Er hat mir vertraut. Ich habe ihn verraten und meine Versprechungen gebrochen. Am Telefon bringe ich ihm vorsichtig bei, dass ich in Köln bei der Kripo festgehalten werde wegen eines Reliquiars. Hoffentlich beobachtet mich die Hauptkommissarin nicht. Ich bin fast am Heulen. Bernd bleibt ganz ruhig. Das ist das Schlimmste. Er sagt nur kurz, dass ich ihn enttäuscht habe. Dann wiederholt er das, was er mir eingebläut hat: „Nichts aussagen! Die wissen nichts! Bleib dabei, dass du es geschenkt bekommen hast. Das glaubt dir zwar niemand, aber das macht nichts. Ich schicke dir unseren Anwalt. Der holt dich raus."

Der Anwalt ist nach einer Dreiviertelstunde da: Riesig, mindestens zwei Meter, runder Bauch, schick gekleidet, mit einem viel zu kleinen Kopf für diesen riesigen Körper, ein winziger Kopf mit abstehenden Ohren und einer Glatze. Fast eine Kopie meines Klunker-Schrumpfkopfs, nur eben mit Ohren und ohne Klunker. Ich muss fast lachen. Ich bin froh, dass er da ist. Als wir allein sind, gibt er mir kurz und kräftig die Hand und sagt dann: „Pater Völler schickt mich. Er sagt, Du bist auch manchmal schlau. Also höre mir gut zu. Erstens: Keine, absolut keine Aussage zum Diebstahl! Bleib dabei, du hast das Reliquiar geschenkt bekommen. Zweitens: Du warst zur fraglichen Zeit im Oktober zusammen mit Pater Völler und seiner Freundin, und ihr habt seinen Geburtstag in der Pizzeria *Lucretia* in Osnabrück nachgefeiert, du weißt, welche Pizzeria? Das ist alles. Übrigens: Den Mann, der dir das Reliquiar geschenkt hat, den kannst du nicht genau beschreiben. Mitte Fünfzig, mit Hut und was weiß ich. Nichts Genaues. Alles klar! Jetzt eine Frage: Hast Du noch andere Sachen, die nicht bei dir gefunden werden sollten? Drogen? Andere Reliquiare?“ Ich stottere: „Ja, versteckt zu Hause.“ „Wo?“ Ich beschreibe ihm den Ort und er sagt, er werde sich sofort darum kümmern. Er telefoniert kurz. Ich verstehe nur meine Adresse und ein eindeutiges: „Da kümmere dich drum, sofort!“ Dann dreht sich Schrumpfkopf zu mir um: „Jetzt hole ich den Kommissar …“ „Hauptkommissarin.“, korrigiere ich. Schrumpfkopf wiederholt: „Nun gut, Hauptkommissarin.“

Meine Befragung dauert keine halbe Stunde. Immer dieselben Fragen. Mein Rechtsanwalt fragt die Hauptkommissarin, woher sie wisse, dass das Reliquiar aus Andechs stamme. Sie antwortet, das wisse sie noch nicht, sie lasse das gerade prüfen. Dann erkundigt er sich, wie die Polizei erfahren habe, dass ich das Ding verkaufen wolle. Sie murmelt, dass der Juwelier Kontakt mit der Polizei aufgenommen habe. Mein Rechtsanwalt fragt, ob gegen den Juwelier in einer anderen Sache ermittelt werde. Die Hauptkommissarin weicht aus: Das müsse sie ihm nicht sagen. Dann sagt mein schrumpfköpfiger Rechtsanwalt: „Aha! Wenn also der Juwelier davon redet, dass mein Mandant ihm gegenüber erwähnt habe, er wolle Diebesgut aus Andechs verkaufen, ist das nicht glaubhaft. Außerdem wissen wir ja gar nicht, ob das Reliquiar aus Andechs stammt, nicht wahr?“ Schrumpfkopf legt jetzt eine kleine Pause ein, zwirbelt merkwürdig an seinen abstehenden Ohren herum und sagt dann zur Hauptkommissarin: „Ich hätte jetzt gerne Ihren Chef gesprochen. Das ist Wegener, wenn ich mich nicht irre.“

Ich weiß nicht, wie Schrumpfkopf das macht. Egal. Er sagt kurz beim Chef Hallo und schon kann ich mit ihm das Revier verlassen. Ich bedanke mich und frage ihn, wie das möglich war. Er lächelt: „Der Kardinal macht’s möglich. Dein Pater Völler hat wohl einen direkten Draht zu Cumulus.“ Er setzt mich am Bahnhof ab, damit ich nach Hause fahren kann. Die Fahrkarte nach Osnabrück habe ich noch. Als ich in meiner Wohnung ankomme, kann ich an der Tür keine Einbruchspuren finden. Alles sauber. Aber das Kreuz aus Hildesheim ist verschwunden. Die sind fast so gut wie ich. Hätte ich nicht besser hingekriegt. Egal. Eine halbe Stunde später ruft Bernd an. Es ist schrecklich. Er bleibt ganz ruhig und freundlich. Aber als er mit mir fertig ist, sitze ich auf dem Bett und bin kurz vorm Heulen. Bernd war tatsächlich immer gut zu mir. Der Einzige in meinem Leben, der immer gut zu mir war. Da hat er recht. Ich würde ihn nie verraten. Jetzt versuche ich zu schlafen. Früh am nächsten Morgen wird es eine Hausdurchsuchung bei mir geben, sagt Bernd. Falls die Leute vom Anwalt etwas übersehen hätten, sollte ich das loswerden. Wenn noch irgendwo ein Krümel Gras herumliegt, sollte ich es rauchen oder, auch wenn es schade ist, im Klo herunterspülen." Sein letzter Satz ist: „Wenn du da heil rauskommst, besorge ich dir einen Job als Hausmeister und zwar in Hautrup. Und du wirst ihn annehmen. Über den Rest reden wir später."

Rom • Ulrich von Borsum (4) • 28. Juli 1527

Tintenfischringe in Öl

In der Morgendämmerung brechen wir auf. Noch ist es kühl. Mit der Sonne kommt dann die Sommerhitze. Auf den Straßen, die zum nördlichen Stadttor führen, sehen wir noch keine Menschen. Trotzdem ist es nicht ungefährlich. Im geplünderten Rom haben sich in den letzten Wochen alle Halsabschneider Italiens versammelt. Sie brechen ein, stehlen, vergewaltigen, morden; in ihrem Gefolge Huren, männliche und weibliche, und allerlei Scharlatane. Sie sind wie wir Landsknechte. Viele von uns, die ihre Beute verspielt oder verhurt haben, holen sich das Verlorene von ihren ehemaligen Kameraden. Wir müssen auf der Hut sein. Die Hufe unserer Pferde hallen durch die engen Straßen. Wir werden sicher beobachtet. Doch wir sind sechs gut bewaffnete und kampferprobte Leute. Sie werden es sich gut überlegen, uns anzugreifen. Allerdings würde es sich lohnen.

Unsere Packpferde haben schwer zu tragen: Gold, Silber, Schmuck, nicht zu vergessen die Reliquien, vor allem die von mir erbeutete Hochheilige Vorhaut. An der Spitze reitet Ludwig der Lustige, in der einen Hand die Zügel, in der anderen seine Armbrust. Er wartet nur darauf, dass ihm jemand in die Quere kommt. Gleich hinter ihm reitet Gernot. Er war bis vor Kurzem, wie ich, Rottenführer, und ihn zieht es nach Hause, über die Alpen in den Norden.

Gleich in der ersten Nacht in Rom hatten wir uns mit Gernot und seinen Männern zusammengetan. In dieser Nacht lag ich wach, obwohl ich die Nächte davor kaum geschlafen hatte. Ich schreckte immer wieder hoch. Der Geruch, der aus dem Kästchen mit der heiligen Vorhaut drang, war zu stark und das Kardinalsbett, in dem ich schlief, war zu weich. Ich hatte das Kästchen mit dem Präputium in Pergament verpackt und dann noch einmal in einen Ledersack gesteckt. Manchmal denke ich, ich habe mir das alles nur eingebildet, doch es roch noch immer. In dieser Nacht hörte ich es am Eingangsportal poltern. Jemand wollte die Tore aufbrechen, die wir notdürftig zusammengezimmert hatten. Mit dem Schwert in der Hand rannte ich nach unten: Krachen, Schreie, Waffengeklirr. Ich griff nach einer Armbrust und spannte sie. Meine Leute standen schon mit ihren Waffen innen vor dem Tor, um die Eindringliche zu empfangen. Die Schläge des Rammbocks waren auf bestem Wege, das Tor zu zersplittern. Ich brüllte und warnte, dass es hier nichts zu holen gäbe außer Bolzen und eingeschlagene Schädel. Sie hielten tatsächlich ein und fragten, wer ich denn sei. Als ich meinen Namen nannte, höre ich: „Ulrich, wir kennen uns. Hier ist Gernot. Mach uns auf." Ich gebe meinen Leuten ein Zeichen, vorsichtig zu bleiben und schaue zuerst vorsichtig durch die schmale Sichtöffnung. Tatsächlich, steht da Gernot mit dem kläglichen Rest seiner Leute, weniger als wir.

Ich kenne Gernot gut. Er ist, wie ich, der überflüssige Sohn eines kleinen Landadligen. In Pavia hatten wir Seite an Seite gekämpft. Ein geübter Kämpfer, vorsichtig und nicht dumm. Deshalb hat er so lange überlebt. Ich traue ihm trotzdem nicht so ganz und flüsterte Ludwig zu, er soll sich in der Nähe von Gernot aufhalten und ihn erledigen, wenn das notwendig sei. Ludwigs Grinsen lässt mich eine beschwichtigende Geste machen.

Ich öffne das Tor und es kommt zu einer freundlichen Begrüßung. Wir beglückwünschen uns, am Leben zu sein. Sieben seiner Leute haben den Sturm auf Rom nicht überlebt und einer hat eine Stichwunde am Bauch. Gernot schleppt ihn mit, weil der Verwundete sein Vetter ist. Diese Bauchwunde würde der Vetter vielleicht zwei Tage überleben. Irgendwann wird der Schmerz unerträglich und sie schreien, dann geht das Schreien in ein Wimmern über, dann zittern sie noch ein paar Stunden und dann hört auch das auf. Kein schönes Sterben.

Gernot und seine Leute tragen ihre Beute in Säcken auf dem Rücken. Ich lade sie zu uns ein, denn die Küche des Kardinals ließ am zweiten Tag immer noch keine Wünsche offen. Zunächst hielt sich Ludwig ganz in der Nähe von Gernot auf und fragte mich mit einigen Gesten, ob wir sie alle erledigen sollten. Ich verneinte, obwohl das, was sie erbeutet hatten, sich zweifellos lohnte. Doch bald wurde die Stimmung offener und ich frage Gernot, ob es nicht besser sei, zusammenzuarbeiten. Das Problem war nicht nur, sich Zugang zu den gut gesicherten Häusern der Reichen zu verschaffen, sondern an ihre Reichtümer zu kommen. Ihre Schätze waren gut versteckt, vielleicht sogar in der Engelsburg in Sicherheit gebracht. Das machte es notwendig, Geiseln zu nehmen: Die Kinder der Adligen, die Geliebten der Kardinäle. Wir planen, zunächst einmal uns in den gut gesicherten Palast gleich nebenan Zugang zu verschaffen. Das Anwesen hatte eine solide Mauer und ein massives Tor aus Eichenholz. Sicher warteten auch bewaffnete Diener auf uns, vielleicht sogar ihr reicher Patron. Zur Bewachung der Beute ließen wir aus jeder Gruppe zwei Leute zurück. Bei ihnen der sterbende Vetter von Gernot.

In den nächsten Tagen plünderten wir mit unseren Leuten drei Paläste. Mit Wurfankern überkletterten wir die Mauern, erledigten ein paar bewaffnete Leute und zwangen den Rest zur Aufgabe. Bei diesen Kämpfen kamen noch einmal zwei Leute von uns ums Leben. Wir teilten ihre Beute. Meist war es so, dass sich die Bediensteten der Reichen ergaben, wenn wir ein paar von ihnen erledigt hatten. Ludwig verbreitete Angst und Schrecken. Ein italienisch sprechender Mann von Gernot übersetzte unsere Forderungen und bald hatten wir die versteckten Reichtümer. Besonders einträglich war die Geiselnahme. Als erstes nahmen wir einen dicken Prälaten und die Tochter eines Adligen und sperrten sie in einen Kellerraum unseres Hauses. Dann ließen wir den Familien, die sich in die Engelsburg geflüchtet hatten, ausrichten, dass wir sie gegen ein Lösegeld freilassen würden. Zur Unterstützung unserer Forderungen schnitt Ludwig ihnen ein Ohr ab, dem dicken Prälaten gleich noch die Nasenspitze. Binnen acht Stunden hatten wir so 3.000 Dukaten. Einige Male zahlten die Verwandten nicht, was Ludwig freute. Wir teilten Einkünfte immer zu gleichen Teilen.

An den ersten Tagen nach der Erstürmung ging es noch halbwegs gesittet zu. Mord und Vergewaltigung gab es da auch schon. Doch die Landsknechte griffen sich selten gegenseitig an. Die überlebenden Führer der Fähnlein hatten einen Söldnerrat gebildet, der mit den in der Engelsburg gefangenen Vertretern des Adels und des Papstes verhandelte. Es hieß, der Adel wolle 300.000 Dukaten für den Abzug aus der Stadt zahlen. Doch darauf ging der Papst nicht ein. Er selbst und die reichsten und mächtigsten Römer waren in der Engelsburg ja in Sicherheit.

In der ersten Woche nach dem Sturm der Stadtmauern gab es sogar lustige Abendunterhaltungen für die Kameraden. Ein gekidnappter Kardinal wurde verkehrt herum auf einen Esel gesetzt, in einer Prozession vor die Engelsburg geführt und dort für alle sichtbar, die sich dort hinter den uneinnehmbaren Mauern in Sicherheit gebracht hatten, mit Pfeilen gespickt. Einen schwachsinnigen Krüppel mit einem riesigen Wasserkopf hatten wir im Petersdom feierlich zum Papst gekrönt und auf einen Thron gesetzt. Er hatte uns gesegnet und die Absolution erteilt. Den frommen Landsknechten aus Spanien gingen diese ketzerischen Rituale ein wenig zu weit. Sie meinten, Gott werde uns alle strafen und den Teufel auf den Hals schicken. Mich schreckt das bis heute nicht. Ich denke, wir sind selbst die Teufel. Jedenfalls machten wir seine Arbeit in den kommenden Wochen sehr gut und Ludwig der Lustige war nicht der

Einzige, der Spaß daran hatte. Doch wenn sie ordentlich besoffen waren und Gewissensbisse bekamen, sprachen auch meine Landsknechte davon, dass Gott es nicht ungesühnt lässt, wenn man die Heiligtümer der *Sancta Sanctorum* plündert. Sogar die Vorhaut des Herrn sei gestohlen worden. Das werde Gott nicht straflos zulassen. Da irrten sie sich.

Gott ist weit weg. Jedenfalls interessiert er sich nicht für das, was wir auf dieser Erde anstellen. Wieso lässt er all das zu? Weil es ihm egal ist. Vielleicht ist er auch nach all den Jahren seit der Erschaffung der Welt gestorben, aus Langeweile oder aus Scham, weil er es nicht aushalten kann, was seine Geschöpfe so treiben. Wie dem auch sei: Ich habe seine Vorhaut beziehungsweise die seines Sohnes, sogar noch ein Stück, das Jesu Nabelschnur sein kann. Außer Ludwig und Gernot hat es lange Zeit niemand gewusst, dass ich das hochheilige Präputium habe. Viele meinen, diese Vorhaut Jesu sei nichts wert. In Frankreich, erzählen sie, gäbe es die Vorhaut des Herrn in jeder zweiten Dorfkirche. Das seien alles Fälschungen und nur die dümmsten Bauern ließen sich damit beeindrucken.

Ich bin mir sicher: Ich habe das echte Präputium Jesu. Meines ist echt. Es riecht echt, auch wenn der Geruch jetzt weniger aufdringlich ist als damals. Als ich es mir nahm, meinte ich noch, Stimmen zu hören. Jetzt nicht mehr. Manchmal denke ich, ich habe mir das alles nur eingebildet. Trotzdem bin ich mir sicher, es ist die echte Vorhaut Jesu. Es muss die echte sein. Weshalb hat man sie sonst hier in Rom aufbewahrt und dann noch am heiligsten Ort in Rom, der Privatkapelle des Papstes, am heiligsten Ort auf dieser Welt. Auch wenn das mit den Stimmen aufhörte, der Geruch bleibt. Jedenfalls kann ich ihn kaum bändigen. Außerdem machten Gernot und ich einen Versuch. Wir legten dem todkranken Vetter von Gernot das Fläschchen mit der Vorhaut auf den Bauch. Am nächsten Tag ging es ihm schon viel besser. Das heilige Präputium tut Wunder. Gernot glaubt das wirklich.

Wenn das bekannt würde, wäre ich allerdings in größter Gefahr. Um mich abzusichern, hatte ich mir von einem Glasbläser einige Fläschchen herstellen lassen, die dem Fläschchen mit der Vorhaut glichen, in dem sich das heilige Präputium befindet. Ein Tischler machte mir drei Kästchen in Kreuzform. An den Kreuzesarmen und am Kopfende in einer Vertiefung ließ ich in Gold gefasste alte Holzspäne einfügen. Das sollten die Kreuzessplitter sein vom Kreuz, an dem Jesus gestorben war. Ein paar kleine Splitter von Edelsteinen und Glas verzierten das Kästchen. Die Kästchen sahen alle etwas prächtiger aus, als das, was ich gefunden hatte. Eigenhändig schnitzte ich ein: SANCTISSIMUM PRAEPUTIUM JESU. Die Fläschchen füllte ich mit Öl und kräftigen Parfüms. Lang hatte ich überlegt, ob ich jeweils eine echte Vorhaut von Männern in den Fläschchen mit den duftenden Ölen lege. Ludwig hätte sie mir besorgt. Doch das schien mir nicht passend. Außerdem sind die Vorhäute von erwachsenen Männern zu groß. Eine Babyvorhaut ist viel kleiner. Klar, Ludwig hätte mir auch Babyvorhäute besorgt. Er hätte seinen Spaß daran gehabt. Als uns aber dann die Köchin in unserer Unterkunft als Vorspeise eingelegten Tintenfisch servierte, war mir klar, was ich tun würde. Ich suchte mir ein paar kleine Ringe heraus. Sie rochen auch ein wenig nach Fisch wie die echte Vorhaut. Perfekt. Bei der Vorstellung, dass die Pfaffen vor einem Tintenfischring auf die Knie fallen, muss ich immer noch lachen. Ich sage mir: Wer es glauben will, der wird es glauben. Für Krankenheilungen und das Vergeben von Sünden funktionieren eingelegte Tintenfischringe ebenso gut wie Vorhäute.

So reite ich mit vier Vorhäuten aus Rom Richtung Norden. Es wird auch Zeit. Es gehen Gerüchte um, dass Truppen aus dem Norden Italiens im Anmarsch seien, um Rom zu befreien. Wir werden ihnen ausweichen und uns etwas östlich halten und sehr vorsichtig sein. Trotzdem müssen wir uns beeilen, wenn wir vor Wintereinbruch die Alpen hinter uns lassen wollen. Vor allem müssen wir vorsichtig sein, da es in Italien von Halsabschneidern wimmelt, von Halsabschneidern wie uns.

Osnabrück • Klaus Kolonko (2) • 2. Oktober 1990

Die dreizehn Vorhäute des Herrn

„Also, Klaus, eine Doppelseite über Reliquien, kritisch, aber nicht respektlos! Wenn ironisch, dann so, dass es jeder merkt, am besten mit Ironievermerk!", gibt mir mein Chef grinsend Anweisung.

„Und, lieber Klaus, immer an den Leser denken!", beeilt sich Holzauge seine Hoheitsrechte über mich zu markieren.

„Ja, ich weiß: 70 plus, dumpf-gläubig und kein Abitur."

Holzauges Miene verhärtet sich, aber er schweigt. Der Chef lacht und gibt seinen humorigen Standardspruch zum Besten: „Du schaffst das. Dem Volontär ist nichts zu schwär."

Als ich bereits auf dem Weg zu meinem Schreibtisch bin, beordert mich Holzauge noch einmal zurück: „Moment mal eben. Freitag mache ich das Interview mit Bischof Flitz. Du kommst am besten mit, du kennst ihn ja auch. Also Freitag um 10 Uhr!"

Ja, ich kenne Flitz. Er sollte meine Priesterweihe in Hautrup zelebrieren und war sicher nicht amüsiert, dass es statt der pompösen Doppelweihe nun allein um den guten Theo ging. Und ich kannte Flitz, weil er einige Jahre Rektor meines Internats in Hautrup war, bevor er seine steile Karriere machte: Provinzial, Generaloberer, jetzt Bischof von Osnabrück. Als Schüler hatte ich wenig mit ihm zu tun. Die von den Präfekten verabreichten Prügel fand er wohl ganz normal. Von der Sanktion des Rausschmisses aus dem Internat machte er mehrmals Gebrauch. Ein Schüler flog, weil er eine Freundin hatte und morgens nicht in seinem Bett lag. Einen anderen hatte er über die Sommerferien entfernt, weil er angeblich schwul war. Flitz war da rigoros. Schwule Schüler hätten ja andere anstecken können. Der Freund, mit dem er zusammen onaniert hatte, durfte bleiben. Es hieß, er sei verführt worden und habe den Namen seines Freundes und Wichs-Kumpanen reuig offengelegt. Ich hörte später von Patres, die dabei waren, dass Flitz so etwas regelrecht inszeniert habe: Denunziation, Lob für das Vertrauen in die Präfekten, Reuebekundungen, das heilige Versprechen, dass so etwas nie wieder passiert, die Selbstverpflichtung, regelmäßig alle vier Wochen, bei ihm zu beichten und dort über teuflische Anfechtungen zu berichten. Kurzum: Es ging bei ihm um Demütigung, Herabsetzung und Kontrolle. Wen er genug gedemütigt hatte, der durfte sich wieder einfügen in den Kreis der Guten.

Mitbrüder, die Flitz bereits als Schüler gekannt hatten, betonen immer wieder, dass er ein wirklich frommer Mann sei, fromm auf eine entschlossene und fast naive Art. Er nimmt die Bibel wörtlich. Historisch-kritische Lesarten ignoriert er. Und natürlich: Flitz ist absolut loyal gegenüber der Kirche. „Du bist Petrus, der Fels, und auf diesem Felsen will ich meine Kirche bauen." Dass der Spruch, mit dem sich das Papsttum legitimiert, dem gefälschten Paulusbrief entstammt, interessiert ihn nicht. Er zitiert ihn gerne und hält wider besseren Wissens daran fest. Der Papst ist der unfehlbare Stellvertreter Gottes auf Erden. Flitz ist sein getreuer Untertan. Und wie es bei gehorsamen Untertanen bisweilen ist: Er ist boshaft, demütigt gerne und fühlt sich immer im Recht. Verhaltene Kritik an der Kirche hörte ich von ihm nur, wenn es um das 2. Vatikanische Konzil ging. Er meint, es unterstütze wieder einmal die Lauen und Feigen und verhindere, dass die Priesterschaft jene Verantwortung übernehme, die ihr auferlegt sei. Er steht fest im Glauben und geht gläubig und guten Gewissens über Leichen.

Im Internat Hautrup gab es Bruder Canisius. Er war bekanntermaßen schwul, wohl eher pädophil, und als Sanitäter zuständig für die kranken Internatszöglinge. Diese wurden separiert und in den Krankenzimmern untergebracht, die im Souterrain unter der Sakristei lagen. Das war für Bruder Canisius sicher eine Art vorgezogenes Paradies. Canisius versorgte die kranken Jungen nicht nur mit Medikamenten, sondern auch mit Alkohol und Süßigkeiten und diese gewährten ihm oralen Zugang zu ihren meist noch unbehaarten Geschlechtsteilen. Er muss sich gefühlt haben wie ein Pascha in seinem Harem. Von Canisius war bekannt, dass er sich von seinem kargen Taschengeld gelegentlich einen Strichjungen am Osnabrücker Bahnhof kaufte, wahrscheinlich im Frühjahr und Sommer, wenn es im zugigen Internat keine Erkältungs- und Grippekranken gab und sein Krankenrevier leer blieb. Als Flitz von den Vorlieben seines Untergebenen erfuhr, knöpfte er sich Canisius vor und ein paar Tage später konnte ihn Pater Westenstedt tot von der Zimmerdecke schneiden.

Als Schüler erfuhren wir nichts davon, dass er sich suizidiert hatte. Wie üblich bei verstorbenen Ordensangehörigen wurde Bruder Canisius öffentlich aufgebahrt, seine Ordenskluft hoch bis zum Hals geschlossen. Auch die Schüler machten ihm vereinzelt in der Schulpause ihren letzten Besuch. Wir spielten das Spiel: Wer traut sich, den Toten zu kitzeln. Einige stupsten ihn vorsichtig an der Nase. Die anderen warnten lachend: „Pass auf, gleich niest er.“ Einige behaupteten, er habe mit den Augen gezuckt. Ein anderer bot an, ich glaube es war Bührs, damals Obertertia: „Wer sich traut, ihn am Schniedel zu fassen, kriegt von mir 50 Pfennige.“ Niemand traute sich, aber alle lachten verschämt. Ich fasste ihn kurz ans Ohr, aber Bührs maulte: „Am Ohr ist doch gar nichts.“

Erst später sickerte durch, dass Canisius, der sanfte Pädophile, seinem traurigen Dasein rücksichtsvollerweise ein Ende gemacht hatte. Sein Suizid wurde, wie anderes auch, vertuscht. Bei seiner Beerdigung sang der Unterstufenchor mit zarten Knabenstimmen. Das hätte Canisius sicher gefallen.

Gefallen hätte das sicher auch Musikpater Heuhoff. Heuhoff pflegte, wie später bekannt wurde, einen sexuellen Missbrauch der härteren Art – zuerst Prügeln und Würgen, dann ficken, dann wurde er wieder zärtlich –, blieb aber bis zu seinem langwierigen Ableben als dementer Sabbergreis unbescholten.

Auch ein anderer Bruder, Petrus, der Bäcker des Klosters, der die Gemeinschaft mit Brot und am Sonntag mit Kuchen versorgte, starb diskret in den Sommerferien als die Schüler in den Ferien waren. Auch hier kursierten Gerüchte über einen Suizid. Sein Tod verursachte auch wirtschaftliche Einbußen: Mit Schulbeginn lieferte dann ein Bäckereibetrieb aus dem Nachbarort jeden Morgen frische Brötchen. Allerdings eine echte Verbesserung. Von Petrus ist nichts sexuell Auffälliges bekannt geworden. Aber vielleicht hatte er sich zu wenig diskret mit dem Küchenpersonal vergnügt oder war ganz einfach nur einer der Ordensangehörigen der unglücklichen Sorte.

Davon gibt es viele. Vom Beten allein wird der Mensch nicht glücklich.

Also ja: Bischof Flitz kenne ich. Später, als ich in Freiburg Theologie studierte, hat er mich und Theo zu einem Spaziergang im Schwarzwald eingeladen. Wir haben ihn als absolut gefühlskalten, harten Typen und Eiferer kennengelernt. Der hat sich sicher noch nie einen runtergeholt und wenn, dann nur mit furchtbaren Schuldgefühlen. Eher ein stahlharter Calvinist als ein gefühliger Katholik des *Herz-Jesu-Ordens*. Dann waren da noch die zwei erklärten Reformer, damals ältere Semester, die in Freiburg im Kolleg wohnten. Flitz nannte sie 68er. Er hatte ihnen schwere Exerzitien auferlegt. Wir haben damals gespottet: Drei Wochen Schweigen, bei Wasser und Brot mit Selbstgeißelung. Die beiden Reformer durften nichts darüber erzählen. Einer ist hinterher ausgestiegen. Flitz sagte dann so etwas wie, beizeiten müsse man die Spreu vom Weizen trennen.

Also: Ich kenne Flitz und ich bin mir nicht sicher, ob er mich als Fahnenflüchtigen gerne sieht. Ex-Priester-Kandidaten, zumal solche, die sehr spät umentschieden haben, gelten ihm sicher als Verräter und Anwärter ewiger Höllenqualen. Das würde zu ihm und seinem Korpsgeist passen. Allerdings würde ich ihn gerne im Interview erleben.

Ich bestätige dem Chef und Holzauge, dass ich natürlich gerne mitkomme am Freitag zum Interview und versichere nicht ohne Ironie, dass ich sicher dabei eine ganze Menge von ihm lernen könne. Auch der Chef lächelt ironisch. Ich entwickle langsam eine Sympathie für ihn. Holzauge, da bin ich mir sicher, wird sich – autoritätsfixiert wie er ist – so einschleimen, dass er hinein glitscht ins bischöfliche Arschloch. Doch Flitz wird sich, wie ich ihn kenne, davon nicht beeindrucken lassen. Er wird froh sein, es leicht mit Holzauge zu haben, doch er wird insgeheim seine Schleimerei verachten. Flitz erwartet so etwas wie aktive Unterordnung mit einem gewissen Rest-Stolz. Wer sich, wie ich, fast zwanzig Jahre in katholischen Ordenskreisen bewegt, der weiß, dass es genau darauf ankommt. Ob Holzauge Flitz noch als Präfekt kennt? Flitz war auch in Hautrup. Holzauge müsste ihn als Präfekt kennen gelernt haben. Ich habe von anderen Patres gehört, dass Flitz oft hart zugeschlagen habe, nie im Affekt und nie unkontrolliert, aber, wie ich ihn erlebte, mit großer innerer Überzeugung. Ich werde Holzauge demnächst noch einmal unauffällig fragen, ob und wie er ihn im Internat erlebt hat. Vielleicht erinnert er sich noch an die eine oder andere Tracht Prügel. Aber klar, am Freitag komme ich mit zum Interview als Lehrling von Holzauge. Das wird sicher interessant. Ich nehme mir vor, mich im Hintergrund zu halten und die beiden zu beobachten. Das wird sicher amüsant.

Doch jetzt kümmere ich mich um meine Reliquien. In der kleinen Bibliothek des *Kirchenboten* finde ich ein altes Kirchenlexikon. Hier gibt es einige Appetithappen. Was nicht so alles verehrt wurde ... Allein die sogenannten „Herrenreliquien“: Dornen von der Dornenkrone, Windeln des Jesuskindes, Teile der Krippe, in der Jesus lag, Leichen- und Schweißtücher, die Lanze, die ihn durchbohrt hat, die Säule, an der er gebunden war, als man ihn ausgepeitscht hat, die Peitsche selbst, das Blut Jesu, Fußabdrücke von ihm, das Boot, mit dem er über den See Genezareth gerudert ist, Jesu Atem, der heilige Gral, die Feder des Heiligen Geistes, ein Ei von ihm, seine Vorhaut – das Hochheilige Präputium.

Hochkonjunktur hatte die Vorhaut seit den Kreuzzügen im Mittelalter. Verehrt wurde sie besonders am Tag der Beschneidung, am 1. Januar jeden Jahres, denn am achten Tag wurde Jesus die Vorhaut abgetrennt. Im Jahre 1900 verbot Papst Leo XIII. bei Strafe des Banns, etwas über das Präputium zu sagen oder zu schreiben. Davon darf ich Holzauge nichts sagen. Meine Recherchen sind ergiebig: In der Bibliothek des *Kirchenboten* steht noch ein anderes Werk eines Autoren, vor dem uns manche im Theologiestudium sogar gewarnt hatten. Ein schlimmer „Ketzer“, Karlheinz Deschner. In einem seiner Bücher, einer Art kritischen Sexualgeschichte des Christentums, finde ich den Hinweis, dass die Vorhaut bis vor Kurzem noch im italienischen Calcata verehrt wurde. Witzig ist, dass die echte Hochheilige Vorhaut an mindestens 13 Orten als Reliquie gelistet und angebetet wurde. Ich lese: Im Lateran (Rom), in Charroux bei Poitiers, in Antwerpen, Paris, Brügge, Boulogne, Besancon, Nancy, Metz,

Le Puy, Conques, Calcata, Hildesheim. Und es soll vermutlich noch andere Orte gegeben haben. Im Kloster Andechs zum Beispiel. Reliquien brachten bis ins 16. Jahrhundert viel Geld in die Städte und die Mönchsorden, die sie besaßen, wurden reich. Wer nicht auf solche Ideen kommt, geht nicht in einen solch geschäftstüchtigen Verein, denke ich. Die echte Vorhaut blute gelegentlich und sie heile Kranke. Nicht unüblich war bei Reliquien ja auch deren Zerteilung: Es gilt katholischerseits, dass jedes Stückchen die gleiche *Virtus* besitzt. Was bei den Knochen der Heiligen üblich war, muss auch bei Vorhäuten möglich sein. Allerdings ist an so einer Baby-Vorhaut ja nur wenig dran, wie hatte man sie in gleich 13 Stücke ... Stückchen aufteilen können ... nun ja.

In der Reformation gingen dann viele Reliquien verloren. Die protestantischen Bilderstürmer hatten die Vorhäute gleich mitgestürmt und über den Rest machten sich die Aufklärer lustig.

Calcata • Ulrich von Borsum (5) • 29. Juli 1527

Rettung im Glauben

An das Übernachten im Freien muss ich mich wieder gewöhnen. Fast zwei Monate habe ich im weichen Kardinalsbett geschlafen, jetzt wieder auf der nur spärlich mit Blättern und Gras gepolsterten Erde am Rande eines kleinen Wäldchens vor dem Bergdörfchen Calcata. Kalt wird es mir nachts nicht. Der Pelzmantel des Kardinals, bei dem wir uns in Rom einquartiert hatten, leistet mir gute Dienste. Trotzdem werde ich oft wach und schlafe nicht allzu fest. Ich bin unruhig. Es würde sich durchaus lohnen, uns zu überfallen. Als die Sonne aufgeht, stehe ich auf und schaue, ob die aufgestellte Wache an ihrem Platz ist. Doch Gernot, der die letzte Wache gehabt hatte, fehlt. Sein Pferd ist noch da, sein Gepäck mit den geplünderten Reichtümern auch. Ich wecke zuerst Ludwig, dann die anderen und frage sie, ob sie wissen, wo Gernot geblieben ist. Keiner weiß etwas. So beschließen wir zu warten. Vielleicht hat er im nächsten

Dorf Zugang zur weiblichen Dorfbevölkerung gefunden? Gernot war diesbezüglich schon immer äußerst einfallsreich. Wir essen von unseren Vorräten und hoffen, dass er bald zurückkommt.

Die Sonne steigt und es wird langsam heiß. Ich bin etwas unruhig und sage den Leuten, dass sie ihre Waffen in Reichweite halten sollen. Wir nehmen die Pferde und verstecken uns mit unserem Gepäck im Wäldchen. Gegen Mittag hören wir zuerst Pferde und dann Stimmen. Bald sehe ich durch das Gebüsch etwa ein Dutzend Männer auf Pferden, die meisten mit Schwertern bewaffnet. Einige tragen Armbrüste. Gleich vorne, nach dem Anführer, reitet ein Pfaffe in schwarzer Soutane. Ich vermute, es sind die Leute eines Gutshofes oder eines Dorfadligen. Und dann sehe ich Gernot. Seine Hände sind gefesselt, um seinen Hals ein Strick, der am Sattel eines der Soldaten befestigt ist. Gernots Gesicht ist blutig und dick. Sie haben ihn zusammengeschlagen. Man kann ihn kaum noch erkennen. Neben mir liegt Ludwig. Er hat die Lage erkannt und flüstert: „Ich schleiche mich mit Andreas und Jakob von der Seite an. Die ersten könnten wir mit den Armbrüsten abschießen, den Rest erledigen wir so."

Ich denke an Gernot. Wenn das Pferd scheu wird und losrennt, wird er erwürgt. Ich flüstere Ludwig zu: „Gut, aber warte noch etwas. Ich will erst mal mit denen reden. Vielleicht kriegen wir Gernot da heil raus. Wenn es schief geht, machen wir sie kalt." Ludwig stimmt mit einem Nicken zu. Ich bin sicher, er würde gerne wieder den einen oder anderen Bauch aufschlitzen.

Die Reiter bewegen sich langsam auf mich zu. Ich trete aus dem Wald. Die gespannte Armbrust habe ich in der Hand, das Schwert und einige Messer im Gürtel. Hannes, unser Übersetzer, sieht ähnlich aus. Ihr Anführer scheint der stämmige Grauhaarige zu sein. Ich grüße ihn kurz. Er reitet langsam auf mich zu. Ich hebe die Armbrust und lasse ihn von Hannes auf Italienisch fragen, ob er mit mir reden will oder ob ich ihm gleich einen Bolzen in seinen Wanst jagen soll. Er will reden und steigt von seinem Pferd ab. Gleich hinter ihm steigt der Pfaffe ab. Er ist noch sehr jung. Der Graue fixiert mich und fragt im Befehlston, ob ich der Anführer sei. Ich nicke und frage mit

Blick auf Gernot, dass es sehr nett von ihm sei, mir meinen verlorenen Mann zurückzubringen. Der Grauhaarige lacht, ja wir könnten ihn etwas ramponiert zurückhaben, wenn wir nett seien und unseren Tribut zahlen würden.

Das war es: Sie haben uns als Plünderer Roms erkannt und wollten ihren Anteil. Der Pfaffe hinter dem Grauen meint: „Ihr könnt weiterziehen, wenn ihr alle geraubten Heiligtümer bei uns lasst. Andernfalls werden wir euren Kumpan als Ketzer lebendigen Leibes auf dem Marktplatz von Calcata verbrennen."

Hannes übersetzt emotionslos und ich lasse dem Grauen ausrichten, dass uns das sehr lieb sei, wenn sie ihn umbrächten, dann bliebe mehr für uns. Und großmäulige Edelmänner wie ihn hätten wir in Rom im Dutzend in die Hölle geschickt. Pfaffen zu erledigen, das mache uns besonders großen Spaß.

Der Graue lacht: „Wir können euch auch alle verbrennen, schließlich seid ihr alle Ketzer. Eure Beute gehört dann uns. Die geraubten Heiligtümer bekommt die Kirche zurück." Um das Gesagte zu unterstreichen, bekommt der arme Gernot von einem der Untergebenen noch einen kräftigen Schlag gegen den Kopf. Der Graubärtige lässt seine Leute näher rücken: „Was willst du gegen uns machen?" Ludwig mit seinen Leuten tritt nun von der Seite auf die Gruppe zu, die Armbrust im Anschlag. Ich habe den Grauen bereits im Visier.

„Mal ganz ruhig, guter Mann. Es ist doch besser, wenn wir reden. Sonst bist du der erste, der umfällt." Hannes übersetzt brav. Das scheint Eindruck zu machen. Dann frage ich den Graubärtigen, was er denn haben wolle für unseren Kameraden. Er wiederholt: „Das, was ihr aus den Kirchen gestohlen habt." und der Paffe hinter ihm fordert: „Alle Heiligtümer Roms, die ihr geraubt habt, alles: Monstranzen, Kreuze, Kelche, Reliquien, alles."

Jetzt lenke ich ein: „Wir haben genug getötet. Das können wir übrigens sehr gut. Wir sind Landsknechte aus dem Norden. Jeder meiner Leute hat mindestens 30 Männer wie euch umgebracht. Es kommt uns auf den einen oder anderen nicht an. Aber wir haben genug und wollen nur nach Hause. Also, macht schnell: Was wollt ihr?"

Der Graue schaut zum Pfaffen hinüber. Sie scheinen sich nicht ganz einig zu sein. Ich mache ihm ein Angebot: „10 Dukaten und die Kostbarste aller Reliquien.“ Der Pfaffe wird neugierig. „Das Kreuz, an dem Jesus gestorben ist?“

„Das ganze Kreuz? Du weißt, dass es davon nur noch ein paar Splitter gibt.“

„Ein Stück davon? Das hat fast jede Kirche.“

Ich widerspreche nicht: „Ja ein paar Kreuzessplitter auch, aber viel mehr als das.“ Der Graue brummt etwas wie: „Dafür werdet ihr in der Hölle schmoren!“

Ich lache: „Das lass mal meine Sorge sein. Doch es ist mehr als das, mehr als ein paar Splitter Holz, viel mehr.“

Der Pfaffe, kommt hinter dem Graubärtigen hervor: „Was gibt es Heiligeres?“

„Das weißt du doch, du bist ein Pfaffe und hast sicher erfahren, dass wir das *Sancta Sanctorum* ausgeräumt haben.“

„Doch wohl nicht ...“ er kam ins Stammeln. „Doch wohl nicht das Hochheilige Präputium?“

„Das ist unser Angebot: Ihr lasst den da frei und ihr bekommt das Hochheilige Präputium.“

„... und zehn Dukaten“ brüllt der Graubärtige.“

„Das wäre der Handel. Dann kommt ihr lebend davon und wir können weiterziehen über die Alpen nach Hause!“

„Ich will es sehen, das Präputium!“ Der Pfaffe ist ganz außer sich.

„Gut, komm her, aber allein und deine Leute sollen bleiben, wo sie sind. Dir passiert nichts. Ich hole es dir.“

Er steigt vom Pferd und kommt auf mich zu. Ich bedeute ihm, zu warten.

Ich gehe zurück ins Wäldchen. Meine Leute bleiben. Ludwig ist wirklich angsteinflößend. Er grinst den Pfaffen an und bewegt seine Armbrust auf und nieder. Die anderen sind mindestens doppelt so viele wie wir. Wir müssen aufpassen. Ich verschwinde im Wald, bin nach ein paar Schritten bei meinen Sachen, wühle in den Säcken mit meiner Beute herum und suche die kleine diamantenverzierte Holzschachtel in Kreuzform mit der Aufschrift: SANCTISSIMUM PRAEPUTIUM JESU. Ich lasse mir etwas Zeit und schlendere mit dem Kästchen in der Hand zurück zum Grauen und dem Pfaffen und reiche das Kästchen dem Pfaffen. Er hält es erstaunt in den Händen und murmelt erstarrt ein „Präputium Jesu". Ich nicke: „Ja, das hochheilige Präputium. Wir wollten es mitnehmen nach Hause. Das bringt hübsch was ein. Du kannst das Kästchen öffnen!"

Er öffnet es vorsichtig und greift nach dem Fläschchen mit dem Tintenfischring. Dann sinkt er auf die Knie. Er entfernt den Verschluss, riecht am Öl und singt plötzlich laut das Pater noster. Schnell nehme ich ihm das Fläschchen aus den Händen, verschließe es und rufe zum Grauhaarigen hinüber, er solle jetzt Gernot freigeben. Er will zuerst das Geld, doch der Pfaffe ruft zu ihm herüber: „Lass ihn frei. Wir haben die Vorhaut des Herrn!"

Als Gernot zu uns herüberhumpelt, gebe ich dem Pfaffen das Fläschchen zurück. Er packt es in das Kästchen und geht zurück zu seinem Pferd. Seine Begleiter steigen ab, knien nieder und der Pfaffe segnet sie. Ludwig steht seitlich neben ihnen und fragt mich mit einem Blick, ob wir sie jetzt erledigen sollen. Der Zeitpunkt ist günstig. Ich winke ab. Hannes neben mir kann sich vor Lachen kaum noch halten. Der Pfaffe steigt auf sein Pferd und reitet in Richtung Dorf. Als Graubart ihn fragt, was mit den 10 Dukaten sei, bekommt er keine Antwort. Er fasst an sein Schwert und kommt auf mich zu: „Die zehn Dukaten!"

„Die brauchen wir, um die Gesundheit unseres Kameraden wiederherzustellen." Da seine Leute bereits wieder auf ihre Pferde gestiegen sind, macht sich der Graue nun auch auf, Richtung Calcata zu verschwinden.

Gernot haben sie schlimm zugerichtet. Seine Nase ist gebrochen, sicher auch einige Rippen. Wir schnüren seinen Oberkörper ein und richten seine Nase so gut es geht. Ich frage ihn kurz, wie er denen in die Hände fallen konnte und meine Ahnungen bewahrheiten sich: Er hatte eine Bäuerin zu einem Schäferstündchen überredet, wie er es nannte. Der Bauer und einige Knechte hatten ihn überrascht und ins Dorf gebracht. Dort herrschten die fromme Emilie Orsini und die nicht weniger fromme Magdalena Strozzi. Der Pfaffe war bei ihnen. Er gehörte zur Familie Orsini. Sie hätten ihn mit der Unterstützung des Grauen gefoltert. Ihnen war schnell klar, dass Gernot ein deutscher Lutheraner und Kirchenschänder ist und aus Rom kommt. Sie hatten ihn in einen Keller gesperrt und wieder herausgeholt, als sie herausgefunden hatten, wo wir gelagert hatten. Jetzt müsse er erst einmal etwas trinken, sagt Gernot. Dann könne es weiter gehen. Ich hoffe, dass sie nicht so schnell merken, dass ihre Hochheilige Vorhaut von einem Tintenfisch stammt. Doch wie steht es in der Bibel? Der Glaube versetzt Berge. Ich stelle mir vor, wie tausende Pilger nach Calcata kommen, für ihren Sündenablass zahlen und dann vor dem Stückchen Fisch niederknien. Der Glaube versetzt nicht nur Berge, sondern er macht auch reich und die, die ihr Geld damit verdienen, vielleicht auch glücklich.

Osnabrück • Klaus Kolonko (3) • 5. Oktober 1990

Holzauges Kirchenschleim

Das Interview ist so langweilig, wie ich es mir vorgestellt habe: Zuerst begrüßt Holzauge, der elende Schleimer, Bischof Flitz ganz förmlich mit *Exzellenz*. Flitz antwortet etwas herablassend: „Hallo Christian, lass das mal mit der *Exzellenz*, dann nimmt er mich in den Blick und spottet: „Also doch nicht ganz von der Kirche davongelaufen, immerhin noch 'Kirchenbote'."

Ich reagiere zeitverzögert und nicht sonderlich schlagfertig: „Für mehr hat es bei mir nicht gereicht, tut mir leid."

„Ich hätte gerne wieder einmal eine doppelte Priesterweihe zelebriert. Du und dein Freund Theo. Das wäre auch ein großer Erfolg für unseren Orden gewesen. Doch dein Freund Theo hat auch allein eine gute Figur gemacht. Seine Predigt schlicht und ergreifend. Deine wäre sicher etwas intellektueller geraten. Aber auf Theo werden wir uns verlassen können. Für die *Primiz* reichte der Platz in der

Hautruper Kirche kaum. Der Chor hat gesungen. Solche Feierlichkeiten sind selten geworden. Was hat eigentlich der gute Theo dazu gesagt, dass du so plötzlich abgesprungen bist?"

Ich bin ein bisschen überrascht, dass Flitz so offen fragt: „Theo? Ja, wir sind ja immer offen zueinander gewesen ..." Ich merke, dass diese Äußerung ein Fehler war – wenn wir offen zueinander waren, hätte Theo meine Glaubenszweifel melden müssen – und ich versuche mich zu korrigieren: „... überrascht war Theo dennoch, vor allem aber war er enttäuscht. Es war letztlich doch eine plötzliche Entscheidung. Ich habe lange gebetet und meditiert und wusste dann, dass ich nicht zum Priester berufen bin. Gott will mich wohl an anderer Stelle einsetzen und ich folge ihm." Das ist vielleicht ein wenig zu viel des Guten. Doch Flitz kann es als eine Art demütiger Ironie zur Kenntnis nehmen. Solche Nuancen versteht er.

Jetzt mischt sich Holzauge ein: „Und ewig lockt das Weib." Dann kicherte er blöd herum. Er ist wirklich ein Idiot. Flitz zieht fragend eine Augenbraue hoch. Ich verneine: „Nein, das war es nicht, keine Freundin. Ich wusste einfach, aus mir wird kein guter Priester. Dazu fehlt mir etwas, was Theo hat."

„Und das wäre?" Mir fällt nichts anderes ein als: „Der Glaube, berufen zu sein, so etwas wie eine spirituelle Unbedingtheit, Gehorsam fehlt mir vielleicht auch."

Und Flitz ergänzt: „Und die Demut, mein Lieber, die Demut, die fehlt dir auch. Aber die kannst Du ja noch lernen. Dafür ist es nie zu spät. Entschuldige, aber ich kenne dich ja ein wenig."

Ich werde wütend. Dieses arrogante Arschloch!! Gerade der will mir was über Demut erzählen! Dieser Heuchler!!! Doch es gelingt mir, mich zu beherrschen. Ruhig antworte ich: „Ich folge als Lehrling beim *Kirchenboten* jetzt demütig meinem kompetenten Ausbilder Christian Münch bei seinen großartigen Interviews mit bedeutendsten Persönlichkeiten unserer Mutter Kirche."

Flitz ignoriert die Ironie: „Ja, viele Wege führen in den Schoß der Kirche. Wer weiß, vielleicht kann ich dich in ein paar Jahren doch noch zum Priester weihen?"

Ich antworte: „Die Wege des Herrn sind unergründlich."

Das Interview selbst ist ein Schlafmittel selbst für jene gläubigen Schäfchen, die den *Kirchenboten* noch lesen. Holzauges Fragen sind einfallslos und opportunistisch, die Antworten entsprechend stereotyp. Furchtbar. Holzauge traut sich nichts, wahrscheinlich, weil Flitz de facto sein Chef ist. Mich wundert allerdings, wie förmlich, ja formelhaft Flitz antwortet. Er verweist auf die lange Geschichte der Kirche, darauf, dass wir immer noch vertrauen müssten auf die Wiederkunft des Herrn. Er leiert herunter, dass Jesus uns helfe, jeden Tag aufs Neue, wenn wir ihn um Hilfe bäten und wir bereit seien, mit offenem Herzen seine Hilfe zu empfangen. Als Flitz nahezu gänzlich emotionsfrei vom Herzen redet – man sieht nur mit dem Herzen gut –, werde ich unruhig. Ich unterbreche Holzauges Interview: „Glauben Sie wirklich daran, dass Jesus heute tatsächlich Hilfe schickt in Form von Wundern?“ Flitz antwortet: „Jesus ist ein Wundertäter und Dämonenaustreiber gewesen und seine Kirche muss ihm darin folgen.“ Ich fragte nach: „Befürworten Sie denn heute noch Dämonen- und Teufelsaustreibungen?“ Flitz zögert nur kurz: „Ja, der Kirche stehen auch derlei Mittel zur Verfügung. Diese sind allerdings nur diskret und mit äußerster Vorsicht anzuwenden und erst dann, wenn andere Maßnahmen wirkungslos geblieben sind. In unserem Nachbarland Polen ist das etwas ganz Alltägliches, in Italien und Spanien auch. Ich verstehe diese Exorzismen als eine Art spiritueller Psychotherapie. Der Erfolg gibt den Exorzisten Recht.“ Ich ergänze: „Es ist nur ärgerlich, wenn die Therapierten ihre Therapie nicht überleben nach dem Motto: Therapie erfolgreich, Patient tot.“

Holzauge will das Interview fortsetzen, doch ich mache weiter: „Wie sieht es aus mit den Reliquien. Ich recherchiere zu Reliquien und Reliquienverehrung. Ist diese heute noch angebracht?“ Er scheint irritiert, grinst unsicher und bestätigt dann: „Ja. Auch die Reliquienverehrung gehört wie der Exorzismus zum Ureigensten der Kirche, trotz des gelegentlichen Übereifers in der Vergangenheit. Es geht um das rechte Maß und darum, wie die Herzen der Gläubigen zu erreichen sind.“ Ich hake noch einmal nach: „Wie sieht es mit den Herrenreliquien aus: Kreuzesstücke, Dornenkrone, das Hochheilige Präputium?“ Flitz ist irritiert, lächelt, schaut seitlich an mir vorbei, sucht mit den Augen nach seiner Kaffeetasse: „Die Volksreligiosität hat seine Berechtigung: Der Heilige Rock von Trier, das Grabtuch von Turin ..." Ich unterbreche: „Das Hochheilige Präputium?" Holzauge stöhnt kurz auf und Flitz zuckt leicht zusammen, ignoriert dann die Frage und versichert: „Der Glaube schafft Wirksamkeit – *Virtus* – und die Wirksamkeit schafft Glauben. So mancher todkranke Mensch wurde geheilt beim Gebet vor den Reliquien."

Etwas überrascht bin ich über seine nun folgenden Äußerungen zur New-Age-Spiritualität. Auch dort gebe es ganzheitliche Heilungen, Heilungen von Geist und Leib. Genau dafür habe früher die Kirche gesorgt, Jahrhunderte lang. Die Menschen beteten zu den Heiligen in der Nähe ihrer Reliquien. Je mächtiger die Heiligen, desto größer die Heilungschancen. Die Kranken flehten sie um Heilung an und sie wurden gesund an Leib und Seele. Das müssten die ureigenen kirchlichen Aufgaben sein. Die dürften wir nicht den falschen Propheten überlassen.

Holzauge weiß, dass das ein wenig weit geht und stellt schnell seine Frage: „Gibt es in unserer Gesellschaft noch verbindliche christliche Werte und wie stellt sich unsere Kirche dazu?" Flitz versichert: „Unsere Gesellschaft ist eine christliche und muss sich zu ihrer christlichen Tradition bekennen und zur christlich-abendländischen Kultur. Dort sind Schätze vergraben, die wir nutzen können, um unsere Heimat zu schützen gegen den alles zersetzenden pseudoaufklärerischen Zeitgeist. Strenge Charakterschulung ist ebenso notwendig wie die Befähigung zur zielführenden Kritik und die innere Bereitschaft, sich gehorsam einzufügen in die Gemeinschaft. Holzauge nickt zustimmend.

Als wir in die Redaktion zurückfahren, bemerkt Holzauge, dass unser Bischof stockkonservativ sei, aber konservativ sei er schließlich auch: Kirche, Familie, Vaterland, selbstverständlich auf der Basis unser Freiheitlich Demokratischen Grundordnung. Ich ergänze lachend: „Und Heimat! Die Heimat darfst du nicht vergessen!" Dann singe ich möglichst schief: „Heimat deine Sterne". Holzauge ärgert sich: „Du solltest, was Flitz angeht, vorsichtig sein. Wenn du dem quer kommst, schießt er dich aus dem Volontariat, gleichgültig, wie gut ihr euch kennt. Das kostet den nur einen Anruf bei Ansgar und ich kriege einen neuen Volontär."

Hättest du wohl gerne, denke ich. Wie ich Holzauge kenne, wird er das Interview glätten und es dann Flitz' Pressereferenten vorlegen.

„Apropos Vorsicht: Wirst du das mit dem Exorzismus drin lassen? Es könnte Flitz genauso wenig gefallen, wenn du ihn den Reformern zum Fraß vorwirfst." Im selben Moment beiß ich mir grinsend auf die Zunge. Jetzt helfe ich Holzauge, der verbissen hinterm Steuer sitzt, auch noch.

Eine Weile schweigen wir. Dann frage ich: „Weißt du, ob Flitz wirklich schon mal bei einem Exorzismus dabei war? Polnischen Ordensbrüder laden intern ja regelmäßig dazu ein. Ich würde das gerne auch mal erleben." Holzauge murmelt: „Sicher, dass du das aushalten würdest? Ich hab mal einen Exorzismus erlebt, in der Nähe von Krakau. Der Exorzist heißt Winczyk, er ist sehr bekannt. Es war sehr eindrucksvoll. Die Besessene, beziehungsweise der Dämon, der aus ihr sprach, hat in Polnisch, Deutsch, Latein und in noch ein paar anderen Sprachen geantwortet. Ich stand in der ersten Reihe. Der Dämon hat mich gleich angesprochen, mit Namen. Er hat Sachen von mir gewusst, also ganz intime Dinge…" Ich werde neugierig, aber Holzauge blockt meine Nachfragen ab: „Das muss man erlebt haben, das kann ich nicht erklären! Seitdem glaube ich an böse Mächte." Holzauge wirkt plötzlich noch entschiedener. Als Katholik müsste ich ja eigentlich auch an die böse Gegenseite glauben. Manchmal denke ich, Teufel und Hölle sind überflüssig, solange es diese Erde mit diesen Menschen gibt. Wenn das so bleibt, ist das Hölle genug.

Ich nehme mir vor, Holzauges Warnungen doch ernst zu nehmen. Schließlich möchte ich das Volontariat beenden und ein bisschen journalistisches Handwerkszeug lernen. Ich habe keine berufliche Alternative. Vielleicht Taxifahrer in Osnabrück. Als Religionslehrer lassen sie mich auch nicht so ohne weiteres arbeiten. Also lege ich mir Mäßigung auf: Ich schreibe einen zupackenden Reliquienartikel, nett illustriert, garniert mit einigen Skandälchen und Absurditäten. Dazu ein kurzes Experteninterview mit Professor Angenendt, den kenne ich noch vom Studium in Münster. Mit ihm telefoniere ich heute Nachmittag. Das sichert mich ab. Dann kann mir Flitz nichts anhängen.

An das Schreiben auf dem PC kann ich mich noch nicht gewöhnen. Ich tippe: „Bereits im frühen Christentum waren Reliquien so begehrt, dass man mit ihnen handelte, sie fälschte oder sie sogar stahl. Am Sterbebett potentieller Heiliger standen bereits die Reliquienhändler mit Messern, um ein Stück der frisch Verstorbenen zu ergattern. So geschah es, dass sie nach ihrem vermeintlichen Ende auseinandergerissen und zerhackt wurden. Zehen, Finger, aber auch ganze Arme und Beine verschwanden von ihren Totenbetten. Die gewaltige Nachfrage nach Reliquien sorgte also für ein bedarfsgerechtes Angebot. Heilige wurden in kleinste Teile tranchiert …“ „tranchiert“ korrigiere ich lieber: „zerlegt“ ist besser. Weiter. „Der heilige Victricius – er lebte im 4. Jahrhundert – versichert: ‘Die Heiligen erleiden keinen Schaden, wenn man ihre Überreste aufteilt. In jedem Stück steckt die gleiche Heilkraft wie im Ganzen.’ Letztere zweifellos richtige Einsicht ermöglichte einen regen Handel mit Reliquien in mitunter homöopathischen Mengen. Jede katholische Kirche benötigt bis heute eine Reliquie. Den dadurch erzeugten Bedarf deckt die Kirche heute nicht mehr mit den Leichen aus alten Kirchenkellern, sondern eleganter durch eine Art Multiplikationsverfahren: Dazu legt man Stoffe auf Reliquien oder tunkt sie in Öl. Danach haben Öl und Stoffe die gleiche *Virtus* wie das vermeintliche Original. Ein Beweis: Man legte einmal über Nacht Tücher auf die Gebeine des Heiligen Martin und wog sie am nächsten Morgen. Sie waren mit *Virtus* so vollgesogen, dass sie einige Gramm schwerer waren. Was bei Sankt Martin gelingt, muss auch beim Heiligen Kreuz funktionieren, an dem Jesus gestorben ist. In diesem Sinne ist jede Kreuzesreliquie echt, die einmal mit der echten in Berührung gekommen ist. Wenn Spötter, die sich lustig darüber machen, dass es inzwischen Hunderte von Raummetern „echter“ Kreuzessplitter auf der Welt geben müsse, verrät das, dass sie sich nicht sachkundig gemacht haben.“

Ich breche ab, nein, das ist nicht eindeutig genug. Meine Haltung ist ambivalent. Gläubige mögen so etwas gar nicht. Ich versuche es nächste Woche noch einmal. Heute tippe ich das Interview mit meinem Reliquien-Experten Angenendt vom Aufzeichnungsgerät ab.

Kirchenbote: „Herr Professor Angenendt: Was sind Reliquien und was bedeuten sie?“

Prof. Angenendt: „Ich habe das Foto meiner Eltern. Wenn ich das zerreiße, was ist das? Ich frage oft Leute. Macht ihr das? Nein. Warum nicht? Das ist doch ein Stück Papier mit Chemie. Das ist doch gar nichts. Na. Da stecken die Eltern drin. Und wenn ich es tatsächlich zerreiße, definiere ich damit mein Verhältnis zu den Eltern: Ich will nichts mehr mit euch zu tun haben. Das heißt, das Bild hat Gegenwart der Abgebildeten. Und das ist die Uridee, in der Reliquienverehrung noch verstärkt dadurch, dass man einen Gebrauchsgegenstand vom Heiligen hat, etwa von Jesus. Ein Stück, das er benutzt hat. Ein Stück sogar von seinem Körper.“

Kirchenbote: „Eine Zwischenfrage: Sogar die Vorhaut?“

Prof. Angenendt: „Die Vorhaut erklärt sich ganz einfach: Jesus ist auferstanden, hat seinen ganzen Leib mitgenommen. Aber bei seiner Beschneidung: Die Vorhaut. Ist er mit der Vorhaut in den Himmel aufgefahren oder nicht? Ohne Vorhaut. Und da hatte man die Vorhaut als Leibreliquie, die einzige. Ausgefallene Zähne, die gab es auch noch. Und Haare. Aber die waren nicht so beliebt. Daraus entwickelte sich eine regelrechte Vorhauttheologie...“‘

Angenendt erklärt mir die Vorhaut-Theologie so, wie ich sie ganz sicher nicht im *Kirchenboten* abdrucken lassen kann. Wie Holzauge sagt: Theologengewäsch. Ich mache Feierabend. Morgen habe ich eine Fortbildung, ein Kontemplationswochenende. Ein bekannter christlicher Meditationslehrer, ein Benediktiner, Pater Anselm Schwarz, kommt ins Ludwig Windhorst-Haus in die Nähe von Lingen. Ein Wochenende speziell für Kirchenangestellte. Ich kann mir den Wagen der Redaktion leihen. Sehr entgegenkommend. Doch erst sortiere ich noch meine Papiere. Da fällt mir die Kopie eines Zeitungartikels ins Auge. 28 Oktober 1989: „Einbruch in das Museum von Kloster Andechs. Erheblicher Sachschaden. Reliquien entwendet?“

Da rufe ich nächste Woche an.

Kloster Andechs • Ulrich von Borsum (6) • 24. Oktober 1527

Spirituelle Erektionshilfe

Gernot geht es schlecht. Er pisst Blut und kotzt Galle. Ich binde ihn eigenhändig auf seinem Pferd fest, damit er nicht hinunterfällt. Immer, wenn er zu sich kommt, fluchte er auf die Pfaffen von Calcata. Er schwört bei Gott, dass er als Rache mindestens drei Pfaffen abstechen werde. Ludwig der Lustige hat seine Freude daran und erklärt, wie man dicke Pfaffen am schönsten ausweiden kann. Zwei akkurate Schnitte, dann ein paar Tritte in die Seiten und schon quellen die Därme heraus und die Pfaffen hätten viel zu tun, das Gekröse wieder hineinzustopfen. Als er sein Messer zieht und zeigt, wie er die Schnitte so ansetzt, dass der Aufgeschlitzte lange den Anblick seiner Gedärme genießen könnte, bleibt uns das Lachen im Hals stecken. Von dem Verrückten muss ich mich trennen, möglichst bald. Noch kann er sich als nützlich erweisen. Er ist ein guter Kämpfer, treuer Kamerad und der ideale Mann für die Drecksarbeit.

Wegen Gernot kommen wir nur langsam voran. Die Anderen murren schon. Wir machen oft Rast etwas abseits der Straßen. Einmal rettet meine Vorsicht uns wohl das Leben. Wir lagern hinter einem kleinen Hügel. Einer unserer Männer, den ich als Wache abgestellt habe, sieht, wie von Orvieto aus auf der Straße einige Dutzend Reiter entgegenkommen. Wir verhalten uns ruhig und haben Glück, dass sie keine Späher vorausgeschickt haben. In Rom ging vor unserer Abreise das Gerücht um, dass die Republik Venedig dem Papst für die Anwerbung von Söldnern einen Kredit eingeräumt hatte. Die neuen Söldner sollen Rom von den Plünderern befreien. Würden sie uns mit unserer Beute erwischen, wären wir erledigt. Langsam ist mir klar, dass wir nicht den direkten Weg über die Alpen nehmen können. Ich schlage vor, in Pescara ein Schiff nach Venedig zu nehmen.

Gernot ist zu dieser Zeit nur noch selten bei Bewusstsein. Am dritten Tag nach Calcata schlägt Hannes vor, Gernot zu heilen – mit der echten Vorhaut. Bekanntlich könne sie Krankheiten heilen und sogar Tote zum Leben erwecken. Schaden könne es ja auf keinen

Fall. Ich stimme skeptisch zu: Vielleicht kann es Gernot helfen. Ich hatte früher schon erlebt, dass Reliquien Fieber heilten, wenn ein Pfaffe mit Weihrauch und Gebeten ein wenig herumzauberte. Wir lagern geschützt in einer alten Ruine. Gernot legen wir möglichst bequem auf seine Decke. Die Abende sind immer noch sehr warm, trotzdem zittert Gernot, er schwitzt und ist nicht mehr bei Besinnung. Er wird kurz wach, als ich ihm das Gesicht mit einem feuchten Tuch abwische. Als ich ihm erkläre, jetzt werde die echte Vorhaut ihn heilen, muss er lachen. Er kann sich kaum noch rühren. Wahrscheinlich hatten die guten Katholiken von Calcata ihm die Leber und die Lunge zerschlagen. Er wiederholt das, was er in seinen wachen Momenten an den letzten Tagen immer wieder gesagt hatte: „Mit mir ist es aus. Bringt alle Pfaffen um, die ihr kriegen könnt."

Ich will ihm mit der Vorhaut Mut machen: „Die Vorhaut heilt alle Wunden, warum nicht auch deine. Du musst nur daran glauben." Gernot lächelt müde: „Schaden kann es jedenfalls nicht." Als ich Gernot das Fläschchen auf seinen Bauch legte, verflucht er noch einmal Gott und alle Pfaffen der Welt, dann atmet er regelmäßiger und schläft ein. In der Nacht schaue ich einige Male nach ihm. Er atmet weiterhin ruhig und schnarcht ein wenig. Am nächsten Morgen wirkt er erholt, isst und trinkt etwas. Er ist noch schwach, aber es geht ihm sichtlich besser. Selbst die Schwellungen in seinem Gesicht scheinen zurückzugehen. Mit ein wenig Hilfe schafft er es sogar auf sein Pferd. Er spottet: „Die Vorhaut hat mir geholfen. Diese Vorhaut muss einfach echt sein." Ich lache: „Jesus ist bei uns in Gestalt seiner Vorhaut." Tatsächlich bin ich sicher, dass er den Tag nicht überleben wird. Ich habe das oft erlebt bei Sterbenden. Kurz vor Schluss geht es ihnen besser und sie haben gute Laune und dann geht es plötzlich zu Ende. Doch ich sollte mich irren. Gernot erholte sich tatsächlich.

Am Abend frage ich ihn, was er von dem Plan halte, über Venedig nach Hause zu reisen. Er stimmt zu. Dass wir brave Kaufleute sind, würde uns kaum jemand abkaufen, aber von Venedig aus würden wir auf jeden Fall weiterkommen.

Oft sind die längeren Wege die kürzeren. Zuerst der lange Weg über die Berge nach Pescara, dann die lange Schifffahrt nach Venedig. Der Kapitän – er ist ein Venezianer – befährt das adriatische Meer mit seinem Handelsschiff. Er erkennt uns gleich als Landsknechte und weiß, woher wir kommen. Die Gerüchte über die Plünderung der heiligen Stadt durch grausame lutherische Söldnertruppen aus dem Norden hatten längst überall Angst und Schrecken verbreitet. Wir gelten als Gottesschänder, Priestermörder, Ausgeburt der Hölle. Doch unseren geschäftstüchtigen Kapitän interessiert unser Gold und er will uns als brave rechtgläubige Kaufleute zur Überfahrt nach Venedig aufnehmen. Wir verhandeln mit ihm die Bedingungen. In seiner engen Kabine finden Gernot und ich neben dem stämmigen Kapitän kaum Platz. Ludwig und Hannes warten vor dem Schiff, um uns vor unliebsamen Überraschungen zu warnen. Der Preis, den der Kapitän verlangte, ist unverschämt: Ein Drittel unserer Beute. Ich biete ihm meine zweite gefälschte Vorhaut an. Zuerst lacht er: So ein Unsinn. Ich berichte ihm, wie ich die Vorhaut aus dem heiligsten Ort der Welt geholt, dabei viele Söldner und auch einige Pfaffen massakriert habe. Immer noch ungläubig, denkt er laut darüber nach, dass er vielleicht das Heilige Präputium über einen Zwischenhändler aus Venedig nach Rom zurückbringen könne. Das würde ihn aber eine Menge kosten. Außerdem, wer garantiere ihm, dass das Präputium echt sei. Ich wickle das Kästchen aus dem Seidenstoff und zeige es ihm. Der Kapitän scheint beeindruckt: In Rom würden sie in einigen Monaten froh sein, wieder wertvolle Reliquien zu haben, die Pilger in die Stadt zu ziehen. Ich bestärke ihn in seinem Überlegungen. Mir soll es recht sein: 'Tintenfischring in Öl für die römische Kurie' gegen 'Überfahrt'.

Der schon etwas in die Jahre gekommene Kapitän zögert nun wieder. Er will einen Beweis für die Echtheit des Hochheiligen Präputiums. Ich öffne das Fläschchen. Der Geruch ist immer noch stark, hat aber etwas nachgelassen. Ich lasse ihn daran riechen. Doch das alles überzeugt ihn nicht. Er will einen eindeutigen Beweis. Ich versichere ihm, der Beweis sei längst erbracht. Der fast totgeschlagenen Gernot hat der Hochheiligen Vorhaut sein Leben zu verdanken.

Sein Vetter hatte sich bei der Erstürmung der Mauern eine tödliche Bauchverletzung eingefangen. Auch diese Wunde sei geheilt worden.

Der Kapitän zögert einen Moment und macht dann einen Vorschlag: Er hatte gehört, die Vorhaut helfe älteren Männern bei jüngeren Frauen ihren Mann zu stehen. Er habe zu Hause eine Frau, die gerade zwanzig Jahre alt geworden sei und er habe da seine Probleme. Ich schlage ihm vor, er solle sich eine Hure kommen lassen, das Fläschchen mit der Vorhaut unter seine Kapitänsmatratze legen und es einfach versuchen. Das leuchtet ihm ein. Gernot schüttelt zunächst den Kopf und kann sich ein Grinsen nicht verkneifen. Dann schlägt er vor: Die Hure zahlen wir. Wenn es nicht gelingt, sei unser Geschäft geplatzt.

Am nächsten Morgen zeigt sich der Kapitän äußerst zufrieden. Es hat funktioniert, berichtet er, und das gleich mehrmals. Er werde das Heilige Präputium eine Weile selbst verwenden, bevor er es nach Rom verkaufe. So etwas habe er noch nie erlebt. Damit bin ich bereits die zweite gefälschte Vorhaut los. Eine dritte habe ich noch. Vielleicht hätte ich noch einige mehr anfertigen lassen sollen: Ein kreuzförmiges Kästchen, eingefügte Späne angeblich vom Heiligen Kreuz aus dem Heiligen Land, ein paar kleine Edelsteinsplitter, eine Aufschrift noch: „Gefunden von der Heiligen Helena, der Mutter des Heiligen Konstantin“, das war ja schnell gemacht gewesen und hatte mich wenig gekostet.

Die Fahrt verläuft problemlos. Von Venedig aus schließen wir uns Kaufleuten an, die über die Alpen nach Salzburg ziehen. Dort trennen wir uns von ihnen. Wir wollen Richtung Augsburg und sind nun in Andechs. Wir quartieren uns mit unserem wertvollen Gepäck im Obergeschoss des Gasthauses ein, ganz in der Nähe der Klostermauern. Es gefällt mir hier. Weil es regnet und kalt ist, wollen wir zwei Tage bleiben, bevor es weiter geht. Dennoch, will ich schnell weiter, nach Hause zu meiner Familie. Sie werden mich gerne aufnehmen, jetzt, wo ich reich bin. Vielleicht kaufe ich mir ein kleines Gut in der Nähe von Hildesheim, nehme mir eine nette Frau, mache mit ihr einige Kinder und lebe glücklich und zufrieden bis ich mein friedliches Ende im Bett finde. Das würde mir gefallen.

Ich werde aus meinen Träumen durch ein Poltern auf der Treppe aufgeschreckt. Ich spanne die griffbereite Armbrust, lege mein Kurzschwert bereit und verpasse dem schlafenden Gernot einen kleinen Tritt in die Seite. Er springt auf, sein Langmesser in der Hand. Ich freue mich, dass er wieder ganz dabei ist. Ein junger Benediktiner steht in der Tür, eskortiert von vier Wachen. Sie wirken nicht sonderlich gefährlich. Mit ihnen würden wir auch zu zweit fertig werden. Inzwischen haben sich auch meine restlichen Leute von ihren Strohsäcken erhoben. Der junge Benediktinerpfaffe wirkt verunsichert, als er uns mit den Waffen in den Händen sieht. Er stellt sich als Abgesandter des Abts vor. Der Abt wolle unseren Anführer sehen. Ich frage ihn, wie der Abt auf die Idee käme, dass auch ich ihn sehen wolle. Es ginge um meinen Freund, sagt er. Der habe sich einer Magd des Klosters bemächtigen wollen. Er sei nun in der Gewalt des Abts. Es ist mir gleich klar, dass es sich dieses Mal um Ludwig handelt. Ich hätte mich schon längst von ihm trennen sollen. Er ist unberechenbar und scheint zu glauben, er sei immer noch bei der Romplünderung und könne machen, was er wolle.

Ich erkläre mich bereit, mitzukommen. Bald stehe ich an der Seite des Boten und den vier Wachen hinter mir vor dem Benediktinerabt. Ich kenne ihren Ordens-Habit und natürlich auch ihren Grundsatz: *Ora et labora*. Ich denke daran, dass mir das Beten inzwischen genauso fremd geworden ist, wie das Arbeiten. Der Abt sieht so aus wie die Grundsätze seines Ordens: Fromm und fleißig, blass und hager. Vom guten Bier der Abtei scheint er nicht allzu viel zu halten. Ich sehe gleich, er ist schlau. Er bleibt sitzen, als ich in sein Zimmer geführt werde. Das Zimmer ist karg eingerichtet und nicht geheizt, obwohl es schon recht kalt ist. Ich habe mich als Kaufmann herausgeputzt und versuche einen sicheren, aber freundlichen Eindruck zu machen.

Der Abt will mich verunsichern und lässt mich einen Moment unbeachtet. Dann schaut er auf und fragt, ohne mich zu begrüßen: „Du weißt, weshalb ich dich hergebeten habe?“ Ich antworte: „Nein,

Hochwürdiger Abt. Sie sind doch der Abt dieses kleinen Klosters? Darf ich mich vorstellen: Ich bin Ulrich von Borsum, Kaufmann, auf dem Weg nach Hildesheim." Der Abt lächelt: „Ja, ich bin der Abt und ich habe einen deiner Leute festgesetzt, der versucht hat, sich einem unserer Untergebenen unsittlich zu nähern."

Ich wundere mich über die männliche Bezeichnung „einem unserer Untergebenen". Ich antworte dem Abt: Das ist eine schwerwiegende Anschuldigung, doch ich kann versichern, dass niemand meiner Männer ein Sodomit ist." Der Abt schreckt beim Wort „Sodomit" zurück. „Nein, eine Magd, eine junge Magd. Er hat sie bedrängt."

„Manchmal sind meine Männer etwas unhöflich. Dafür möchte ich mich entschuldigen."

„Nein, es war schon etwas mehr als eine Unhöflichkeit. Er wollte das Mädchen zwingen, zum Beischlaf zwingen und hat sie sogar geschlagen."

„Lasst ihn herbringen, dann können wir ihn zusammen befragen!"

„Nein, der Übergriff ist erwiesen. Er hat es zugegeben und mir gesagt, du würdest das wieder in Ordnung bringen."

Das hatte sich Ludwig also ausgedacht. Er hat sich daran erinnert, wie wir Gernot frei bekommen haben. Gerne würde ich Ludwig einfach dem strengen Abt überlassen. Irgendwann wird ihn jemand einfach totschlagen und ich denke, je früher, desto besser. Ich bitte den Abt um ein Gespräch unter vier Augen. Der Abt schickt mit einem Blick seine vier Büttel und den jungen Mönch vor die Tür.

Ich will die Sache schnell erledigen: „Gut, Hochwürden, kommen wir zur Sache. Mein Mann hat die Magd nur belästigt, der Übergriff ist noch nicht geschehen. Was willst du?" Der Abt lächelt: „Ich weiß, ihr seid keine Kaufleute, sondern Landsknechte, die Roms Kirchen und Paläste geplündert haben. Ich will das, was dein Mann angedeutet hat, eine Hochheilige Reliquie. Ihr übergebt sie mir, du bekommst deinen Mann zurück oder ich lasse mir all deine Reichtümer holen..."

Ich zwinge mich zu einem Lächeln. „Wunderbar, Hochwürdiger Abt, dann wollt Ihr also ein Gemetzel anrichten lassen. Ihr glaubt doch wohl nicht, dass wir uns Euren Leuten ergeben. Meine Männer sind kampferprobt. Von ihnen hat jeder so viele Männer im Kampf erledigt, wie Euer Kloster Menschen beherbergt. Und die vier Büttel, die da vor der Tür stehen – wenn Ihr sie ruft, habt Ihr dieses Messer in Eurem mageren Bauch und ich werde es, glaubt mir, gerne in Euerm Bauch kreisen lassen. Also: Wir sollten ernsthaft verhandeln: Ihr habt meinen Kameraden. Was wollt Ihr für ihn?“

„Das heilige Präputium. Es ist meine Christenpflicht, es zu verlangen. Und zwanzig Golddukaten.“

Ludwig der Lustige hatte für sich sogar den gleichen Preis veranschlagt wie für Gernot. Der Abt schaut mich fragend an: „Also?“. Ich nicke: „Wir machen es so: Ihr begleitet mich mit zwei Eurer Brüder zum Gasthaus. Eure Leute – nicht mehr als vier – holen meinen Mann und folgen uns. Jetzt sofort. Wenn Ihr Euch überzeugt habt, dass es sich um das heilige Präputium handelt, begleitet Ihr uns bis vor die Stadt. Dort findet dann der Tausch statt: Präputium gegen meinen Mann.“

„Und das Gold?“

„Das bekommt Ihr dann auch.“

Der Abt willigt ein, instruiert seinen Boten. Der an den Händen gefesselte, aber breit grinsende Ludwig folgt uns in Begleitung der bewaffneten Männer zum Gasthaus. Ich bitte den Abt hinein und darum, mit seinen Begleitern an einem der Tische auf mich zu warten. Dann gehe ich die Treppe hoch, um meine Männer zu instruieren. Sie sollen sich zur Abreise bereit machen. Ich nehme das dritte und letzte Kästchen, öffne es kurz. Es riecht nun nicht mehr ganz so stark.

Der Abt zeigt sich bei der Übergabe wenig beeindruckt, empfängt das Kästchen spöttisch lächelnd. Er entnimmt ihm das Fläschchen, betrachtet es, öffnet es, riecht daran und nickt schließlich: „Gut, jetzt packt eure Sachen. Wir gehen vor die Stadt. Dort trennen sich unsere Wege.

„Das wird deine Abtei reich machen. Die Pilger werden dir Geld in die Taschen spülen.“, sage ich zu ihm. Der Abt lächelt: „Ja, das Präputium wird unsere Abtei berühmt machen. Dass es nicht echt ist, wird niemanden interessieren.“ Ich versichere ihm: „Es ist echt. Ich habe es selbst aus dem Altar der *Sancta Sanctorum* mitgenommen.“ Der Abt lächelt vielsagend.

Ich mache ihn noch darauf aufmerksam, dass das kreuzförmige Kästchen auch noch große Partikel vom Kreuz enthielte, an dem unser Herr gestorben sei. Wieder lächelt der Abt und nickt etwas müde. Dann kniet er nieder, hält das Kästchen hoch und ruft mit betont zittriger Stimme seine Mitbrüder herein. Die beiden schwarz gekleideten Gestalten treten in den Raum und finden ihren Abt kniend auf dem Fußboden. Er erklärt ihnen – plötzlich mit Tränen in den Augen –, dass ich ihm reuig das Hochheilige Präputium aus Rom übergeben habe. Ich hätte es geraubt aus der Privatkapelle des Papstes. Nun habe mich das Gewissen geplagt und die furchtbare Angst vor der ewigen Verdammnis habe mich gepackt. So habe er mir die Beichte abgenommen, mir die Absolution erteilt und das Hochheilige Präputium an sich genommen. Es werde von nun an im Kloster Andechs verehrt und dort Wunder tun. Die beiden Mönche singen lautstark das *Pater noster*. Dann nehme ich das Kästchen wieder an mich, packe unsere Sachen.

Der Wirt hat inzwischen unsere Pferde holen lassen und wir brechen auf. Auf einem Feld vor dem Kloster stößt der breit grinsende Ludwig zu uns. Daraufhin übergebe ich dem Abt das Kästchen. Die Frage nach den Golddukaten beantworte ich mit einem Kopfschütteln und einem Blick zu meinen Männern. Mindestens drei Armbrüste richten sich auf ihn. Die Benediktiner tragen den Tintenfischring in Öl in einer feierlichen Prozession den Berg hoch in ihre Klosterkapelle. Leute aus dem Dorf schließen sich dem Zug an.

Wir machen uns auf in Richtung Augsburg. Wir sollten uns beeilen. Vielleicht schickt uns der Abt seine Knechte hinterher. Von Ludwig werden wir uns in Augsburg verabschieden. Er will weiter nach Reutlingen. Von dort ist er vor fast zehn Jahren aufgebrochen. Er meint, sein Bruder werde ihn freundlich aufnehmen, wenn er mit seiner Beute bei ihm eintrifft. Doch ich bin sicher: Er kann das Morden nicht lassen. Der Krieg macht die Menschen böse und grausam. Ludwig der Lustige war es sicher vorher schon. Vielleicht hätte ich ihm die echte Vorhaut Jesu auf sein kaltes Herz legen sollen und er wäre ein besserer Mensch geworden. Wer weiß?

Osnabrück • Klaus Kolonko (4) • 8. Oktober 1990

Das Heilige Präputium als multikulturelle Speerspitze

Eigentlich sollte ich immer noch ganz bei mir und tiefenentspannt sein.

Von Freitagabend bis Sonntagnachmittag: Meditationen, Schweigen, Spaziergänge im nahegelegenen Wald, in Stille jeder für sich, ein Gottesdienst, vegetarische Mahlzeiten, ohne jedes Gespräch, kein Alkohol. Dabei hätten mich zwei, drei Gläser Rotwein sicher noch mehr entspannt. Auch kein Kaffee, kein schwarzer Tee, nur Früchtetee und den hasse ich seit meiner Internatszeit in Hautrup. Da gab es jeden Abend roten Früchtetee, jeden Abend, und das neun Jahre lang.

Unser Meditationskurs bestand aus 16 Leuten – 11 Frauen und 5 Männer. Anfangs gab es eine kurze Vorstellungsrunde mit Vornamen und einem Satz, weshalb wir zum Meditationswochenende gekommen waren. Ich nuschelte irgendetwas wie „Ich muss mir über vieles klar werden und stehe am Anfang eines neuen Lebensabschnittes.“ Sonst gab es wenig verbale Kommunikation. Nur eine kleine Zwischenrunde zur Befindlichkeit am Samstagvormittag: Jede und jeder nur einen Satz. Ich sagte: „Ich kann mein Gedankenkarussell verlassen.“ Doch so ganz stimmte das nicht.

Den Abschluss am Sonntag bildete eine Umarmung. Jeder umarmte jeden. Bei einer Frau dauerte die Umarmung länger, sie fühlte sich inniger, wärmer, weicher an. Sie war etwa in meinem Alter, wirkte forsch, kein Heimchen am Herd. Und sie fühlte sich gut an, als sie mich länger hielt als erwartet. Doch vielleicht hatte ich mir das nur eingebildet. Schließlich bin ich ein davongelaufener Priester, sexuell und beziehungsmäßig besonders bedürftig und weitgehend unerfahren. Ich sah sie später dann noch, als sie in ihr Auto stieg: Autokennzeichen aus Hildesheim. Sie nickte mir freundlich zu. Ich nickte freundlich zurück. Das war's. Ihren Namen habe ich vergessen und jetzt ärgere ich mich darüber. Ich habe ihn ja nur einmal in der Einleitungsrunde gehört. Vielleicht hätte ich sie ansprechen sollen, als sie ins Auto stieg. Doch das wäre unpassend gewesen. Vielleicht hat sie einen Mann, einen Hund, zwei Kinder und eine pflegebedürftige Schwiegermutter. Außerdem hatte der Seminarleiter, Anselm Schwarz, wiederholt gesagt: „Das Schweigen nehmen wir in uns auf, nehmen es mit und tragen es in uns." Dann kann ich nicht einfach jemanden ansprechen: „Hallo, lass uns mal drüber reden."

Zuhause bin ich dann in eine Selbstquälerei gerutscht: „Weshalb habe ich Idiot mich nicht getraut?" Sie fühlte sich wirklich gut an. Dann hatte ich zum Trost eine Flasche Wein geöffnet und ein Fußballspiel im Fernsehen geschaut. Der Wein schmeckte nach nichts und das Fußballspiel war langweilig. Doch es gibt noch eine Korrekturmöglichkeit: Die Fortsetzung des Meditationsseminars im Frühjahr. Eine große Ostermeditation irgendwo in Bayern. Vielleicht ist sie ja wieder dabei.

Jetzt sitze ich an meinem Schreibtisch in der Redaktion des *Kirchenboten* und versuche mich zu konzentrieren. Ich durchforste für meinen Artikel über Reliquien die Literatur zum Hochheiligen Präputium und finde „Die Offenbarungen der Heiligen Brigitta". Sie erlebte über 700 Offenbarungen, die sie ihrem Beichtvater diktiert haben soll. Der hatte sie dann ins Lateinische übersetzt und wohl auch kräftig redigiert. Die merkwürdige Heilige lebte im 14. Jahrhundert zunächst in Schweden, bekam dort ein knappes Dutzend Kinder, gründete Klöster und starb schließlich – nach einer Pilgerreise ins Heilige Land – in Rom. Ihr erschien neben anderen Himmelsbewohnern gelegentlich auch die Gottesmutter Maria, die ihr wertvolle Informationen vermittelte, unter anderem über den Verbleib der abgetrennten Vorhaut ihres göttlichen Sohnes. „Maria sprach: 'Als mein Sohn beschnitten wurde, bewahrte ich diese Membran mit der größten Ehre auf, überall, wo ich hinging. Wie hätte ich sie der Erde übergeben können, sie, die von mir ohne Sünde gezeugt worden war. Als die Zeit meiner Abberufung von dieser Erde herannahte, übergab ich sie dem heiligen Johannes, meinem Beschützer. Als dann der heilige Johannes und seine Nachfolger aus dieser Welt geschieden waren und die Bosheit und Perfidie zunahm, versteckten die Gläubigen diese Dinge an einem sehr reinen Ort unter der Erde, und lange blieben sie unbekannt, bis endlich der Engel Gottes sie den Freunden Gottes offenbarte ....'"

Die Muttergottes beharrte in der Offenbarung der heiligen Brigitta darauf – hieß die weiche Frau vom Meditationswochenende nicht Britta? Nein! Konzentration! – … jedenfalls übermittelte die Gottesmutter, wie zu erwarten, zunächst noch allerlei fromme Dinge und bestätigte dann, dass die echte Vorhaut dank ihrer gottesmütterlichen Fügung in Rom hinterlegt sei und auf ihren Einsatz warte – in Rom, ließ sie mitteilen und nirgendwo anders. Da Brigitta äußerst prominent war, aus einer königlichen Familie in Schweden stammte und zügig heiliggesprochen wurde, galt ihre Offenbarung nun als Beweis dafür, dass dieses Scheibchen Göttlichkeit realiter hier auf Erden zurückgeblieben, also nicht mit ihrem ehemaligen Besitzer in den Himmel aufgefahren sei. Einige Päpste des späten 14. Jahrhunderts nahmen die Offenbarungen der heiligen Brigitta so ernst, dass sie sie vielleicht sogar fälschen ließen. So etwas kam öfter vor – das war damals wie heute ganz okay: „Alles zur größeren Ehre Gottes."

Die Offenbarung der Heiligen Brigitta war sehr willkommen – ich erinnere mich: Die weiche Frau hieß Birgit, glaub' ich ... – aber das tut hier nichts zur Sache. Zurück zur Vorhaut. Damals – die Päpste waren gerade aus ihrer Verbannung von Avignon nach Rom zurückgekehrt – damals war so eine göttliche Vorhaut eine zugkräftige religiöse Attraktion und damit eine sichere Einnahmequelle: Wer von Sünden befreit und von Krankheiten geheilt werden wollte, musste zahlen und konnte die wundertätige Vorhaut sehen. Die Päpste in Rom hielten folgerichtig daran fest, dass sie über das einzig echte Exemplar verfügten. Andere Vorhautliebhaber und Vorhautliebhaberinnen wussten zu berichten, dass Karl der Große sie um das Jahr 800 dem Papst als Mitbringsel aus dem Heiligen Land übergeben hätte. Doch diese Version konnte sich nicht durchsetzen, weil Karl der Große nachweislich nie im Heiligen Land gewesen war. Wie dem auch sei: Die Hochheilige Vorhaut wurde im Mittelalter auf Prozessionen durch die Straßen Roms getragen, meist am Tag der Beschneidung, wahrscheinlich zeitgleich mit anderen Vorhäuten Jesu in anderen Städten. Dieses Stückchen Göttlichkeit – das ist nicht unwichtig beim Monotheismus – konnte nicht nur *verehrt* werden, wie die Knochen diverser Heiliger. Die Vorhaut konnten die Gläubigen sogar *anbeten*, weil sie direkt von Gott stammte. In meinem Artikel für den *Kirchenboten* werde ich auf diese Differenzierung verzichten müssen.

Doch die Offenbarungen der Heiligen Brigitta bekam Konkurrenz, und zwar durch die Offenbarungen der Begine Agnes Blannbekin. Sie lebte bereits im 14. Jahrhundert in Wien und diktierte die göttlichen Durchsagen Wort für Wort ihrem Beichtvater. Ihre Offenbarungen gewannen erst im 18. Jahrhundert an Bedeutung, als sie von einem Benediktinerpater in Wien übersetzt und publiziert wurden. Die Benediktiner – das muss man wissen – standen oft in moderater Opposition zur Papstkirche. Die Offenbarungen der Agnes Blannbekin landeten gleich auf dem kirchlichen Verbotsindex. Sie galten als ketzerisch. Das hatte mehrere Gründe. Zum einen waren die Visionen der Mystikerin Agnes Blannbekin in sexueller, zum anderen in theologischer Hinsicht recht eindeutig. Zuerst zum Sexuellen: Die fromme Begine versicherte, sie habe die Vorhaut Jesu oral erleben dürfen. Andere Bräute Christi vor und nach ihr, etwa Katharina von Siena, spürten ab und an die Vorhaut Jesu als Brautring am Finger. Dass sie sich damit mehr als nur spirituelle Freuden verschafften, wurde etwa von der Heiligen Theresia berichtet.

Die fromme Begine Agnes Blannbekin spürte die Hochheilige Vorhaut Jesu nun im Mund, was so abwegig nicht ist: Weniger inspirierte Gläubige spüren in der Kommunion den „Leib Christi“ in

Form einer trockenen Oblate im Mund, bei Agnes – jetzt bin ich mir sicher, die weiche Frau vom Meditationswochenende, sie heißt Brigitte – ...also bei Agnes entzückte die Vorhaut nicht am Finger, sondern oral und das gleich hundertfach, wie ihr Beichtvater berichtete und nicht trocken wie die sonst bei der Kommunion verabreichte Oblate, sondern süß und saftig: „Und siehe, alsbald spürte sie auf der Zunge ein kleines Häutchen nach Art eines Eihäutchens mit allergrößter Süße, das sie verschluckte. Nachdem sie es verschluckt hatte, spürte sie wieder das Häutchen auf der Zunge mit Süße, wie vorher, und verschluckte es wiederum. Und dies geschah ihr wohl hundert Mal. Und es wurde ihr gesagt, dass die Vorhaut mit dem Herrn am Tag der Auferstehung auferstand. So groß war die Süße beim Kosten dieses Häutchens, dass sie in allen Gliedern und Teilen der Glieder eine süße Veränderung spürte."

Wie ich das in meinem Artikel für den *Kirchenboten* berücksichtigen kann, ist mir schleierhaft. Tatsache ist aber: Es wäre theologisch höchst brisant, wenn Jesus, der ja postmortal am dritten Tage nach seinem Tode am Kreuz auferstanden und in den Himmel aufgefahren ist, seine Vorhaut im Gepäck, oder wo auch immer, mit dabeigehabt hätte, beziehungsweise, wenn ihm die Vorhaut unterwegs auf wundersame Weise wieder angewachsen wäre. Im letzten Fall stellten sich fromme Theologen dann die kritische Frage, ob Jesus als Erwachsener für seine als Baby abgetrennte Vorhaut überhaupt Verwendung gehabt haben könnte. Die Proportionen würden einfach nicht mehr stimmen, wird in der theologischen Fach- beziehungsweise Vorhautliteratur diskutiert. Das würde beim himmlischen Wasserlassen ebenso stören wie bei anderer Verwendung des Genitals. Allerdings – und dagegen lässt sich kaum etwas einwenden – dürfte für einen wundertätigen und zudem allmächtigen Gott eine Vorhaut-Größenanpassung kein prinzipielles Problem gewesen sein.

Wichtig ist für meine Recherche für den *Kirchenboten*: Hat Jesus seine Vorhaut nun in den Himmel mitgenommen oder nicht? Das ist eine essentielle Frage des christlichen Glaubens, denn: In der Kommunion nimmt der Katholik den Leib Christi in sich auf. Und das ist wortwörtlich, nicht etwa metaphorisch zu verstehen. Es ist das Wunder der Eucharistie. Der Gläubige isst Jesu Leib und trinkt – wenn es denn etwas zu trinken gibt – Jesu Blut, priesterlich verwandelt, aber trotzdem echt. Es scheint also nur so, dass es Brot und Wein sind, tatsächlich sind es Fleisch und Blut des Herrn. Wenn man so will: Katholischer Kannibalismus. Das habe ich im Theologiestudium gelernt und so steht es im Katechismus. Die Frage ist also: Schlucken der gläubige Katholik und die gläubige Katholikin während der sonntäglichen Messfeier den Leib Christi nun mit oder ohne Vorhaut?

Und noch eine Frage, jetzt eine mit quasi politischen Konsequenzen: Wenn es keine göttliche Vorhaut gibt hienieden, also auf dieser Welt, residiert dann Jesus im Himmel mit Vorhaut als Christ? Und wenn eine göttliche Vorhaut auf Erden zurückgeblieben ist, residiert dann Jesus als zum Christentum konvertierter Jude im Himmel ohne? Für den christlichen Antijudaismus, der fließend übergeht in den rassistischen Antisemitismus, bedeutet eine auf der Erde zurückgelassene Vorhaut ein schweres Handicap. Wie soll man frisch und fromm antijüdisch und antisemitisch agitieren, wenn vom Himmel ein vorhautloser Gott hinunterschaut, dessen unten zurückgebliebene Vorhaut immer wieder an seine jüdische Herkunft erinnert? Die Fronten sind also klar: Ein antisemitischer Jesus hat eine Vorhaut, ein antirassistischer nicht. Die Vorhaut ist ein religions- und auch sonst politischer Körperteil. Daraus folgt: Eine Kirche, die ihre antijudaistische und antisemitische Vergangenheit, ihre tatkräftige Unterstützung der Nazis und Rassisten dieser Welt, weiterhin vertuschen will, muss sich energisch für die irdische Existenz des Hochheiligen Präputiums engagieren und damit der Heiligen Brigitta folgen und die Offenbarungen der nicht-heiligen Agnes verdammen. Fazit: Offen reaktionär sind die, die die irdische Existenz der Vorhaut leugnen und zu einem bevorhauteten christlichen Jesus im Himmel beten. Als aufgeklärt und christlich-humanistisch im besten katholischen Sinne erweisen sich die, die das hochheilige Präputium wo auch immer auf der Erde verehren. Vorhautprozessionen, wie sie in Antwerpen, Calcata, Rom und anderswo jeweils am 1. Januar jeden Jahres abgehalten wurden, sind also Demonstrationen für Toleranz und Multikulturalität. Die zuständigen Vorhautkapläne waren die Speerspitze des Humanismus, wenn nicht sogar der Aufklärung.

Spätesten jetzt ist mir klar, dass diese „Schwurbeleien" keine Verwendung finden in meinem *Kirchenboten*-Artikel. Holzauge, mein wertebewusster Ausbilder, würde mich aburteilen und mir, wie früher als Tischpräfekt, zur Strafe den Pudding wegfressen. Also konzentriere ich mich auf die Fakten und rufe einmal bei den Benediktinern in Andechs an. Andechs wird in der Vorhautliteratur als früherer Aufbewahrungsort des Hochheiligen Präputiums gehandelt. Und dort – die Zeitungsmeldung liegt auf meinem Schreibtisch – wurde eingebrochen, am 28. Oktober 1989 mit erheblichem Sachschaden. Ein guter Vorwand. Ich kann ja nicht gleich mit der Vorhaut beginnen, quasi mit der Tür ins Haus fallen. Mir fällt ein: Die weiche Meditationsfrau heißt doch Birgit.

Von der Klosterpforte Andechs werde ich gleich zu Odilo Lechner, dem Abt, durchgestellt. Er wundert sich, dass der Einbruch den *Kirchenboten* von Osnabrück interessiert. Aber ich sei nicht der erste, der etwas über den Einbruch wissen wolle. Eine Kunsthistorikerin vom Dommuseum Hildesheim habe angerufen. Von ihr habe er, erklärt der Abt, nichts mehr gehört. Und dann habe noch, erzählt der Abt, eine Hauptkommissarin von der Kripo Köln angerufen, ob wir ein Kopfreliquiar vermissen. Er hätte versichert, nein, es gäbe nur Sachschaden bei ihnen in Andechs. In Köln allerdings, berichtet der Abt weiter, hätten sie wohl einen vorbestraften Jugendlichen erwischt, als er ein wertvolles Reliquiar bei einem zwielichtigen Juwelier verkaufen wollte. Vielleicht sollte ich, empfahl mir der Abt, doch einmal in Hildesheim nachfragen, ob da etwas passiert sei.

Hildesheim? Ich werde hellhörig. Hildesheim ist der zweite Ort in Deutschland, der eine Vorhautreliquie besessen haben soll. Und auch dort soll es einen Einbruch gegeben haben? Meine weiteren Recherchen ergeben: Einbrüche ähnlicher Art gab es auch in Frankreich: im Dommuseum von Besancon, in der Abtei Charroux, in Nancy und Metz. In dem 1907 erschienenen Buch von Alphons Victor Müller werden die Orte genannt, an denen es einmal eine hochheilige

Vorhaut gegeben haben soll. Dreizehn Orte, an denen Hochheilige Vorhäute im Mittelalter und teilweise noch bis ins 20. Jahrhundert hinein verehrt wurden. Orte an denen fast alle dieser Hochheiligen Vorhäute im Laufe der Jahrhunderte aber auch verschwunden waren: Während der Glaubenskriege konnten sie vor den bilderstürmenden Protestanten in Sicherheit gebracht werden oder wurden vernichtet. In katholischen Gegenden verbannte man sie diskret in den Hinterzimmern, als aufgeklärtere Zeiten das opportun erscheinen ließen. Und an all diesen Orten hatte es in der letzten Zeit Einbrüche in Dommuseen und Klöster gegeben. Das kann kein Zufall sein. Kein Zweifel: Jemand war hinter der Vorhaut her. Nur was wollen Gläubige heute mit diesem Relikt der Reliquienverehrung? Selbst in Polen oder im katholischen Südamerika würden Vorhautprozessionen heute, am Ende des 20. Jahrhunderts, Gelächter auslösen.

Ich recherchiere weiter und rufe in anderen Dommuseen an.

Hildesheim • Ulrich von Borsum (6) • 3. Dezember 1527

Verkaufspläne

An einem regnerischen Dezembertag komme ich zusammen mit Gernot in Hildesheim an. Es ist kalt. Der Rest meiner Landsknechte hatte sich von uns getrennt. Sie hatten einen anderen Weg nach Hause. Wir werden uns wohl nie mehr wiedersehen. Einige waren mir ans Herz gewachsen, andere, wie Ludwig den Lustigen, möchte ich lieber vergessen. Der Schneeregen durchnässt meinen Mantel. Mein Reitpferd und meine beiden Packmulis sind am Ende. Sie brauchen dringend gutes Futter und einen trockenen Stall – und ich auch. In den Gasthäusern auf dem Weg hierher habe ich erfahren, dass es einen neuen Herrn in Hildesheim gibt: Bischof Balthasar Merklin, Doktor der beiden Rechte und Vizekanzler des Reiches. Üppige Pfründe soll er eingesackt haben: Einige Klöster und die anliegenden Dörfer. Wer weiß, ob das stimmt. Sicher ist: Er war lange Zeit in Spanien unterwegs gewesen für die katholische Sache.

Deshalb hatte ihn der Kaiser zum Reichsvizekanzler ernannt und dafür gesorgt, dass er Bischof von Hildesheim wurde, obwohl er kein Adliger war. Gernot warnt mich: „Pass auf, Ulrich, wenn du ihm das Präputium zum Kauf anbietest, reißt er es sich unter den Nagel und steckt dich in sein Verlies, bestenfalls. Wahrscheinlich ist, dass er dich gleich umbringen lässt."

In Hildesheim hat sich wenig verändert seit ich von hier fort ging. Im besten Gasthof im Ort suchen wir Unterkunft. Auch der gesprächige Wirt hatte sich, abgesehen vom Umfang seines Bauches, kaum verändert. Und obwohl ich bereits in jungen Jahren mit meinem Vater hier öfter eingekehrt war, erkannte mich niemand wieder. Der Wirt gibt uns zwei nebeneinander liegende Zimmer. Die für bessergestellte Kaufleute, versichert er. Zum Essen bietet er uns seinen besten Wein an und gesellt sich zu uns. Nach einigem Zögern berichtet er auch von den aktuellen Gerüchten über den neuen Bischof: Er soll die spanische Krankheit haben und die schwarze Galle quäle ihn. Er sei putzsüchtig wie eine Kaufmannstochter, macht- und geldgierig. Ihm gehörten, versichert der Wirt, schon einige Klöster und Ländereien und er lasse diese bis auf den letzten Heller auspressen. „Ihr hättet sehen müssen, wie er in die Stadt gekommen ist: Zwei Dutzend Soldaten, mehr als 10 Bedienstete, darunter Schreiber, einige Priester und einige hübsche Frauen – seine Geliebten. Er nahm an Allerheiligen sein Bistum in Besitz und veranstaltete ein pompöses Hochamt.

Mir wird schnell klar: Die Krankheiten des neuen Bischofs und seine Geldgier sind eigentlich die beste Voraussetzung dafür, dass er mir die Hochheilige Vorhaut abkauft. Sie könnte ihn gesund und Hildesheim reich machen. Pilger würden in die Stadt strömen. Er könnte sie abkassieren und Ablässe verkaufen. Der Papst in Rom ist schwach und sein Protest würde nichts bewirken. Die Hochheilige Vorhaut im Dom von Hildesheim – das würde auch die Sache des Katholizismus stärken gegen die Protestanten. Viele Länder waren schon abgefallen von Rom.

Trotzdem würde es nicht einfach sein, dem Bischof das Präputium zu verkaufen. Was würde ihn davon abhalten, mir diese Reliquie abzunehmen und mich als Kirchenschänder in den Kerker zu werfen oder gleich einen Kopf kürzer zu machen? Nichts! Ich muss es vorsichtig angehen lassen. Ein Freund aus meinen Jugendtagen könnte mir helfen, Klas von Wildefuers. Er ist der älteste Sohn des katholischen Bürgermeisters Hans von Wildefuers. Und mit dem reichen Bürgermeister der Stadt hat der frischgebackene Bischof sicher noch einiges zu klären.

Also besuche ich Klas. Er ist inzwischen verheiratet und hat sein eigenes Haus nicht weit vom Dom. Eine ältere Frau empfängt mich freundlich, als ich mich vorstelle. Der Name meiner Familie ist in Hildesheim bekannt. Als Klas mir entgegen kommt, stutzt er. Ich musste mich mit den Jahren sehr verändert haben. Doch dann kam Klas weiter lachend auf mich zu: „Ulrich, du lebst! Alle denken, dass du tot bist! Dein Bruder hat immer wieder gesagt, dass wir dich wohl nie wiedersehen. Aber ich bin froh, dass du noch lebst, alter Freund, ich bin wirklich froh!“

„Dass mein Bruder mich tot sehen will, glaub ich gern. So kann er unser Gut vollends in den Ruin wirtschaften, wenn er das nicht bereits geschafft hat.“

„Nein, dein Vater passt wohl immer noch gut auf ihn auf und hält ihn an der kurzen Leine.“

„Dann lebt Vater noch? Meine Mutter auch?“

„Ja, da kann ich dich beruhigen. Das letzte Mal hatten mein Vater und ich mit deinem Bruder vor zwei Wochen zu tun, weil deiner Familie ja noch einige Wiesen vor dem Osten der Stadt gehören. Die Stadt will sie deinem Bruder und deinem Vater abkaufen, aber dein Bruder ist einfach zu unverschämt. Jetzt entscheidet wahrscheinlich der neue Bischof und der, da kannst du dich drauf verlassen, diktiert ihm den Preis.“

Den Rest des Nachmittags sitzen wir zusammen. Es ist erstaunlich, wie schnell unsere alte Vertrautheit wieder da ist. Klas lässt Wein auftischen. Er stellt mir seine Frau vor. Sie ist noch sehr jung und schwanger. Ich kann mich nicht mehr an sie erinnern, obwohl ich sie kennen müsste. Aber damals, als ich fortging, galt sie noch als Kind. Jetzt ist sie vielleicht 17 Jahre alt.

Klas fragt mich, wie es mir ergangen sei in all den Jahren und ich erzähle ihm: „Ich habe viel Glück gehabt, habe mehrere Schlachten überlebt und war bei der Erstürmung und Plünderung Roms dabei. Viel erlebt habe ich, nicht nur Schönes."

Klas unterbricht mich: „Es ist besser, wenn du das nicht jedem erzählst. Die Kirche hat die Plünderer zu Ketzern erklärt und in aller Form verflucht. Du bist vogelfrei. Wenn das die frommen Ratsherren erfahren, bist du erledigt. Denke dir eine Geschichte aus, die besser nach Hildesheim passt oder gehe in die protestantischen Gebiete. Aber von mir hast du natürlich nichts zu befürchten."

Klas hat Recht, ich muss es unbedingt geheim halten, dass ich in Rom gewesen bin. Aber wie soll ich dann die kostbare Reliquie verkaufen? Der neue Bischof hat einen grausamen Ruf. Er lässt schnell einmal einige Leute aufhängen. „Ich möchte dem Bischof einige kostbare Reliquien verkaufen, wie soll ich das anstellen?"

„Um welche Reliquie handelt es sich?", fragt Klas zurück. Ich sage es ihm.

„Die gibt es wirklich? Ich habe gehört, dass die sich in Antwerpen befindet und dass deshalb alle nach Antwerpen pilgern.", lacht Klas.

„Ich habe die echte! Ich habe sie selbst aus der päpstlichen Kapelle geholt."

Klas lacht nun nicht mehr: „Das ist gefährlich. Wenn du das dem Bischof erzählst, nimmt er sich die Vorhaut und lässt dich umbringen, wenn du es nicht besonders geschickt anfängst."

„Ich muss den Bischof kennen lernen. Kennt dein Vater ihn besser? Trifft er ihn regelmäßig?" Klas nickt: „Ja. Und ich als sein ältester Sohn und als Ratsmitglied kenne ihn natürlich auch. Am Sonntag gibt mein Vater als Bürgermeister für den Bischof ein kleines Fest. Ich kann dich dazu einladen und dich vorstellen als reich gewordener Kaufmann Ulrich von Borsum, der eine lange Zeit in der Fremde war und nun zurückgekommen ist, um sich hier niederzulassen und der eine Möglichkeit sucht, sein Vermögen zu investieren."

Klas und ich feilen noch ein wenig an dieser Geschichte: „Ich bin also als Landsknecht schwer verwundet auf dem Schlachtfeld liegen gelassen worden. Dort hat mich ein Kaufmann gefunden und ich bin schließlich dessen Teilhaber geworden. Vor Kurzem haben mir Söldner die Hochheilige Vorhaut zum Kauf angeboten. Als guter Katholik habe ich die Vorhaut gekauft, um sie in meine Heimatstadt Hildesheim zu bringen… Hört sich doch gut an, oder?"

Klas bleibt skeptisch: „Du musst beim Bischof vorsichtig sein. Er muss Vorteile davon haben, dass er dich am Leben lässt und dir auch noch die Vorhaut abkauft."

Als wir uns verabschieden ist es spät. Klas will mit seinem Vater sprechen und noch weitere Erkundigungen über den Bischof einziehen. Als ich im Gasthaus ein letztes Glas trinke, gesellt sich Gernot zu mir. Er erklärt, dass er weiter müsse, Richtung Oldenburg. Ich warne ihn, es sei gefährlich, alleine zu reisen. Er solle doch warten bis zum Nikolaustag. Danach ziehen viele Kaufleute weiter Richtung Norden und er könne sich anschließen. Gernot will es sich überlegen.

Hildesheim ⬩ Klaus Kolonko (5) ⬩ 30. Oktober 1990

Die Geheimkammer des Doms

„Du bist Frau Dr. Scholz?" Birgit, meine Meditationsschwärmerei, kommt im Eingangsbereich des Dommuseums auf mich zu und scheint genauso überrascht wie ich: „Und du bist der neugierige Journalist vom *Kirchenboten*!" Wir geben uns die Hand. Eine Umarmung wäre zu viel gewesen. Bei der telefonischen Terminabsprache waren wir zuerst sehr förmlich geblieben. Wir wussten nicht, was wir voneinander zu halten hatten. Dass wir uns schon kannten, ahnten wir nicht. Am Meditationswochenende hatten wir uns ja nur kurz und nur mit Vornamen vorgestellt. Ich bin überrascht, wie herzlich sie mir begegnet. Ich freue mich, dass sie mich unbefangen duzt: „Dann komm doch erst mal in mein Büro. Der Kaffee ist fertig."

Wir durchqueren einige Gänge und stehen dann vor einer Bürotür mit ihrem Namen: *Dr. Birgit Scholz, Kunsthistorikerin, stellvertretende Leiterin des Dommuseums.*

„Stellvertretende Leiterin. Machst du hier Karriere?", merke ich ironisch an.

„Nein, nein.", lacht sie, während sie ihr Büro aufschließt. „Ich bin promoviert und eine Frau. Das war Grund genug für die fortschrittlichen Kräfte in der Kirche. Ich bin hier sozusagen die Quotenfrau. Das haben sie mir jedenfalls hämisch mitgeteilt, als sie von meiner Ehescheidung vor einem Jahr erfahren haben. Und ich hatte noch Glück. Es gab schon Angestellte, die sie wegen einer Ehescheidung entlassen haben, was nach katholischem Verständnis nun einmal nicht geht, da die Ehe unauflöslich ist. Wer sich scheiden lässt, begibt sich in Widerspruch mit der Kirche ... und so weiter. Aber heute ist das schwieriger und wird nicht mehr so häufig praktiziert. Jedenfalls nicht hier bei unserem eher liberalen Bischof." Inzwischen haben wir es uns an einem kleinen Tisch bequem gemacht.

„Ich bin auch so ein schwarzes katholisches Schaf. Ich habe meine Priesterweihe geschmissen und bin deshalb jetzt *Kirchenboten*-Lehrling." Sie lacht laut auf: „Du und Priester?"

„Was gibt es denn da zu lachen? Taufen, Beerdigungen, die Sonntagspredigt. Das hätte ich gut hingekriegt. Kannst du dir nicht vorstellen, dass ich ein netter, einfühlsamer Pastor geworden wäre?"

„Nein, eigentlich nicht. Ich habe es hier ja mit vielen Priestern zu tun, aber die sind entweder schwul oder hässlich ... manchmal auch beides." Sie schenkt uns Kaffee ein, den sie, wie ich, stark aber mit einem ordentlichen Schuss Milch trinkt.

„Und woher weißt du, dass ich nicht schwul bin?"

„Das weiß ich seit unserer Abschiedsumarmung.", stellt sie fest.

„Tut mir leid. War ich da aufdringlich? Ich bin als Ex-Priesteranwärter natürlich unerfahren – weitgehend jedenfalls."

„Nein, keine Angst, du warst brav, doch ich habe da schon eine gewisse Anziehung bemerkt, die ich dir allerdings nicht übelgenommen habe. Im Gegenteil."

„Das beruhigt mich. Ich muss da noch viel lernen. Ich bin erst seit zwei Monaten ein Ex-Priester-Anwärter."

„... und ich seit einem halben Jahr eine Ex-Ehefrau mit gewissen Vorbehalten männlichen Wesen gegenüber. Aber egal: Setz dich. Es geht ja schließlich um das Hochheilige Präputium. Und ich muss dir sagen, wir haben es leider nicht in unseren Reliquienbeständen, jedenfalls ist es nicht in unseren Verzeichnissen aufgeführt."

„Schade, ich hätte gerne mal eine zweitausend Jahre alte Vorhaut gesehen."

Ich erzähle ihr von meinen Recherchen, von den Einbrüchen in die Dommuseen und Klöster, an denen es laut dem Buch von Alphons Victor Müller diese Vorhäute geben oder gegeben haben soll. Birgit wirkt plötzlich sehr konzentriert: „Das Buch von diesem Müller kenne ich nicht, aber dass die Vorhaut in Hildesheim vermutet wurde, wundert mich nicht. Wir haben hier eine ganz ordentliche Reliquiensammlung. Der Dom und einige Klosterkirchen sind schließlich immer katholisch geblieben. Es gab hier keine Bilderstürmerei, nur gewissen Säuberungen im später 18. Jahrhundert. Die allzu skurrilen Stücke verschwanden in den Schränken und manchmal auch im Keller."

„Also, es hat hier offensichtlich einen Einbruch gegeben irgendwann Anfang des Jahres.", komme ich zur Sache.

„Ja, ich weiß allerdings nicht, ob etwas fehlt. Von den Reliquiaren, die sich in unseren Verzeichnissen befinden, fehlt jedenfalls nichts. Aber als ich alle relevanten Türen kontrolliert habe, habe ich leichte Kratzspuren gefunden. Meine Detektivarbeit führte mich zu einem abgelegenen Raum, in dem niemand arbeitet, eine Art Abstellkammer für unwichtige Reliquiare. Dort ist eine Wand eingeschlagen worden und dahinter befindet sich ein Raum, von dem niemand wusste."

„Spannend, kann ich den Raum sehen und vielleicht ein bisschen fotografieren?"

„Mein Chef hat das strikt untersagt. Er will erst seine eigenen Untersuchungen machen, bevor er damit an die Öffentlichkeit geht."

„Aber sehen kann ich den Raum, oder?"

„Eigentlich auch nicht, aber wenn du nichts darüber schreibst, zeige ich dir den Geheimraum, allerdings erst in der Mittagspause, wenn mein Chef zum Essen geht."

„Das heißt also, es wurde eingebrochen und die Einbrecher wussten von dem Geheimraum im Dommuseum, von dem ihr nichts wusstet? Ist das nicht eigenartig?"

„Ja, sehr eigenartig, gerade im Zusammenhang mit den anderen Einbrüchen an Orten, an denen es die Vorhaut gegeben haben soll."

Ich hole meinen Zettel heraus, auf dem ich während der Bahnfahrt einige Fragen notiert hatte: „Wann verschwanden denn die Vorhäute aus den Kirchen? Das war während der Reformation …" Birgit unterbricht mich: „Ja, im späten 16. Jahrhundert verschwanden viele Reliquien aus den Kirchen und wanderten in den Kirchenkeller oder wurden sogar vernichtet von den protestantischen Kräften. Teile von Hildesheim blieben, wie gesagt, eine katholische Insel. Trotzdem wurden die Reliquien einigen Bischöfen peinlich. Sie säuberten ihre Kirchen vom Aberglauben. Eine zweite Säuberungswelle kam dann nach der Aufklärung im späten 18. Jahrhundert."

„Und euer aufgebrochener Geheimraum, aus welcher Zeit stammt der?"

„Die Reliquiare, die wir dort fanden, stammen nach meiner Einschätzung aus dem späten 16. Jahrhundert. Ich könnte das vielleicht noch genauer datieren …"

Jetzt unterbreche ich sie: „Konntet ihr denn feststellen, ob etwas fehlt?"

„Ja, ganz offensichtlich fehlen drei, vielleicht auch vier oder fünf Gegenstände. Der Staub der Jahrhunderte war an einigen Stellen in den Regalen weniger dick. Vielleicht war das Reliquiar mit der Vorhaut dabei, vielleicht nicht. Genaues können wir nicht sagen. Mein Chef und ich haben alles fotografiert und dokumentiert. Ich bin aber sehr sicher, dass wir nicht weiterkommen. Sinnvoll wäre es gewesen, gleich die Polizei zu rufen. Mein Chef hat sich mit dem Bischof in Verbindung gesetzt, aber der war strikt dagegen. Wir sollten selbst recherchieren und alles sorgfältig dokumentieren. An den Fußspuren konnte man ablesen, dass es zwei Personen waren. Außerdem kannten sie sich aus. Sie wussten genau, wo sie eingebrochen sind und sie wussten offensichtlich auch genau, was sie suchten. Ich frage mich, warum sie nicht die ganzen Reliquien mitgenommen haben. Dafür kriegt man in den USA eine Menge Geld. Auch in Deutschland. Es gibt noch immer einen regen Reliquienhandel."

„Könnten das die Gegenstände gewesen sein, die die Polizei in Köln beschlagnahmt hat, als sie jemand verkaufen wollte?"

Birgit nickt lächelnd: „Du bist da auf eine spannende Geschichte gestoßen. Was sagt denn die Polizei in Köln?"

„Ich habe mit der zuständigen Kommissarin telefoniert, doch die gibt keine Auskunft. Der Beschuldigte sei entlastet, meint die Polizei. Was das genau heißt, ist nicht aus ihr herauszukriegen. Vielleicht müsste ich da mal hinfahren."

„Und darüber will dann der investigative 'Kirchenbote' berichten?" Birgit lacht und ich lache mit ihr: „Darüber wird der 'Kirchenbote' nichts berichten, denke ich. Ich schreibe ein bisschen was von Reliquienkult und verlorener Volksreligiosität, wenn man mich lässt. Mein Ausbilder ist misstrauisch und legt mir alle Steine in den Weg, die er findet, doch der Chefredakteur unterstützt mich. Mal sehen, wer sich durchsetzt. Mein Bischof Flitz ist stockkonservativ und Holzauge auch. So nenne ich meinen Ausbilder. Ich kenne ihn aus meiner Internatszeit in Hautrup. Er hat ein Glasauge, früher ein schlechtes. Deshalb Holzauge."

Birgit lacht. Wir geraten ins Plaudern. Ich erzähle von meinem Job, dass ich in meinem Volontariat einen Berufseinstieg sehe, und dass ich diese Chance nutzen muss, um nicht als Taxifahrer oder doch noch als Priester zu enden. Birgit meint, dagegen sei sie richtig etabliert mit ihrer Festanstellung. Sie brauche aber auch diese Sicherheit, schließlich habe sie eine vierjährige Tochter. Da sei ihr Job mit flexiblen Arbeitszeiten ideal.

„Wann macht dein Chef denn Mittagspause?" Ich frage das, weil ich mir den Ort des Einbruchs doch noch ansehen will. „Macht es dir wirklich nichts aus, mit mir in den dunklen Reliquienkeller zu gehen." Sie lacht: „Nein, aber wie gesagt: Du darfst nichts darüber schreiben." Ich versichere ihr: „Nein, sonst würde ich es mir ja mit dir verscherzen, und das will ich wirklich nicht."

Hildesheim ♦ Ulrich von Borsum (6) ♦ 7. Dezember 1527

Blutprobe

Zum Essen beim Bürgermeister Hans von Wildefuers putze ich mich heraus wie ein reicher Kaufmann. Ich übergebe dem alten Diener meine Einladung. Ich erkenne ihn, er mich nicht. Ich habe mich wohl sehr verändert. Klas empfängt mich sehr höflich. Die Honoratioren der Stadt sitzen bereits am Tisch. Der Bischof trifft kurz nach mir ein. Er ist in Begleitung von drei Männern. Zwei davon sind seine Leibwache: Kräftige junge Männer, vermutlich geübte Kämpfer. Klas stellt mich vor als alten Freund und wohlhabenden Kaufmann, der sein Glück in der Fremde gemacht habe. Der eine oder andere der Anwesenden kennt meinen Vater und lässt sich meine Geschichte erzählen. Das Essen ist großartig: Suppen, Fisch, Fleisch vom Schwein und Rind, Kuchen. Dazu reichlich Wein.

Balthasar Merklin, Vicekanzler und Bischof des Reiches, trinkt mehr als er isst. Nach dem Essen stellt Klas mich dem Bischof noch einmal gesondert vor. Dieser fragt mich mit einem ironischen Lächeln: „Du bist also der Landsknecht der reich geworden ist. Ich habe schon von dir gehört. Wie du als Landsknecht reich geworden bist, musst du mir verraten. Das ist eine Seltenheit, Glückwunsch!" Ich lasse mich nicht beeindrucken: „Halb tot war ich zwischendurch auch, doch Gott wollte meine Seele noch nicht haben." Der Bischof lächelt: „Vielleicht wartet der Teufel noch einige Jahre, damit es sich für ihn lohnt." Ich antworte: „Ich hoffe auch, so habe ich noch Zeit zu bereuen und Buße zu tun."

Der Bischof lacht: „Ulrich, der reich gewordene Landsknecht kann Ablässe erwerben, gleich hier in Hildesheim." Ich nicke: „Sehr gerne, doch zunächst versuche ich es weiter mit ehrlichem Handel."

„Ehrliche Kaufleute, die in kurzer Zeit reich geworden sind, habe ich noch nicht kennen gelernt. Also, heraus damit, wie habt ihr das angestellt?“

„Man darf das Risiko nicht scheuen und man muss einschätzen können, wer nur reich ist, wer klug ist und reich und wer reich, klug und dazu noch mächtig ist.“

„Ihr wollt mir doch nicht schmeicheln, junger Mann.“ Ich lächle verbindlich: Ich hätte Euch gerne geschäftlich gesprochen, hochwürdigster Herr.“ Der Mann ist gefährlich. Merklin ist bereits älter, bald 50 Jahre, sein Haar war ihm ausgegangen. Seine vollen Lippen glänzen vom Bratenfett und er trinkt den Wein wie andere Wasser, ohne je betrunken zu sein.

Dem Bischof scheint meine Frechheit zu gefallen: „Wir werden sehen, Ulich von … wie war dein Name?“ „Ulrich von Borsum.“ Der Bischof wendet sich kurz zum Bürgermeister um, bittet mich dann mit einem Wink zu sich und befielt mir flüsternd: „Sag mir kurz, was du mir vorschlagen willst!“ Ich antwortete ebenso leise: „Ich habe eine wertvolle Reliquie.“ Der Bischof lächelt hinterhältig: „Ich glaube, ich habe dich überschätzt, Ulrich von Borsum. Du enttäuschst mich.“ Ich lächele zurück: „Eine Reliquie, wie keine zweite.“ Jetzt lächelt er nicht mehr. Vermutlich ahnte er, dass ich aus Rom kam: „Ich verstehe. Morgen Mittag bei mir! Und bring alles mit.“

Lange lässt mich Bischof Merklin nicht warten. Doch bevor ich in sein Audienzzimmer vorgelassen werde, nahmen seine Wachen mir alles ab, was als Waffe dienen könnte. Der Bischof hat offensichtlich Feinde, und er ist vorsichtig. Als ich in den eher schlichten Raum geführt werde, bleibt der Bischof sitzen. Neben ihm prasselt ein Feuer im Kamin. Vor ihm liegen Papierrollen. Er sitzt dort in bequemer Kleidung und bittet mich auf einem schlichten Stuhl Platz zu nehmen. Die Wachen schickt er mit einer nachlässigen Geste hinaus. Er ist kein Freund von Umschweifen: „Das Hochheilige Präputium willst du also haben. Zeig mal her.“

Ich öffne die Tasche, schlage die Stoffe zur Seite, dann auch die Seidentücher. Der Bischof zeigt sich wenig beeindruckt und sagt: „Na, mach schon Ulrich, wir sind hier unter uns.“

Dann schnuppert er ironisch lächelnd: „Du hast es parfümiert.“

Jetzt weiß ich, dass er es nicht für echt hält: „Es stammt aus Rom, ein Opfer der Plünderung, direkt aus der *Sancta Sanctorum*: *non est in toto sanctior orbe locus*. Kein Ort ist heiliger.“ Der Bischof zeigt sich nun doch beeindruckt. Er starrt wie gebannt auf den kreuzförmigen Behälter mit der Aufschrift SANCTISSIMUM PRAEPUTIUM JESU. Er öffnet das Kästchen, will nach dem Fläschchen greifen, besinnt sich kurz, bekreuzigt sich dann. „Du hast es wirklich aus Rom?“

Ich bin vorsichtig: „Ja, es kommt aus Rom. Ich habe es von einem Landsknecht, der es aus der *Sancta Sanctorum* geholt hat. Er hat es mir auf dem Sterbebett gegeben.“

Der Bischof schaut auf: „Rede nicht. Du hast es selbst gestohlen, du bist in Rom gewesen. Stimmt es, mach mir nichts vor, Ulrich?“

Ich antworte: „Nun ja …“

Mich schaut er aus seinen tief liegenden Augen böse grinsend an: „Der ketzerische Dieb aus Rom. Der Plünderer der *Sancta Sanctorum*. Was hindert mich daran, dich vierteilen zu lassen. Das würde dem Volk gefallen. Außerdem könnte ich so klarmachen, dass mit mir nicht zu scherzen ist.“ Ich zwinge mich, ruhig zu bleiben und lächle ihn freundlich an: „Eminenz, nehmt doch für das Vierteilen jemand anderen. Es gibt genug Halsabschneider auf der Welt.“

Er lachte: „Solche wie euch?“

„Was euch davon abhält, mich vierteilen zu lassen, Eminenz? Eure Gnade und mein Versprechen, mich zu bessern und ein frommes katholisches Leben zu führen.“

Der Bischof unterbricht mich etwas erstaunt: „Und wohl auch das, was ihr an mich zu verkaufen beabsichtigt?“

„Ja, das auch. Das hochheilige Präputium würde euch und Hildesheim zur Ehre gereichen. Es würde die Menschen glücklicher machen als so manche Vierteilung. Es würde den Protestanten zeigen, was der wahre Glauben vermag. Außerdem heilt das Präputium Jesu alle Wunden. Ich würde es euch gerne überlassen."

„... gegen eure Unversehrtheit vermute ich?"

„ ... und gegen eine Bezahlung meiner Dienste, Eminenz."

„Und wie soll ich das dem Papst in Rom gegenüber vertreten? Und wie soll ich das dem Volk hier erklären?"

„Sagt dem Volk, ein Engel habe sie Euch gegeben und sagt dem Papst, wenn er das Präputium nicht schützen könne, habe er es nicht verdient."

Der Bischof lacht: „Ulrich von Borsum, du bist ein Schlitzohr, aber ich denke, mit dir kann ich Geschäfte machen. Aber: Woher weiß ich, dass die Vorhaut echt ist. Es gibt viele heilige Vorhäute auf dieser Welt, vor allem in Frankreich, so viele kann selbst unser Herr Jesus nicht gehabt haben."

Nun lächele ich und lege eine kleine Kunstpause ein: „Ich habe die echte Vorhaut. Ich kann es beweisen. Sie hat meinen Kameraden ins Leben zurückgebracht und sie kann Krankheiten heilen. Karl der Große hat sie aus dem Heiligen Land holen lassen und dann dem Papst geschenkt. Die hochheilige Vorhaut tut Wunder."

Der Bischof lacht höhnisch: „Gut, dann stoße ich dir einen Dolch in den Bauch und sie macht dich wieder gesund. Machen wir die Probe aufs Exempel." Demonstrativ holt der Bischof seinen Dolch hervor. Nun bekomme ich Angst. Der Bischof schaut mich ohne ein Lächeln an und macht eine fragende Handbewegung: „Nun?"

Ich knöpfe meinen Wams auf. Der Bischof nickt: "Schon gut. Wir werden sehen."

Er schaut sich das kreuzförmige Kästchen noch einmal genauer an: „Schöne Arbeit. Als er das Kästchen öffnet, wird der Geruch stärker.

Der Bischof beugt sich vor: „Ein Wohlgeruch – so stark ..."

Ich sage: „Das ist die *Virtus*, die *Virtus* strömt aus."

Der Bischof lacht wieder: „Oh ja, die *Virtus* ...", er nimmt das Fläschchen heraus „Da ist es drin, das Hochheilige Präputium?"

Ich bekreuzige mich: „Es war in der *Sancta Sanctorum*, im Altar. Es ist so, wie ich es gefunden habe."

„… und sie blutet am 1. Januar, am Tag der Beschneidung?“

„Zweifellos, wenn der Glaube stark genug ist, sieht man Blut, hört Stimmen und riecht die Wohlgerüche des Herrn.“

Der Bischof lacht wieder: „Es wird am 1. Januar bluten, da bin ich mir sicher, denn ich kenne jemanden, der dafür sorgt. Ich werde es der Gemeinde am 1. Januar zeigen während des Hochamts.“ Dann begann er laut zu singen: „Pater noster qui est in caelis, sanctificetur nomen tuum …“ Aus dem Nachbarraum kommt sein Kaplan ins Zimmer und findet uns auf den Knien. Ich bin sicher, dass ich mich mit dem Bischof einigen werde. Mein Gut werde ich bekommen. Vielleicht trete ich auch in den Dienst seiner Eminenz. Ich denke, er kann mich brauchen und ich ihn. Alles wird gut.

Osnabrück • Bischof Dr. Ralf Flitz (4) • 11. November 1990

Faule Äpfel

Dieser davongelaufene Priesteramtskandidat! Von solchen Elementen muss man die katholische Kirche reinigen – und zwar schnell und mit entschiedener Konsequenz! Dazu haben wir doch unseren Bund, die GWK, gebildet, die *Getreuen des wahren Katholizismus*. Manchmal kommt mir dieser Bund zwar etwas albern vor, aber Netzwerke gab und gibt es immer. Und unser Netzwerk hilft und schützt uns davor, von den Neuerern hilflos überrollt zu werden. Wir unterstützen keine Lauen und Halben. Was ich überhaupt nicht ausstehen kann, sind diese Indifferent-Ironischen, wie diesen Kolonko. Den will ich nicht beim *Kirchenboten*, nicht mal als Volontär. So etwas müssen wir rigoros entfernen. Ich brauche nur noch einen Vorwand. Leute wie er zersetzen die Kirche langsam von innen her. Da sind mir diese braunäugigen Naivlinge aus unseren überseeischen Provinzen lieber. Die sind dankbar und gehorsam. Lieber sind mir auch die reuigen Sünder. Der Mensch ist schwach, der Sexualtrieb stark. Ich kann verzeihen, wenn ein Priester den Reizen des anderen, in Ausnahmefällen auch des eigenen Geschlechts erliegt – in ganz großen Ausnahmefällen auch Messdienern. Wer gefallen ist, aber aufrichtig bereut und eine ehrliche Beichte ablegt, dem wird vergeben. Der gehört dann weiterhin zu uns. Die Gefallenen und von uns wieder Aufgerichteten sind uns oft fester verbunden als diejenigen, die den geraden Weg gehen. Sie sind bestens geeignet für verschwiegene Aufgaben.

Von großem Übel sind die Überkonsequenten, die auf ihr Gewissen pochen: „Mein Gewissen sagt mir aber …“ oder noch schlimmer: „Gott hat mir gesagt …“. Furchtbar! Mir sind Leute lieber mit einem ausgeprägten Über-Ich. Die sind leicht auf Linie zu halten. Man muss nur den strengen Papa spielen und Belohnung versprechen oder Strafen androhen. Christian Münch, das ist so einer. Der lässt sich einsetzen in mittleren Positionen. Der soll mir den Kolonko vom Leibe halten.

Dieser Kolonko hat schon während seines Noviziats immer den Zweifler gegeben und sich selbst neutralisiert. Er hätte Karriere machen können. Es gibt wenig deutschen Priesternachwuchs und noch weniger mit einer gewissen Intelligenz. Aber dann macht er einen Rückzieher. Vielleicht hätte ich ihm etwas schmeicheln sollen. Das hätte vielleicht seine Glaubenszweifel beruhigt.

Mein Gott, Zweifel, die habe ich auch manchmal. Ich muss mit ihnen leben. Gott liebt die Zweifler, da bin ich mir sicher, allerdings nur die Zweifler, die sich quälen und ihm die Treue halten. Für die Untreuen gilt: Was schmutzig ist, muss nicht nur gesäubert, sondern desinfiziert werden! Es geht um die innere Sauberkeit der Katholischen Kirche. Wer nicht für uns ist, ist gegen uns. So steht es in der Bibel und so ist es richtig. Faule Äpfel müssen wir beizeiten aussortieren, sonst stecken sie die anderen an. Dieser Kolonko ist ein fauler Apfel.

Den Münch, den sollten wir für die GWK einsetzen. Wissen darf er davon nichts. Er ist der Kirche ergeben, nicht besonders klug, aber äußerst fügsam. Er sollte langfristig den reformerischen Chefredakteur des *Kirchenboten*, diesen Feer ersetzen. Münch hat mich in unserem Telefongespräch zur Autorisierung des Interviews unterrichtet, dass der verräterische Ex-Priester-Kandidat und jetzige

Volontär Kolonko zur Hochheiligen Vorhaut recherchiert und sich in ironischer Weise darüber auslassen will. Und der Chefredakteur hält schützend seine Hand über ihn. Damit er nach seiner Absage der Priesterweihe nicht auf der Straße landet, haben wir Kolonko freundlich Unterschlupf in unserer Bistumszeitung gewährt. Und so dankt er es uns! Mönch ist zurecht empört darüber, dass Kolonko dabei und über seinen Kopf hinweg vom Chefredakteur sogar ermutigt wird. So geht das nicht. Ich werde auch da einiges ändern. Der *Kirchenbote* ist das Presseorgan des Glaubens und die Stimme der Kirche in meinem Bistum, und das wird auch so bleiben.

Kolonko spottet nicht nur über uns, er scheint uns auch auf die Spur zu kommen. Dass die Einbrüche von uns ausgingen, kann er eigentlich nicht ahnen. Aber er ist nicht dumm. Wohin diese kirchenfeindliche, ja *ketzerische* Energie ihn führt, wird er sehen. Ich habe mit Winczyk gesprochen, er soll seinen Einfluss geltend machen, damit Kolonko keine weiteren Auskünfte erhält. Im Dommuseum in Hildesheim ist Winczyk allerdings auf taube Ohren gestoßen. Kein Wunder: Schapers wieder, dieser Medienstar, dieser „Modernisierer“ – und eben neuer Bischof von Hildesheim. Von unserer Gegnerschaft wissen alle, die dort arbeiten. So ist eine leitende Mitarbeiterin natürlich nur schwer zu kontrollieren. Eine Geschiedene! Eine promovierte Kunsthistorikerin zwar, aber geschieden! Ich hätte sie längst deswegen gefeuert. Sie muss sich als Kirchenmitarbeiterin an unsere Grundwerte halten, an die Unauflöslichkeit der Ehe. Dummerweise finanzieren auch das Land und der Bund ihre Stelle. Bei einem Herausschmiss gäbe es also arbeitsrechtliche Probleme. Ich muss ihren Arbeitsvertrag juristisch prüfen lassen. Gleich morgen werde ich das veranlassen. Schapers müsste sie eigentlich feuern, was er aber nie tun würde. Ich müsste die Bischofskonferenz bemühen, um das gegen Schapers durchzusetzen. Doch das wird nicht funktionieren. Die GWK hat dort keine Mehrheit. Die Personalakte von Birgt Scholz habe ich mir kopieren lassen. Hübsche Frau trotz ihres intellektuellen Aussehens. Gute Zeugnisse, hochgebildet, eine wirkliche Expertin für die Kunstgeschichte der Renaissance, Lehraufträge an der Uni-Hildesheim, aber sie ist eine dieser Experten ohne jegliche religiöse Einbindung. Es wäre unklug, direkt zu intervenieren. Wenn doch, würde Schapers alles tun, um sie zu halten. Ich werde also besser nichts tun. Mir bleibt nur Kolonko zu entfernen.

Von Münch habe ich Kolonkos Arbeitsskizzen. Eins muss man ihm lassen: Kolonko arbeitet effektiv, sorgt für Überblick und verfügt über ein solides kirchenhistorisches Wissen. Er hat inzwischen jeden der Orte überprüft, an denen sich Völler Zutritt verschafft hat. Die echte Vorhaut war wahrscheinlich doch die, die bis zum Sacco di Roma, bis 1527 in Rom verehrt und dann gestohlen wurde und den Weg nach Hildesheim fand. Auch das weiß Kolonko. Er hat wirklich gut recherchiert. Er könnte tatsächlich Cumulus' Pläne durchschauen. Das wäre eine Katastrophe für uns. Ich merke, dass mir diese Pläne in den letzten Wochen doch große Zuversicht gegeben haben. Ich stelle mir einen neuen Jesusknaben vor, göttlichen Blutes und damit göttlichen Geistes, der die volksreligiösen Traditionen wieder entflammt und damit die vielen jungen Menschen an sich bindet, indem er die derzeitige Esoterikszene von den pseudobuddhistischen Elementen reinigt und sie in die christlichen Traditionen einbindet. Ein solcher Jesus könnte tatsächlich die gottverlassene Welt retten.

Dieser Kolonko soll ruhig seine Reliquiengeschichte bringen, selbstverständlich von Münch korrigiert. Ich werde dem Chefredakteur eine entsprechende Mitteilung durch meinen Pressereferenten machen lassen. Dann soll Kolonko noch über ein paar harmlose Sachen berichten, den Kirchenumbau in Lingen oder so etwas, und dann schmeiß ich ihn raus.

Osnabrück • Klaus Kolonko (6) • 16. November 1990

Das kastrierte Präputium

Meinen Zweiteiler für den *Kirchenboten* hatte ich fertig geschrieben und ihn Feer zur Korrektur vorgelegt. Der fand ihn ausgezeichnet geschrieben und recherchiert. Die etwas zu deutlichen ironischen Passagen solle ich etwas mindern und ihm dann erneut vorlegen.

Vor zwei Tagen bat er mich dann noch einmal zu ihm zu kommen. Zu einem Kaffee und einem Trostkeks. Seltsam. Und hier sitze ich nun. Neben mir Holzauge, der mich demonstrativ und sehr ernst anschaut, als ich mich setze.

Der Chef beginnt, obwohl es Holzauge kaum auf dem Stuhl hält: „Also Klaus, dein Reliquien-Artikel kann so nicht erscheinen. Der Pressereferent von Flitz hat ihn gestern angefordert und Flitz hat mich gerade selbst angerufen: Der zweite Teil ist komplett gecancelt."

Mir entfährt ein lautes: „Schweinerei! Der Artikel war gut, hast du selbst gesagt. Erinnerst du dich: Gut geschrieben, gut recherchiert."

Jetzt schaltet sich Holzauge ein: „Was habe ich dir immer gesagt: Du musst an deine Leser denken und das hast du definitiv nicht getan. Der Leser des *Kirchenboten* braucht keine spitzfindige Ironie. Hätte ich dir gleich sagen können. Aber du hast den Artikel ja gleich an Ansgar gegeben."

Mir hat es die Sprache verschlagen. Ansgar wendet sich jetzt an Holzauge:

„Der Artikel war gut, Christian, wirklich gut. Und die paar Spitzen, die hätte er ja noch herausnehmen können. Ein guter Volontär muss ausloten, was geht und was nicht."

„Aber Flitz will ihn so nicht", mischt sich Holzauge ein, „und in meinen Augen hat er vollkommen recht: Wir schreiben nicht für feinsinnige Intellektuelle, wir schreiben für den Durchschnittskatholiken."

„Und das sind alles Dumpfbacken, meinst du?", fast hätte ich hinzugefügt: „...so wie du erbärmlicher Arschkriecher?" Ich zwinge mich zu Ruhe und Gelassenheit – und dann passiert es doch: „Mensch Holzauge, wir müssen doch auch an die jungen Leser und Leserinnen denken!" Holzauge schreckt auf: „Holzauge, sag mal, was soll das? Das ist beleidigend, ich bin dein Vorgesetzter!"

„Langsam, Christian!" Ansgar Feer richtet sich in seinem Schreibtischstuhl auf: „*Ich* bin sein Vorgesetzter, *du* bist sein Ausbilder, um das mal klarzustellen."

„Sorry, Christian, das Holzauge ist mir so herausgerutscht. Du weißt, so haben wir dich in Hautrup genannt, tut mir wirklich leid. Aber ich bin einfach enttäuscht... aufgebracht. Also, Entschuldigung, ich weiß, das war unangemessen."

Holzauge rührt sich nicht. Ich habe ihn offensichtlich tief getroffen oder aber er spielt nur den Gekränkten. Er weiß doch, wie ihn in Hautrup alle genannt haben.

„Das ist eine behindertenfeindliche Beleidigung, Klaus, eine behindertenfeindliche und herabsetzende Beleidigung und die lass ich dir nicht einfach so durchgehen."

„Jetzt mach mal halblang, Christian." Ansgar versucht zu vermitteln: „Er hat sich entschuldigt und seinen Ausrutscher erklärt. Das muss reichen!"

„Nein, das reicht mir nicht! Ich will, dass er einen Verweis bekommt. Das war eine vorsätzliche Beleidigung seines Ausbilders, dazu noch behindertenfeindlich. Und das in einer katholischen Redaktion. Das geht so nicht!"

Jetzt ahne ich langsam, was Holzauge vorhat, er will mich loswerden. „Ich kann mich nur aufrichtig entschuldigen. Diesen Spitznamen hattest du in Hautrup, das ist dir nicht neu, und in dieser Situation habe ich mich dummerweise an Hautrup erinnert: Es tut mir aufrichtig leid, und ich bitte dich in aller Form um Entschuldigung als meinen, ja, Ausbilder."

Ansgar steht mir bei: „Christian, du solltest seine Entschuldigung akzeptieren. Er ist aufgebracht. Er hat sich viel Mühe mit der Recherche gegeben und hat seinen ersten längeren Artikel auch gut geschrieben. Jetzt wird er nicht gedruckt. Das hätte dich doch auch geärgert."

„Aber ich werde nicht beleidigend und herabsetzend ..."

„Nein, wirst du nicht Christian, auch Klaus nicht, es war ein bedauerlicher Ausrutscher. Das war alles. Und weil wir eine katholische Redaktion sind und unseren Nächsten lieben, wirst du ihm jetzt verzeihen. Das ist schließlich deine Christenpflicht und jetzt lass uns sehen, wie wir den verdammten Reliquientext so zurechtschustern, dass der Bischof ihn akzeptiert. Das kannst du übrigens machen, Christian, wenn du willst. Du bist ja sein Ausbilder."

„Nein, für mich ist die Ausbildung dieses Ex-Priester-Anwärters zu Ende."

„Na gut, Christian. Du willst dich offenbar nicht beruhigen und ich vermute, du hast deine Gründe …"

„Was soll das heißen, ich habe meine Gründe?" Holzauge scheint vom Stuhl aufspringen zu wollen. Es wirkt wie eine schlecht vorbereitete Inszenierung.

„Nichts heißt das weiter, als dass du deine Gründe hast, welche auch immer."

„Du bist hier der Chef und stärkst Klaus den Rücken, obwohl er mir untersteht und das noch in meinem Beisein. Du willst meine Autorität untergraben."

„Das erledigst du gerade selbst, Christian. Krieg dich einfach ein und lass uns pragmatisch weitermachen und den Bischof zufrieden stellen."

Holzauge bleibt einen Moment sitzen, er scheint etwas zu bedenken. Dann steht er auf und verlässt wortlos das Büro.

Ansgar schaut ihm irritiert nach und schüttelt den Kopf. Plötzlich beginnt er zu grinsen: „Holzauge habt ihr ihn genannt. Holzauge ist nicht schlecht. Holzauge wie Holzkopf." Ansgar überlegt kurz: „Dann dampfe ich den Artikel ein, nimm die Ironie heraus und zeige dir dann das Produkt meiner Zensur."

„Nein, ich mache es schon. Ich frage mich nur, was Christian für ein Spiel spielt. Was sollte das? Klar, das war dumm von mir, aber doch nicht behindertenfeindlich. Früher, als Tischpräfekt, hat er uns gern verprügelt und dafür Gründe gesucht. Oder uns den Pudding weggefressen. Der will mich hier rausekeln. Und vom Reliquienartikel weiß der Bischof von ihm. Garantiert. Flitz liest doch den *Kirchenboten* nicht einmal, es sei denn, er wurde selbst interviewt."

Ansgar beruhigt mich: „Ich fand deinen Artikel wirklich witzig geschrieben und auch sorgfältig recherchiert. Und jetzt mach etwas Durchschnittliches daraus und bleibe eine Weile in Deckung. Ich spreche morgen noch einmal mit Christian, mit Holzauge."

Als ich am Schreibtisch sitze, höre ich Christian im Nebenraum telefonieren. Die Tür ist geschlossen, was eher unüblich ist. Selbst Ansgar lässt seine Tür immer offen. Ich bin mir sicher, er versucht den Bischof zu erreichen. Er ist dabei, mich rausschmeißen zu lassen. Doch Ansgar wird er nicht los. Der bleibt seine sechs Jahre bis zur Rente noch Chefredakteur. Aber mich wird er los. Der Bischof kann mich nicht leiden. Das weiß er. Er weiß auch, dass ich diese Chance brauche. Was soll aus mir werden ohne diesen Job und diese Ausbildung? Doch Taxifahrer? Oder noch ein Lehramtsstudium beginnen und Lehrer werden? Ich? Die armen Schüler! Außerdem: Wie soll ich ein Zweitstudium finanzieren? Nein, ausgeschlossen. Dann doch lieber freiberuflich als Journalist weitermachen.

Da fällt mir gleich ein Thema ein: Die Hochheilige Vorhaut und die Einbrüche in den Dom- und Klostermuseen.

Ich rufe heute Abend Birgit an. Sie hat mir ihre private Nummer gegeben. Ab 20 Uhr schläft ihre Tochter und manchmal auch sie selbst. Ich könnte sie ja anrufen, wenn ich mit der Vorhaut weitergekommen bin. Doch das bin ich nicht. Ich habe es noch einmal versucht mit der Hauptkommissarin in Köln, doch die versicherte mir, sie hätten die Ermittlungen eingestellt. Sie sagte das so, als sei ihr das etwas unangenehm. War es ein Befehl von oben? Meine Frage, ob sie mir nicht einfach den Namen des Rechtsanwalts nennen könne, stieß zunächst auf ein Zögern, dann auf Ablehnung. Vielleicht sollte ich nach Frankreich fahren und dort recherchieren. Doch das ist mir zu kostspielig. Ich kann auch kein Französisch. Vielleicht kann mir Birgit helfen? Wenn sie als Kollegin in Nancy oder Metz anruft. Wie dort die Einbrüche vor sich gegangen sind.

In Hildesheim war das wirklich sehr merkwürdig gewesen. Sie hatten zwar alles gut aufgeräumt und sauber gemacht, doch der Wanddurchbruch war noch gut zu sehen. Allerdings hatten Kunsthistoriker die anderen Reliquiare klassifiziert und im Vorraum deponiert. Der hintere Raum selbst war vergleichsweise winzig. Ich wundere mich nicht, dass niemand auf die Idee gekommen ist, dass sich dort noch ein Raum befindet. Wirklich merkwürdig. Diejenigen, die dort so professionell eingebrochen sind, mussten über alte Pläne verfügt haben. Es gibt keine andere Erklärung.

Ich mache Feierabend. Ich will Holzauge nicht mehr begegnen, diesem Heuchler. Er wird sicher noch Karriere machen. Vielleicht braucht der Bischof ja noch einen gutbezahlten Pressesprecher. Aber Flitz wird sich da sicher einen etwas intelligenteren Menschen besorgen. Holzauge ist außerdem in seiner Schleimigkeit unangenehm. Wer will so etwas täglich erleben?

Am Abend rufe ich dann doch Birgit an. Es klingelt endlos lang bis sich endlich eine verschlafene Stimme meldet: „Ja?“ Ich frage gleich: „Hier Klaus, Klaus Kolonko, soll ich lieber morgen noch einmal anrufen. Ich habe dich wohl geweckt?“

„Nein, oder doch, ja: Ich habe geschlafen, bin aber froh, dass du mich geweckt hast. Sonst wache ich mitten in der Nacht auf. Ich habe meiner Tochter etwas vorgelesen und bin dann gleich mit eingeschlafen. Hast du noch etwas zu den Einbrüchen herausgefunden?“

„Nein, die in Köln wollen nichts sagen. In Andechs sagten sie mir, sie hätten alles repariert und würden nichts mehr in der Sache unternehmen. Und ihr rührt euch ja auch nicht.“

„Und sonst? Alles okay mit deinem Artikel.“

Ich erzähle ihr den Vorfall mit Holzauge und sie unterbricht mich mit der Frage: „Was hat er gegen dich? Dass du ihn mit seinem Spitznamen angeredet hast, kann ihn doch nicht aus der Fassung gebracht haben. Damit ist er aufgewachsen.“

„Ich vermute, er will sich auf meine Kosten – und natürlich auf Kosten des Chefredakteurs – beim Bischof empfehlen. Er hat nach dem Interview noch einmal mit ihm telefoniert. Vielleicht hat der Bischof ihm auch nahegelegt, einen Konflikt zu provozieren. Ich weiß es nicht.“

Birgit spekuliert: „Vielleicht ist es wegen deiner Vorhaut-Recherchen? Flitz selbst hat zu so etwas promoviert. Irgendetwas mit ‘Volksreligiosität und Dogma’, wenn ich mich recht erinnere. Die Reliquien müssten ihn interessieren, zumal sein Doktorvater Angenendt als der Experte schlechthin gilt.“

„Mir war das schon bekannt, ich habe mich während des Interviews schon gewundert, dass er nicht interessierter nachgefragt hat. Und dann interessiert es ihn doch und er liest sogar mein Rohmanuskript. Als wenn er nichts Besseres zu tun hat. So ein Bischof ist doch ein vielbeschäftigter Mensch."

Birgit lacht: Naja, vielleicht sehnt er sich nach Abwechslung."

Ich sage: „Das Interview mit ihm war schon ein wenig merkwürdig. Das meiste hat Holzauge gefragt, aber er war so schleimig, dass mir schlecht wurde. Flitz hätte sich gleich mit mir über Reliquien unterhalten können, wenn es ihn interessiert hätte. Stattdessen lässt er sich mein Manuskript faxen."

Birgit fragt mich: „Hast du denn einen Plan B, wenn dich der Bischof rauswirft?"

„Nein, die können mich zum übernächsten Monat rauswerfen. Bis dahin kriege ich mein knappes Gehalt. Und dann habe ich noch ein Sparbuch, das mir hilft, ein halbes Jahr satt zu werden."

Birgit lacht: „Komm doch mal nach Hildesheim, nächstes Wochenende, dann gebe ich eine Pizza aus. Dann kannst du dich satt essen."

Teil 2

Ostritz • Schwester Magdalena (1) • 1. Januar 1991

Der weiche Brautring

Heute ist der schönste Tag in meinem Leben. Jetzt bin ich für immer die Braut Christi. Ich habe meine ewige Profess abgelegt. Vor dem Hochamt, heute früh, war ich so aufgeregt, dass ich vor lauter Glück weinen und jubeln musste und gar nicht mehr mit dem Weinen und Jubeln aufhören konnte. Da hat mir meine Novizenmeisterin, Schwester Anna, eine Tablette gegeben, damit ich ein bisschen ruhiger werde. Danach war ich ein bisschen müde, aber ich konnte mit dem Weinen aufhören und auch mit dem Jubeln. In der Kirche waren meine Mitschwestern und sogar mein Bruder Ralle mit seiner Verlobten. Ich war so glücklich, die beiden zu sehen, doch ich durfte nicht zu Ihnen und sie umarmen, weil ich ja die Braut Christi werde und Würde zeigen muss. Das hat mir Schwester Anna gesagt. Außerdem war ich auch zu schläfrig wegen der Tablette.

Pater Winczyk aus Polen hat das Hochamt zelebriert und eine Predigt gehalten über den Teufel und dass er eine wirkliche Macht ist, uns verführen will und dazu den Stachel des Fleisches eingepflanzt hat. Und manchmal macht der Teufel, dass der Stachel des Fleisches nicht weh tut, sondern süß ist. Ich habe dabei immer an den Engel gedacht, der mich manchmal besucht. Aber das ist ja ein Engel und nicht der Teufel. Während der Heiligenlitanei musste ich mich vor den Altar legen mit dem Gesicht nach unten. Gut, dass da ein Teppich lag. Sonst wäre es sicher zu kalt geworden. Das war ganz gemütlich und ich bin ein bisschen eingeschlafen, glaube ich. Hochschauen durfte ich erst wieder, als mir das Schwester Anna sagte. Dann las ich mein persönliches Gelübde vor, dass ich auf ewig keusch und arm sein will und immer der Kirche und meinem Orden, den Zisterziensern, gehorchen werde. Schwester Anna hatte mir alles aufgeschrieben und mit mir so lange geübt, bis ich es fast auswendig konnte. An den schweren Stellen hatte ich mich vertan. Aber das war nicht so schlimm. Schwester Anna, die sonst immer sehr streng mit mir ist, hatte gelächelt und mir zugenickt.

Dann stellten sie für die Äbtissin einen Stuhl vor den Altar. Sie ist schon alt und kann nicht mehr richtig stehen. Von ihr habe ich meinen goldenen Brautring bekommen. Ich habe immer daran gedacht, dass ich auch noch einen unsichtbaren Ring bekommen habe, von dem mir Schwester Anna erzählt hat. Die Äbtissin hat mir noch zusammen mit Schwester Anna den Myrtenkranz auf den Kopf gelegt und mir meine brennende Brautkerze in die Hand gegeben. Das Wachs der Kerze tropfte mir auf meine Hände, weil ich die Brautkerze nicht ganz gerade halten konnte. Ich glaube, das war wegen der Tablette, die mir Schwester Anna gegeben hat.

Fast hätte ich meine Brautkerze fallen lassen, vor all den Leuten. Dann hätten wieder alle Schwestern gelacht, weil ich dumm und ungeschickt bin und einen Gehirnschaden habe. Das stimmt ja, mit dem Gehirnschaden, aber damit dürfen sie mich nicht ärgern, sagt Schwester Anna, aber manchmal lacht sie selbst über mich, weil ich arm im Geiste bin. Pater Winczyk hat mich in seiner Predigt angeschaut und meinte, dass ein gutes Herz und ein reiner Glaube mehr zählen als der schärfste Verstand. Er sagte immer: „Selig sind die Armen im Geiste, denn ihrer ist das Himmelreich."

Pater Winczyk hatte mir gestern, als es schon am Nachmittag wegen Silvester so knallte, die Beichte abgenommen. Ich hatte ihm alle meine sündigen Gedanken gebeichtet, auch die vom Engel mit dem goldenen Pfeil, der mich nachts öfter besucht wie vorher die Heilige Theresia. Zu ihr ist der Engel auch immer gekommen, der mit dem goldenen Pfeil. Sie hat das aufgeschrieben vor vielen hundert Jahren und Schwester Anna hat mir das immer wieder vorgelesen und ich konnte das nicht vergessen. Und bei der Beichte hat mir Pater Winczyk gesagt, das sei keine Sünde, sondern eine ganz besondere Gnade, wenn mich der Engel mit dem goldenen Pfeil besucht und mir schöne Gefühle gibt. Ich soll nur nicht darüber reden. Das ist ein Geheimnis zwischen mir und dem Engel. Mit der alten Äbtissin, Schwester Hildegart, hat er besprochen, dass ich im Klostergarten und in der Küche arbeiten soll. Ich darf das Kloster nicht ohne Begleitung verlassen oder mit jemandem reden, aber das will ich ja sowieso nicht, außer vielleicht mit meinem Bruder.

Auch meine Mitschwestern sagen, dass heute der schönste Tag in meinem Leben ist und welches Glück ich habe, dass ich heute, am Tag der Beschneidung, die ewige Profess ablegen darf. Seit heute Morgen trage ich den sichtbaren goldenen Ring meines Bräutigams am Ringfinger. Dann habe ich noch den unsichtbaren Ring. Den schob mir Jesus selbst an den Finger und dieser unsichtbare Ring ist die Vorhaut Jesu. Die Äbtissin, die 82-jährige Mutter Oberin, hatte mir dieses große Geheimnis der Zisterzienserinnen gestern anvertraut, gleich nach der Beichte. Sie hat dabei so komisch gelacht. Aber sie ist schon alt und ein bisschen tüddelig, sagt Schwester Anna immer. Früher hatten deshalb so viele Zisterzienserinnen ihre ewige Profess am 1. Januar, dem Tag, an dem Jesus die Vorhaut abgeschnitten wurde. Die Äbtissin erzählte mir, dass Jesus schon als Baby sein Blut gegeben habe für alle Menschen, als ihm die Vorhaut abgeschnitten wurde. Das habe ihm weh getan, ganz dolle. Und jetzt tragen alle Zisterzienserinnen diese unsichtbare Vorhaut am Finger. Die erste, die das entdeckt hat, war Agnes, eine heilige Frau im Mittelalter. Sie hat das aufgeschrieben und später hat der Benediktinerpater Pez daraus ein Buch gemacht. Agnes hat die Vorhaut auch im Mund gespürt, wie eine Hostie. Doch das ist ein Geheimnis. Der Papst hat verboten, darüber etwas aufzuschreiben oder darüber zu sprechen. Es ist eben ein Geheimnis.

Nach dem feierlichen Hochamt haben wir Sekt getrunken und ich habe Geschenke bekommen. Pater Winczyk hat mir ein Bild von der Heiligen Theresia geschenkt, wie sie Besuch bekommen hat vom Engel und die Augen so komisch verdreht. Er hat mir gesagt, vielleicht käme ja der Engel jetzt noch öfter zu mir, wo ich jetzt eine richtige Braut Christi bin für ewig. Vom Sekt wurde ich dann wieder müde und durfte ausnahmsweise einen Mittagsschlaf machen, weil ich so müde war von der Tablette und dem Sekt.

Der Engel kommt immer nachts, dann, wenn der Tag besonders schön war und ich viel gebetet und gesungen habe. Solche schönen Tage beginnen damit, dass um halb sechs Uhr morgens eine Mitschwester meine Zellentür öffnet und mich weckt mit dem Ruf: „*Dominus vobiscum*!“. Ich muss ihr antworten mit: „*Et cum spriritu tuum*.“ Ich stehe auf, wasche mich, lege meinen Ornat an, gehe froh und glücklich hinunter in die Kirche. In meiner Bank knie ich mich nieder, schließe die Augen und ich weiß: Gottes Liebe ist da. Ich spüre sie ganz tief im Herzen, und dann strahlt sie aus in meinen Kopf und dann auch noch ganz vorsichtig in den Bauch. Ich freue mich dann schon früh am Morgen auf die folgende Nacht. Es ist eine Nacht, in der mich der Engel besucht. Dann beginnt die Messe. Wenn meine Mitschwestern nicht so alt und schwach wären und die Gemeinde nicht so schläfrig, könnte unser Gesang die Kirche ganz ausfüllen und uns alle beglücken: „Meerstern ich dich grüße! O Maria hilf! Mutter Gottes süße …“ Ich versuche, schön und laut zu singen. Schwester Anna schaut mich dann oft so komisch an. Ich weiß dann, dass ich wieder etwas falsch gemacht habe. Sie sagt mir manchmal: „Du bist so aufgeregt, Kind. Warum bist du immer so aufgeregt? Warum stehst du nicht einfach ruhig da und singst, demütig und bescheiden, wie deine Mitschwestern?“ Ich sage ihr dann, weil ich Gott ganz tief fühle: „Ich fühle seine Liebe.“ Und wenn ich einen meiner schlechten Tage habe, fragt sie: „Kind, warum bist du so niedergeschlagen? Stehe und sitze aufrecht! Lass dich nicht gehen! Bleibe offen für Gott und deine Mitschwestern.“

Ich bin so froh, dass Pater Winczyk bei der Beichte gesagt hat, dass das mit dem Engel und dem goldenen Pfeil eine Gnade ist. Schwester Anna lächelt immer, wenn ich ihr davon erzähle, sie sagt aber auch oft: „Denk immer daran: Jesus ist vor allem Gott und

Mensch und nicht Mann." Ich habe das gleich verstanden und ihr nie mehr davon erzählt, wie mir Jesus begegnet und sein Engel. Die Novizenmeisterin ist streng. Sie ist schon 30 Jahre im Kloster. Ich bin gerade einmal 25 und erst vier Jahre hier. Sie hat es noch nie mit einem Mann zu tun gehabt. Sie ist Jungfrau, wie unsere Mutter Maria. Deshalb versteht sie so wenig. Ich kannte früher viele Männer. Bei einigen hat es mir gefallen, bei anderen hat es nur wehgetan. Ich litt wie unser Herr Jesus oder seine schmerzensreiche Mutter. Doch das ist alles sehr lange her. Das war mein anderes, mein früheres Leben. Ich habe ihm abgeschworen im Noviziat und endgültig bei der ewigen Profess. Ich will nur sagen, dass die Novizenmeisterin nicht weiß, wie sich die Liebe anfühlt, ganz tief drinnen. Sie versteht nicht, dass die Liebe zu Gott und seinen Engeln sich manchmal anfühlt wie die irdische Liebe. Und wenn mich heute Nacht der Engel besucht, so wie es immer wieder die Heilige Theresia erlebt hat, der Engel mit seinem goldenen Pfeil, dann bin ich voller Gott und vor lauter Glück außer Atem. Außerdem hat Pater Winczyk ja gesagt, dass mich der Engel jetzt vielleicht sogar öfter besuchen wird, hier im Kloster Ostritz oder vielleicht auch woanders. Er hat gesagt, vielleicht macht er bald eine Reise mit mir. Alle sagen, er ist ein wichtiger Mann und kennt den Papst persönlich und viele Bischöfe.

Osnabrück • Klaus Kolonko (7) • 22. Januar 1991

Heimatbesuche

Die Feiertage haben mir gutgetan. Heiligabend verbrachte ich bei meiner Mutter, zusammen mit meiner Schwester Gerda und deren wohl nicht mehr so ganz intakten Kleinfamilie. An Heiligabend gingen wir zusammen in die Kirche im Sonntagsanzug. So gehört es sich bei uns im Dorf. Ich habe den Eindruck, dass sich meine Mutter etwas schämt, dass ich meine Priesterkarriere aufgegeben habe. Sie war so stolz auf mich. Die Nachbarn grüßten mich mit einer gewissen Zurückhaltung. Richtig herzlich drückte mir unser direkter

Nachbar, der alte Kreihe, die Hand und murmelte: „Besser spät als gar nicht. Jetzt stürze dich ins pralle Leben. Du hast sicher einiges nachzuholen.“ Ich musste lachen und sagte: „Mutter gefällt das gar nicht.“ Kreihe schaute mich ernst an: „Es ist dein Leben. Denk daran, du hast nur eins.“ Der alte Kreihe – er hieß schon in meiner Kindheit so – gehörte zu denen, von denen man sagte, er habe seinen eigenen Kopf. Trotzdem können ihn alle gut leiden.

Wenn Mutter auf mich nicht mehr stolz sein kann, dann vielleicht auf meine kleine Schwester Gerda und ihre niedliche Tochter. Meine Schwester kann die Zuneigung zu meiner Mutter immer noch gut gebrauchen. Sie hat den Tod unseres Vaters nicht so gut weggesteckt wie ich, denke ich manchmal. Sie war „Papas Kind“, ich immer „Mamas Kind“. Nachdem mein Vater gestorben war, konnte meine Mutter nicht in seine Rolle schlüpfen. Gerda blieb emotional ein wenig vernachlässigt. Als großer Bruder spielte ich lange Zeit die Rolle des Beschützers. Ich hatte mich auf dem Schulhof sogar einmal wegen ihr geprügelt. Doch dann steckte mich Mutter ins Klosterinternat Hautrup. Unser Dorfpfarrer hatte sie in ihrem Wunsch unterstützt, dass ich Priester werden soll. Sie sah sich wohl selbst als Haushälterin im Pfarrhaus. Einmal deutete sie so etwas an. Damit ist es jetzt endgültig aus und Mutter kann sich auf ihre Tochter konzentrieren. Gerda ist Lehrerin mit einer halben Stelle und ihr glatzköpfiger Mann Wolfgang immerhin Staatsanwalt. Meine Mutter sagt immer, er sei „bei Gericht“. Zur Weihnachtsmesse hatte er sich herausgeputzt: Sonntagsanzug mit Krawatte, teurer dunkelblauer Mantel.

Nach der Messe am Heiligabend gab es ein schnelles Essen. Meine kleine Nichte erwartete sehnsüchtig das Christkind und wurde mit Geschenken zugeschüttet. Beim Wein hatte meine Mutter gespart. So hielten wir uns – vor allem mein Schwager und ich – an den Cognac, den mir mein Schwager geschenkt hatte. Obwohl Wolfgang Jurist ist, verstehe ich mich gut mit ihm. Ihm gefällt es offensichtlich, dass ich meine Priesterweihe abgesagt habe. Er witzelte, noch besser wäre es gewesen, wenn ich direkt bei der Primiz das Handtuch geschmissen hätte. Das hätte gewaltigen Eindruck gemacht.

Ich lachte: „Ja, wie der Bräutigam, der bei der Eheschließung damit verblüfft, ihn ziehe es nicht ins eheliche Schlafzimmer, sondern in das seines Freundes.“ Wolfgang machte weiter: „Nonnen sind doch Bräute Christi. Wie verhält es sich bei katholischen Priestern?“ Ich antwortete: „Die Schwulen halten sich an Jesus, die Heteros an Maria und die anderen an kleine Jungen oder Mädchen.“ Wolfgang lachte überrascht. Er hatte mir Ketzerisches wohl nicht zugetraut. Es war mir klar, dass Wolfgang nicht besonders gläubig war, jetzt eröffnete er mir, dass er an so etwas wie einen Gott unmöglich glauben könne. Wir tranken eine ganze Menge. Es war das erste Mal, dass wir uns näherkamen. Wir saßen noch da, als die anderen schon lange im Bett waren. Mit jedem Glas zu viel, machte Wolfgang einen unglücklicheren Eindruck. Die Juristerei sei eigentlich nichts für ihn, sagte er: Zu starr, zu hart, zu bürokratisch. Er hätte doch etwas anderes studieren sollen, Germanistik und Philosophie. Das wäre besser gewesen für ihn.

Am ersten Feiertag telefonierte ich dann lange mit Birgit. Danach nahm mich Gerda beiseite und fragte: „Sag mal, hast du eine Freundin? War das der Grund dafür, dass du den Rückzieher gemacht hast?“ Ich reagierte etwas ärgerlich, versicherte ihr, dass ich Birgit erst hinterher kennengelernt habe und dass wir noch ganz am Anfang stünden: „Keine Ahnung, ob etwas daraus wird, wirklich nicht. Es ist kompliziert. Birgit wohnt in Hildesheim, hat eine kleine Tochter, die zwar bei ihr lebt, aber doch sehr an ihrem Vater hängt.“ Meine Schwester reagierte mit einer herzlichen Umarmung: „Es ist immer kompliziert, auch wenn es einfach und normal scheint.“ Ich war überrascht. Diese kurze Begegnung rührte mich sehr an. Ich stammelte irgendetwas wie „Danke“. Sie lächelt mich an, und ich bin froh, eine Schwester zu haben. Wir haben tatsächlich viel verpasst. Meine Zwangseinweisung ins Internat hat viel Distanz geschaffen.

Zwei Tage später besuche ich Theo in Hautrup. Am Telefon warnte er mich vor. Die Ordensleitung habe den anderen Ordensmitgliedern gegenüber durchblicken lassen, sich mich gegenüber zurückhaltend zu zeigen. Das traue ich denen zu. Ich bin – allen Bekundungen zum Trotz – ein Verräter. Und die sind immer gefährlich, vor allem, wenn sie gut in der Welt klarkommen. Mit Verrätern bricht man die Kontakte ab. Von unseren langen Telefonaten bekommt im Kloster niemand etwas mit. Von meinem Besuch wusste sicher binnen einer halben Stunde die gesamte Belegschaft. Theo wiederholte trotzdem gleich mehrfach, er freue sich auf meinen Besuch.

Ich fahre mit dem Auto meiner Mutter. Hautrup löst in mir inzwischen Beklemmungen aus. Schon von weitem sehe ich den Kirchturm, auf den wir früher geklettert sind, obwohl dies strengstens untersagt war. Ein kleines Abenteuer. Wir stiegen die enge Treppe hinauf, dann öffneten wir die Tür. Wenn sie verschlossen war, öffneten wir sie mit einem umgebogenen Löffelstil. Das war kein Problem. Wir schlängelten uns um die Glocken herum, dann kletterten wir über die Leiter auf den oberen Teil des Turms, von dem man bei schönem Wetter einen wunderbaren Blick auf die umliegenden Dörfer und auf das vielleicht 20 Kilometer entfernte Atomkraftwerk in Lingen hatte. Eine gute Erinnerung. Fast zehn Jahre meines Lebens verbrachte ich im Klosterinternat Hautrup. Anfangs war es besonders übel: Die Schläge, die Willkür, die Strafarbeiten, in der Freizeit Geschirr spülen, den Hof fegen, die endlos langen Gottesdienste. Dann aber auch die Freundschaft, vor allem die mit Theo. Er ist wohl immer noch die wichtigste Person in meinem Leben – bekommt neuerdings aber Konkurrenz durch Birgit.

Ich stelle das Auto auf dem Hof zwischen den Linden ab. Es ist das einzige Besucherauto an diesem Tag. Die Schüler sind in den Weihnachtsferien. Der Internatsbereich ist völlig verweist. Trotzdem liegt in den Gängen dieser Geruch, der mich meine Kindheit begleitet hatte. Ich frage mich, wie solche Gerüche entstehen und weshalb sie so hartnäckig sind und sich gegen jedes Lüften und auch gegen starke Putzmittel behaupten können? Theos Zimmer liegt oben im Mittelteil. Rechts und links gehen Gänge ab, die zu den 4-Personen-Zimmern der Schüler führen. Es ist etwa 15 Uhr. Die Türen sind unverschlossen.

Ich denke oft an unsere Unterbringung in den riesigen Schlafsälen damals, bevor sie umgebaut haben. Es war ein Leben in Sälen:

Schlafsaal, Kirche – auch ein Saal, dann Speisesaal, Klassenräume – auch Säle. Um 15 Uhr mussten wir in den Studiersaal zum Hausaufgaben machen. Hier saßen mindestens hundert Schüler an ihren Pulten. Ich verschwinde in diesen Erinnerungen, bis ich von Theo mit einer herzlichen Umarmung begrüßt werde: Ob wir einen Spaziergang machen sollten. Er habe so wenig Bewegung und werde langsam fett. Das Wetter sei mild und es würde nicht regnen. Wir gehen die Treppe hinunter, die genauso aussieht wie früher. Die einzelnen Stufen sind ausgetreten von all den Schülern, die länger als ein halbes Jahrhundert hier hoch- und runtergerannt sind. Es war strengstens verboten, auf dem Handlauf herunterzurutschen. In den 60er Jahren hatte einer der Schüler einmal das Gleichgewicht verloren und war bis in den Keller hinuntergestürzt. Ich weiß sogar noch den Namen des Unglücklichen: Leuschner. Theo wirkt bedrückt, manchmal abwesend und überlässt mir die Unterhaltung. Ich erzähle über meine Erfahrungen als Nachwuchsjournalist und beklage mich über Holzauge. Auch Theo kennt Holzauge von früher. Er mag ihn genauso wenig wie ich. In der gemeinsamen Ablehnung fühle ich mich Theo wieder sehr verbunden.

Wir gehen unseren Weg südlich des Klosters. Irgendwann frage ich ihn, ob denn sein Rektor noch nicht mit ihm über mich geredet habe. Klar hatte er. Westenstedt war bereits länger Rektor und führte ein eher gemütliches Regiment: Er trinkt gerne etwas, aber nicht zu viel. Er geht im Herbst auf die Jagd zusammen mit den Dorfhonoratioren. Als Bauernsohn weiß er mit ihnen umzugehen. Theo beginnt zu erzählen. Wie immer, wenn ihn etwas aufregt, gestikuliert er etwas unkoordiniert. „Westenstedt hat mich neulich nach dem Abendessen zu sich aufs Zimmer gebeten. Ganz freundlich. Ihm war das Ganze peinlich, das habe ich gemerkt. Dann teilte er mir mit, der neue Provinzial habe mit ihm telefoniert. Und der habe von höherer Stelle – das war tatsächlich die Formulierung – also von höherer Stelle …“

Ich unterbrach ihn: „Das war Flitz, garantiert ist Flitz diese ‘höhere Stelle’.“

Theo erzählt weiter: „Diese ‘höhere Stelle’ also würde mir dringend empfehlen, den Kontakt zu dir einzuschränken. Also kein Kontaktverbot, sondern eine Bitte, den Kontakt einzuschränken. Westenstedt war das sichtlich unangenehm. Er bot mir noch einen Weinbrand an, den ich dankend ablehnte und meinte dann, dass er persönlich nichts gegen dich habe, auch nicht gegen unsere Freundschaft. Er wisse ja, dass wir eng befreundet sind … kurz und gut: Er distanzierte sich von dem, was er mir sagen musste und deutete an, dass er nichts an den Provinzial weitergeben werde. Das heißt also auch, dass Flitz verlangt, dass Westenstedt über mich beziehungsweise uns berichten soll. Und zum Abschluss sagte Westenstedt noch, er wisse ja, dass wir uns nicht ‘über Gebühr’ nahekommen. Ich habe es dann auf den Punkt gebracht: ‘Nein wir sind nicht homosexuell.’ Jetzt kann ich ihm ja sagen, dass du eine Freundin hast. Dann sind wir beide fein raus.“

Ich muss lachen. Theo erzählt das fast resigniert. Das etwas aufgeregte Gestikulieren hatte er eingestellt. Seine Hände verschwinden in den Manteltaschen. Ich schweige eine Weile und gerate dann mehr und mehr in Rage: „Diese miese Bande. Zuerst unterstützen sie unser ‘Nahestehen’ und haben uns als schwules Pärchen verbucht und jetzt, wo sie wissen, da war und ist nichts, wollen sie mit dem Vorwurf, wir seien schwul, den Kontakt unterbinden.“

Theo zuckt zusammen und nickt: „Ja, so ähnlich. Westenstedt formulierte es abschließend etwas deutlicher: Er wisse ja schon, dass wir nicht homosexuell seien, aber es sollte auch niemand auf die Idee kommen, dass wir es sind. So etwas sei für einen Internatspräfekten problematisch.“

Ich kann mich kaum beruhigen: „Als ich noch auf Kurs war und Priester werden wollte, war das kein Problem. Wir galten als Paar. Das wurde ja immer geduldet. Geduldet wird auch, dass Heuhoff sich immer die kleinen Jungen zu sich aufs Zimmer holt. Gegen Heuhoff unternimmt Westenstedt nichts, gar nichts. Dass Bruder Canisius einmal im Monat nach Osnabrück fährt, um sich dort für eine halbe Stunde einen Jungen zu kaufen und sich die Zeit dazwischen in seiner Krankenstation mit den Jungen amüsiert, das weiß jeder und niemand tut etwas dagegen! Ist das ein verlogener Haufen!“

Theo schweigt, ohne auf meinen emotionalen Ausbruch zu reagieren. Es musste ihn schwer treffen, gehörte er doch nun dazu, zu diesem verlogenen Haufen. Ich lenkte ein: „Naja, es gibt ja auch weniger verlogene Menschen im Orden. Wie verstehst du dich übrigens mit Leo? Leo ist ein Netter und zudem klug und gebildet.“

„Ja, Leo ist nett, ich merke auch, dass er Sympathien für mich hat, doch er zieht sich zurück, er lebt in seiner Welt und die besteht aus seiner Bibliothek und aus ‘Mariacron’ oder ‘Asbach uralt’. Er säuft sich jeden Abend voll und an schlechten Tagen säuft er morgens gleich weiter, bevor er in den Unterricht geht. Aber alle lassen ihn in Ruhe, weil er sie in Ruhe lässt. Ein trauriges Leben.“

„Und du“, frage ich, „wie ist dein Leben?“

„Etwas weniger traurig: Ich organisiere gerade eine Tischtennisgruppe und habe auch gutes Material bekommen: Drei neue Tischtennisplatten, ein paar Kellen, die ich verleihen darf.“

Und nach einigem Zögern: „Ich versuche das richtig zu machen, was sie an uns falsch gemacht haben. Ich weiß aber nicht, ob es mir gelingt. Zusammen hätten wir das Internat wirklich umkrempeln können. Alleine schaffe ich das nicht. Und Heuhoff legt mir jede Menge Steine in den Weg. Er nutzt seine Machtstellung als erster Präfekt, um alles zu blockieren, was ich anstoßen will. Das einzige, was ihn interessiert, ist Ordnung, seine Musik und natürlich einige Jungen.“

„Die Tischtennisplatten hast du immerhin bekommen.“ Theo lenkt ein: „Ja, und im nächsten Jahr spielen wir in der Kreisliga. Ich habe unsere kleine Gruppe angemeldet. Einige spielen ganz gut und haben Potential. Neben diesen sportlichen Aktivitäten fahre ich mit den Größeren zu irgendwelchen Diskussionsveranstaltungen und auch ins Theater nach Osnabrück. Wenn ich mit denen hinterher in eine Kneipe gehe und das Bier bezahle, fahren einige sogar gerne mit.“

Theo tut mir leid. Es ist mir klar, dass ich ihn verlassen hatte. Ich fühle mich schuldig. Andererseits ist Theo ein wirklich gläubiger

Mensch. Ich denke, er könnte sich wohl fühlen im Orden. Ein guter Betreuer für die Jungen ist er auch. Er ist niemand, der übergriffig wird. Er respektiert die Jungen und ist geduldig und aufmerksam. Ich bin weniger offen als er, nicht demütig, wie Flitz richtig gesagt hat. Wen ich nicht leiden kann, der hat bei mir keine Chance. Theo ist ein gütiger Mensch, aber auch jemand, der sich leicht deprimieren lässt. Ich lenke deshalb ein und spreche davon, dass er ja eine Gemeinde übernehmen könnte, wenn er sich in Hautrup nicht durchsetzen könne gegen die Patriarchen. Viele Patres machen das einige Jahre, eine Gemeinde in einer Kleinstadt: Taufe, Heiraten, Beerdigungen, sonntags Messe, samstags Beichte hören. Ich weiß, dass ich mit diesen Ausflüchten nur ablenken will von seiner Lage, und Theo weiß es auch. Aber ich kann ihm ja nicht vorschlagen, alles hinzuschmeißen und Lehrling beim *Kirchenboten* zu werden ... oder Taxifahrer.

Wie so oft dehnen wir unseren Spaziergang aus. Es wird langsam dunkel. Als wir sehen, dass die Dorfkneipe geöffnet hat, machen wir es wie früher: Wir setzen uns in die Ecke und bestellten zwei große Bier und dann noch zwei. Ich erzähle Theo etwas von Birgit. Er hört zu, ohne viel zu fragen. Es muss schwer für ihn sein. Er wird sich unbedingt an das Zölibat halten, hyperkorrekt, wie er ist. Ich frage ihn, ob er demnächst Religionsunterricht geben werde. Ab Februar, meint er, zuerst bei den Kleinen. Er freut sich darauf, wenigstens etwas, auf das er sich noch freuen kann außer auf das Tischtennisspielen. Dann bestellt er sich ein drittes Bier und bald ein viertes. Ich gehe zum Kaffee über. Ich trinke sonst keinen Alkohol, wenn ich Auto fahren muss.

Zum Schluss spekulieren wir darüber, weshalb sich eine Gruppe von Eingeweihten so sehr für die Vorhaut Jesu interessieren könnte. Theo, inzwischen vom Bier angeregt, lacht. „Wahrscheinlich wollen sie Wunderheilungen organisieren. Was in Lourdes mit der Mutter Gottes funktioniert, lässt sich sicher andernorts mit dem Präputium wiederholen. Für gläubige Katholiken gibt es kein besseres Placebo. Wunder sind des Gläubigen liebstes Kind.“ Ich mache weiter:

„Die Vorhaut lässt sich auch nach Polen exportieren und dort bei den Exorzismen einsetzen."

Köln • Bischof Dr. Ralf Flitz (5) • 6. Januar 1991

Frohe Botschaft

Die Feiertage waren anstrengend. Die vielen freundlichen Ansprachen, die Vorbereitung des weihnachtlichen Hochamts im Dom, vor allem meine Predigt. Ich hatte meinen Pressereferenten gebeten, mir den Entwurf für eine schöne, warmherzige Predigt zu schreiben. Obwohl ich ihn genau instruiert habe, konnte ich wirklich nichts damit anfangen. Ich bin froh, dass ich den Kerl an den *Kirchenboten* weiterschieben kann. Aber dieser Münch ist wahrscheinlich auch nicht viel besser. Ich frage mich immer, warum es das nicht mehr gibt, einen lebendigen kirchlichen Konservativismus oder Traditionalismus. Die Konservativen sind so einfallslos und unkreativ. Ich werde Cumulus mal fragen, ob er einen guten Predigtschreiber kennt. Seine Predigten sind immer ganz ordentlich. Er schreibt sie auf keinen Fall selbst, das weiß ich.

Von Osnabrück nach Köln geht es heute schnell, obwohl der Rückreiseverkehr dicht ist. Ich will eine halbe Stunde vor den anderen da sein, um mit Cumulus unter vier Augen zu sprechen. Winczyk ist sicher ein guter Mann. Ich denke aber, dass man ihn an die kurze Leine nehmen muss. Der macht sonst, was er will. Und Völler ist ein Typ, den ich auch nicht so recht durchschaue. Wir sind uns früher im *Herz-Jesu-Orden* immer wieder begegnet. Er ist mir nie als Traditionalist aufgefallen. Den einen gilt er als frommer Mystiker, die anderen meinen, er habe es faustdick hinter den Ohren, und er habe immer viele Freundinnen, auch viele nebeneinander. Ich hoffe, Cumulus hat einiges dokumentiert. Das macht es leichter, ihn in unserem Sinne zu steuern.

Als wir am Palais ankommen, öffnet der Novize von Cumulus das Eingangstor und führt mich tänzelnd die breite Treppe hinauf in Cumulus' Privatgemächer. Ich hasse diese weibischen Bewegungen bei Männern, bei farbigen besonders. Die Katholische Kirche ist doch kein Päderastenverein. Cumulus hat eine Schwäche für Novizen aus Südamerika und Afrika. Ihn erinnert das wohl an die große Zeit der Missionierung: Die weißen Christen waren die Herren und Heilsbringer. Sein Novize führt mich nach oben: Dicke Teppiche, alte Gemälde früherer Erzbischöfe, ein dekoratives Schachspiel mit großen Figuren aus Elfenbein, schwere Sessel mit wunderbar weichem Leder. Dagegen wohne ich in Osnabrück mehr als bescheiden.

Cumulus empfängt mich gut gelaunt und kommt mir mit einem Cognac-Schwenker in der Hand entgegen: „Schön, dass du schon da bist, Flitz, willst du einen kleinen Aperitif? Wird dir guttun. Außerdem haben wir etwas zu feiern. Winczyk hat eine Leihmutter gefunden."

Ich lehne kopfschüttelnd ab: „Nein, aber ich wollte mich kurz vorab mit dir unterhalten." Cumulus ist guter Stimmung: „Nur raus damit, Flitz. Ich habe stets ein offenes Ohr für kluge Männer."

„So klug nicht, jedenfalls nicht in dieser Sache. Du denkst wirklich, eine solche Reproduktion ist machbar, weil es mit einem Schaf möglich war?"

„Ja sicher, so unähnlich sind sich die Geschöpfe Gottes nicht. Wir haben die Vorhaut und die Nabelschnur, die jeweils am 1. Januar mehr *Virtus* entfaltet. Wir entnehmen die Stammzellen und reproduzieren unseren Jesus. Unser Genetiker in Schottland ist sich ganz sicher, dass er es schafft, wenn er genug Geld bekommt. Und das soll er haben. Mit Gottes Hilfe wird es gelingen. Schwieriger wäre es gewesen, wenn wir nur das *Sanctissimum Praeputium* gehabt hätten, aber so, mit dem winzigen Stückchen Nabelschnur, kein Problem. Die GWK hat Gelder aus Rom bekommen und wir statten unsere schottischen Kollegen reichlich damit aus: Modernste Labortechnik, die ohne Einmischung von außen zum Einsatz kommt. Also: Wir haben den besten Genetiker der Welt, Gottes Segen und jetzt eine perfekte Leihmutter. So sind wir der Wissenschaft um Jahrzehnte voraus."

„Ich habe recherchieren lassen: Das ist bislang noch niemanden gelungen."

„Ganz richtig", pariert Cumulus, „weil es in vielen Ländern verboten ist und weil die einfach noch nicht so weit sind. Wir schon."

„Dann hat Völler endlich doch das richtige Präputium gefunden? Wie lange hat er eigentlich dafür gebraucht?"

„Ja. So etwa zwei Jahre. Er hat gut gearbeitet. Dass die echte Vorhaut, die voller *Virtus*, quasi vor unserer Nase lag, hat mich schon verwundert …"

„… vor der Nase von Schapers, beziehungsweise unter seinem Dom …", werfe ich ein.

„Ja. Wer hätte das gedacht. Unsere Historiker haben das für unwahrscheinlich gehalten. Sie waren sich sicher, sie liegt wieder in Rom, nach einigen Jahrhunderten in Calcata. Der Einbruch in Calcata geht übrigens nicht auf das Konto von Völler. Das war jemand anderes. Auch in Rom war es wohl unkompliziert. Da hat sich jemand übrigens wohl einen Spaß erlaubt: Unsere Wissenschaftler konnten einen Tintenfischring identifizieren. Ich wundere mich, dass das nach Hunderten von Jahren noch möglich ist. Winczyk berichtete das."

„Und du traust Winczyk, wenn er dir so etwas sagt?"

„Ich habe keinen Grund, ihm nicht zu vertrauen. Übrigens habe ich eine direkte Bestätigung vom Heiligen Vater bekommen. Ich habe mit ihm telefoniert in anderer Sache, es ging ums Geld, aber am Ende des Gesprächs wünschte er mir und seinem gehorsamen Sohn Johannes Winczyk gutes Gelingen."

„Das heißt, der Papst selbst ist eingeweiht?"

„Nein, so kann man das sicher nicht sagen, von den Details weiß er wenig, aber er unterstützt uns und gibt uns freie Hand. Winczyk und Wojtyla kennen sich seit Jahrzehnten aus Polen. Er soll Wojtylas oberster Exorzist sein, doch darüber weiß niemand etwas offiziell. Winczyk ist aber so eine Art Versicherung für uns. Jeder weiß, dass er und Wojtyla enge Weggefährten, sogar gute Freunde sind. Wojtyla wird seine schützende Hand über uns halten. Es gibt keinen Grund, an Winczyk zu zweifeln, lieber Flitz."

So langsam kommt mir der Verdacht, dass nicht Cumulus und die GWK die Initiatoren sind, sondern dass die entscheidenden Impulse von ganz oben kommen.

„Winczyk wollte dich unbedingt dabeihaben," fährt Cumulus fort, „weil Wojtyla dich im Auge hat und außerdem, weil dein *Herz-Jesu-Orden* über Internate und Bildungseinrichtungen verfügt, die nicht so im Fokus der Öffentlichkeit stehen, etwa im Emsland. Auch Völler hat, wie du weißt, hier gewisse Beziehungen, weil er selbst dort im Internat war und dann später Internatserzieher, bevor er als Pater mit besonderen Aufgaben abgezogen wurde."

Es ist schon ein bedeutendes Netzwerk, und wir bilden den harten Kern. Ich zögere und frage: „Und was passiert, wenn die ganze Sache ans Licht der Öffentlichkeit kommt? Wenn etwa herauskommt, dass wir hinter den Museumseinbrüchen stecken?"

„Wie soll das passieren? Und wenn etwas schiefläuft, verfügen wir über hinreichend Einfluss, 'Korrekturmaßnahmen' durchführen zu können. Was glaubst du, wie Völler seine ganzen Einbrüche in den Dom- und Klostermuseen hat machen können? In Hildesheim hat er einen Raum geöffnet, in dem vierhundert Jahre niemand war. Die Informationen hatte er direkt aus Rom. Sein Verbindungsmann in Hildesheim ist ganz in der Nähe von Bischof Schapers. Deshalb sind wir immer gut informiert, und über hinreichend Geldmittel verfügen wir auch."

„Wer kommt denn heute Abend noch zu deinem Geheimdinner?"

„Wir sind nur zu viert: Winczyk, Völler, du und ich. Und eine Bitte: Auch wenn unser Vorgehen etwas ungewöhnlich sein wird: Erinnere dich an den jesuitischen Grundsatz 'Der Zweck heiligt die Mittel'. Wir können heute in der Wahl unserer Mittel nicht mehr allzu wählerisch sein. Die Lage der Kirche ist so ernst wie noch nie. Wir übernehmen Verantwortung und tun, was getan werden muss. Wir sind linientreue katholische Pragmatiker, die ihre Skrupel für eine befristete Zeit suspendieren müssen." Cumulus lächelt breit und tätschelt mir nun freundschaftlich auf den Rücken. Ich hasse diese Berührungen und rieche zu allem Überfluss auch noch die Ausdünstungen seines geleerten Cognacschwenkers.

Cumulus führt mich nun in sein privates Esszimmer. Dort sitzen zu meiner Überraschung bereits Völler und Winczyk und unterbrechen ihr Gespräch, als sie uns sehen. Winczyk steht auf und kommt mir entgegen: „Guten Abend, Flitz. Wie geht es dir nach dem Weihnachtsstress?“ Völler erhebt sich leicht und nickt mir freundlich zu. Zu Völler fassen die Menschen sicher gleich Vertrauen. Er wirkt unkompliziert in seiner Sportlichkeit und mit seinem offenen Lächeln. Winczyk ist ein anderes Kaliber: Härter, kompromissloser, entschlossener. Ich kann ihn mir tatsächlich als einen schreienden Teufelsaustreiber vorstellen. Er sieht ein wenig aus wie Goebbels mit Brille: Intellektuell, etwas lauernd und auch hintergründig, sinnlich und etwas verkommen.

Beim erstklassigen Essen – zuerst eine klare Suppe, dann gedünstetes Schollenfilet mit Spinat, dann ein kräftiges Kalbsragout mit Wirsing – unterhalten wir uns über Nebensächlichkeiten, wohl auch deshalb, weil immer wieder die Bediensteten in den Raum kommen und die von Cumulus angepriesenen Weine, vor allem bei ihm, nachschenken. Winczyk erzählt ein wenig von Rom und dem Papst. Wojtyla habe inzwischen mehr mit der Politik in Polen zu tun als mit Kirchendingen. Trotzdem lasse er die Finanzlobby des Vatikans unter die Lupe nehmen und habe damit auch wohl die ersten Erfolge: „Außerdem glaubt er ganz fest daran, dass sich in seinem Pontifikat Dinge ereignen, die die ganze Welt grundlegend verändern werden. Erfahren hat er das aus dem vierten Geheimnis von Fatima. Er hat gleich nach seiner Amtszeit den versiegelten Umschlag von Lucia mit diesem letzten Geheimnis öffnen lassen.“

Ich bin irritiert: „Es gibt also tatsächlich noch ein viertes Geheimnis?“

„Ja, die Gerüchte stimmen.“, bestätigt Winczyk, „Allerdings haben wir das immer unter Verschluss gehalten. Ich konnte es nicht lesen, weil selbst im Vorzimmer des Papstes die Reformer zu einem gewissen Einfluss gekommen sind. Was ich weiß, habe ich von Wojtyla persönlich. Es geht darin um einen Wiedergeborenen, einen großen Lehrer.“

Ich wunderte mich, dass der Papst tatsächlich den Geheimnissen von Fatima Glauben schenkt. Im Jahre 1917 soll die Jungfrau Maria sie drei Hirtenkindern in der Nähe von Fatima geoffenbart haben. Bekannt wurden drei Geheimnisse, doch im Umkreis des Papstes wissen alle, dass Lucia, eines der Kinder, im Jahr 1944 das vierte von der Jungfrau Maria anvertraute Geheimnis aufgeschrieben und an die Kirche übergeben hat, die es aber unter Verschluss gehalten hat. Drei sind in Erfüllung gegangen. Das dritte Geheimnis betrifft das Attentat auf den Papst, das er nur mit Hilfe der Mutter Gottes überlebte. Vielleicht ist das vierte bislang unbekannte Geheimnis nun eine frohe Botschaft, die Wiederbelebung der Kirche durch unser neues Jesuskind.

Nach dem exquisiten Dessert – ein nicht zu süßes Kirschsorbet – gehen wir in Cumulus' privates Wohnzimmer, um, wie Cumulus seinem Personal mitteilt, noch einen kleinen Cognac zu nehmen. Wir lassen uns in die Ledersessel fallen. Winczyk kommt gleich zur Sache: „Wie ihr wisst, haben wir die medizinischen Voraussetzungen zur Reproduktion inzwischen geschaffen. Was uns bisher fehlte, war eine passende Leihmutter. Ich habe eine gefunden in einem Kloster in der früheren DDR an der polnischen Grenze. Ihr kennt sicher die Zisterzienserabtei in der Lausitz? Also, ich kenne die alte Mutter Oberin und sie hat mich auf eine junge Novizin aufmerksam gemacht, die aufgrund eines Geburtsfehlers etwas intelligenzgemindert, aber sehr, sagen wir, suggestibel ist. Ich habe ihr die Beichte abgenommen und mit ihr gesprochen. Sie glaubt – ich verkürze es einmal – , sie sei die neue Heilige Theresia und des Nachts kommt ein Engel zu ihr, der sie mit seinem goldenen Pfeil beglückt. Ich habe diese Nonne – sie heißt Magdalena – in dieser Wahrnehmung bestärkt und ihr versichert, dass der Engel noch Großes mit ihr vorhabe. Ich denke, wir werden Magdalena nach Schottland verbringen und ihr den Klon dort mit Gottes Hilfe einpflanzen."

Mich hält es nicht mehr in dem bequemen Sessel: „Und wie willst du es anstellen, dass Magdalena das alles mit sich machen lässt? Und außerdem: Wenn sie schwanger ist, was willst du dann mit ihr machen? Und danach, also wenn sie wirklich unseren Jesus zur Welt gebracht hat?" Winczyk lächelt etwas herablassend mit seinem Goebbels-Gesicht: „Beruhige dich Flitz, ich werde mich persönlich um alles kümmern. Ich habe auch noch eine ältere Ordensschwester, Schwester Christina, die ihr als mütterliche Freundin zur Seite stehen wird. Sie ist mir sehr ergeben – und außerdem eine direkte Cousine von mir. Sie hat einige Jahre in Glasgow gelebt, versteht also auch das furchtbare schottische Englisch. Das heißt: Wir werden Schwester Magdalena überzeugen, dass sie von Gott ausgewählt wurde, ein heiliges Kind zur Welt zu bringen …"

„Und dann?", frage ich, „Ihr wollt doch wohl nicht dieser debilen Möchtegern-Muttergottes unser Kind überlassen?"

Wieder schaltet sich Winczyk ein: „Nein, wir übergeben es dann einer anderen Frau in Deutschland, die zurzeit bereits schwanger ist, und zwar von unserem werten Pater Völler." Winczyk blickt zu Völler herüber: „Herzlichen Glückwunsch noch einmal Völler. Dir gelingt, an was viele Männer jahrelang arbeiten."

Ich schaue zu Völler herüber. Völler lächelt etwas verschämt. „Ja, es wird mit meinem Kind in Osnabrück aufwachsen. Es wird übrigens sehr wahrscheinlich ein Junge. Ich werde meiner Freundin erzählen, unser Adoptivsohn sei das Kind einer Nonne, die durch ihren Beichtvater schwanger geworden ist."

Ich frage erstaunt: „Woher wisst ihr denn, dass es ein Junge wird? Mit etwa 50 Prozent Wahrscheinlichkeit wird es ein Mädchen."

Winczyk schüttelt den Kopf. „Wir stellen mehrere Klone her. Außerdem: Jesus war männlich, warum soll sein Duplikat dann weiblich sein? Und wenn es beim ersten Mal nicht funktioniert, setzen wir einen neuen Klon ein. Aber wir beten darum, dass das nicht notwendig wird."

„Ad maiorem Dei gloriam", bestätigt Cumulus.

Es entsteht eine etwas unangenehme Pause in der Runde. Dann schaut Völler ironisch lächelnd zu Winczyk herüber: „Dass Beichtväter hinter Nonnenklostermauern Kinder zeugen, so etwas passiert immer wieder." Nach dieser mir unverständlichen Anspielung lächelt er: „Was ich sagen will. Es ist für alles gesorgt. Meiner Freundin durfte ich für ihre Dienste eine gutbezahlte Stelle in Aussicht stellen. Von Beruf ist sie übrigens Germanistin und hat journalistische Erfahrungen. Sie will, wenn die Kindererziehung ihr das erlaubt, halbtags als Journalistin arbeiten. Und später dann, wenn die beiden größer sind, kommen sie nach Hautrup ins Internat. Da haben wir den Jungen dann unter Kontrolle."

Winczyk nickt bestätigend. „Kein Problem, wir können die Pflegemutter ja in einer kirchlichen Pressestelle einstellen. Sie ist ja katholisch, oder?" Völler ergänzt: „Sie ist gläubige Katholikin, doch ihre Bindungen an uns gehen nicht so weit, dass sie um die Umstände der Reproduktion, ... also dass sie weiß, wer unser neuer Jesus ist. Ich werde sie dahingehend informieren, dass unser Kind die unheilige Frucht einer Nonne und ihres Beichtvaters ist." Und wieder blickt Völler zu Winczyk hinüber und lächelt süffisant.

Cumulus scheint über alles im Bilde zu sein und fragt mich: „Flitz, willst du nicht doch einen Cognac?"

In was bin ich da nur hineingeraten?

Osnabrück • Klaus Kolonko (7) • 4. Januar 1991

Rausgeschmissen

Jetzt, wo ich allein an meinem Redaktionsschreibtisch sitze, geht mir alles noch einmal durch den Kopf: Das Gespräch mit Theo, meine intensiver werdende Beziehung mit Birgit. Wir telefonieren inzwischen täglich, manchmal sogar mehrfach. Am nächsten Wochenende bin ich wieder bei ihr in Hildesheim. Ihre Tochter Lea verbringt das Wochenende beim Vater. Aber es wird Zeit, meint Birgit, dass sie mich ihrer Tochter als „Freund" vorstellt, der in Zukunft öfter bei ihnen übernachtet. Birgit meint, Lea würde das sicher akzeptieren. Mit Birgit konnte ich meine Rechercheergebnisse um das Präputium noch durchsprechen. Ich solle dranbleiben, meint Birgit, vielleicht ein Buch schreiben: Ironisch, bissig, das könne ich doch. Ich überlege es mir, befürchte aber, dass meine Recherche nicht genügend Material für ein Buch liefern könnte. Doch es reizt mich, den verschiedenen Einbrüchen in den Dommuseen nachzugehen. Ganz sicher kein Zufall. Da haben mehrere Leute gezielt nach dem Präputium gesucht. Denn die anderen Reliquien haben sie nicht interessiert, die teilweise sehr kostbaren Reliquiare auch nicht. Diese Leute haben sich Informationen verschafft, wo das Präputium liegen könnte, haben ein Einbruchsteam zusammengestellt und genau recherchiert, wie sie in die gut gesicherten Gebäude hineinkommen. Das verlangt Planungen, Geld, Fachkenntnisse. Das waren sicher Leute im Umkreis der Kirche. Nur was wollen sie mit dieser Reliquie? Einen neuen Kult initiieren? Dem jetzigen Papst wäre das zuzutrauen.

Holzauge hat bis Montag Urlaub. Ich fühle mich trotzdem nicht wohl. Ich weiß, ich stehe unter Beobachtung. Ansgar schaut nur kurz herein und fragt eher desinteressiert, wie ich die Feiertage verbracht habe. Dann entschuldigt er sich, mit dem Hinweis, dass er einen wahrscheinlich sehr unangenehmen Telefontermin mit Bischof Flitz habe. Er schließt die Tür zu seinem Büro, aber ich höre trotzdem einige für Ansgar ungewohnte lautstarke Äußerungen. Irgendwann ist Ruhe. Nach einer halben Stunde kommt Ansgar, bittet mich in sein Büro: „Schließt du bitte die Tür. Danke. Setz dich doch. Ich komme gleich zur Sache: Flitz will, dass ich dir fristlos kündige, weil du dich behindertenfeindlich gegenüber deinem Ausbilder verhalten hast. Das hatte er mir bereits vor Weihnachten mitgeteilt. Ich habe dir das nicht gleich erzählt, weil ich dir Weihnachten nicht verderben wollte und weil ich die Hoffnung hatte, das noch abzuwenden. Doch Christian hat sich mächtig ins Zeug gelegt, gejammert, wie sehr ihn das verletzt hat. Flitz hat sich seine Position zu eigen gemacht. Er meint, er kenne dich ja als arroganten Typen, der sich nicht anpassen könne. Ich habe widersprochen, Flitz gebeten, sich das zu überlegen. Alles vergeblich: Er will dich weghaben und jetzt hat er einen triftigen Grund. Er hat nur ein kleines Zugeständnis gemacht: Es bleibt jetzt mir überlassen, wie ich dich hinausschmeiße. So hast du wenigstens die Möglichkeit, selbst zu kündigen. Wir könnten dann einvernehmlich den Vertrag auflösen. Das macht sich besser in deinem Lebenslauf. Du bekommst auch diesen Monat noch bezahlt. Das ist zwar nicht viel, aber Flitz ist erbarmungslos. Du kennst ihn ja."

Obwohl ich das erwartet habe, schüttle ich nur ungläubig mit dem Kopf: „Warum? Dass ich Christian bei seinem Spitznamen genannt habe, kann doch wohl nicht der Grund sein.“ Ansgar zuckt mit den Schultern. „Ich weiß es nicht genau. Ich vermute aber, es liegt daran, dass er dir deinen Reliquienartikel nicht verzeiht. Hinzu kommt natürlich die geschmissene Priesterweihe. Er meint, du bist undankbar und einer, dem er unter seinem Dach – das war ein Zitat – keinen Unterschlupf gewähren will.“

Ich schüttle nur den Kopf: „Sein Dach, der glaubt wohl, das Bistum gehöre ihm.“ Ansgar nickt: „Es gehört ihm tatsächlich. Ich habe versucht, es zu verhindern, glaube mir. Und auch mir hat er gedroht, mich vorzeitig in den Ruhestand zu schicken. Ab jetzt muss ich die Texte des *Kirchenboten* seinem Pressesprecher vorab quasi zur Zensur vorlegen. Und jetzt rate mal, wer der neue Pressereferent ist?“ Ich wusste wer: „Holzauge, dieses Arschloch. Der ist so widerlich, diese Schleimbacke.“ „Flitz setzt mir quasi meinen Untergebenen vor die Nase. Christian ist jetzt de facto mein Chef.“

„Das tut mir wirklich leid, Ansgar. Das ist meine Schuld.“

„Das ist doch nicht deine Schuld. Christian hat das eingefädelt. Ich hatte ihn schon lange in Verdacht, dass er sich auf meine Kosten profiliert. Dass das so weit geht, hatte ich allerdings nicht erwartet.“

„Holzauge ist eine richtige Ratte. Das war er als Schüler schon, eine widerliche Ratte.“

Ansgar nickt mit dem Kopf: „Und noch etwas: Die Position von Holzauge bleibt zunächst einmal unbesetzt. Ich soll mich um einen neuen Volontär kümmern und bis dahin den *Kirchenboten* alleine machen, vielleicht mit freien Mitarbeitern. Flitz hat mir seinen Ex-Pressereferent empfohlen. Ich kenne ihn. Er kriegt keinen geraden Satz heraus, ist dumm wie ein Stück Brot, aber gläubig wie ein Schaf.“

„Scheiße, tut mir leid, Ansgar, das ist meine Schuld.“, wiederhole ich.

Ansgar schüttelt den Kopf: „Neinein, das geht alles auf das Konto von Christian und Flitz. Die passen zueinander. Flitz ist ein kühl kalkulierender Machtmensch. Der braucht solche Opportunisten.

Das ist so ein widerlicher Verein, für den ich da arbeite. Nur gut, dass sich an der Basis dann doch etwas tut. Die lassen sich nicht mehr alles gefallen."

„Und ich steh auf der Straße. Lehrer kann ich nicht werden, weil ich kein Staatsexamen habe und als Volontär brauche ich es bei einer anderen Zeitung erst gar nicht zu versuchen. Dazu bin ich zu alt. Bleibt mir also nur noch, den Taxischein zu machen. Vielleicht treffen wir uns dann mal wieder. Ich hoffe, du gibst mir dann ein fettes Trinkgeld."

„Ganz so schlimm ist es nicht. Ich hätte noch eine allerdings etwas mühsame Alternative: Du könntest als freier Autor arbeiten. Ich habe Kontakte zu einigen Zeitungen und auch zu zwei Redaktionen des Hörfunks. Das läuft so, dass du denen Vorschläge machst, also kurze Exposees zu bestimmten Themen. Dann entscheidet die Redaktion, ob sie dir den Auftrag gibt. Du machst also genau das, was du hier auch gemacht hast, nur quasi als selbständiger Unternehmer. Und deinen Reliquientext kannst du gleich zu einer Radiofassung umschreiben. Du interviewst ein paar Leute, schreibst den Text und kriegst dein Honorar. Ich habe mit einem Kollegen vom WDR gesprochen. Der ist in Ordnung, mag Flitz nicht besonders und traut sich auch was. Ein Mann mit Prinzipien. Die gibt es dort auch, ein echter Links-Kathole. Er wird dir bei deinen ersten Skripten helfen. Er heißt Kaiser. Hier ist seine Telefonnummer. Ich habe über Weihnachten mit ihm gesprochen."

Ich bin Ansgar dankbar. Er hilft mir, wo er kann. Ich hab es ja auch kommen sehen, habe es aber nicht wahrhaben wollen. Wie stehe ich da? Bald dreißig Jahre alt, abgeschlossenes Theologiestudium und weiter nichts. Ich kann ja mal beim Arbeitsamt fragen. Vielleicht zahlen die mir eine Umschulung.

„Und hier, noch eine Telefonnummer einer Redakteurin vom Deutschlandfunk. Mit ihr werde ich nächste Woche sprechen, Dr. Tina Blume. Ich kenne sie aus dem Studium. Tolle, mutige Frau und eine Spitzenjournalistin. Bei der musst du dich richtig anstrengen, aber die ist engagiert und schlau. Da hättest du auch gute Chancen.

Biete der gleich etwas an. Du kannst mich jederzeit anrufen, wenn ich etwas für dich tun kann. Ich helfe dir gerne."

Ich bedanke mich bei Ansgar. Dann packe ich meine Sachen und verlasse die Redaktion. Das muss ich erst einmal verkraften.

Ostritz • Schwester Magdalena (2) • 13. März 1991

Der Engel mit dem goldenen Pfeil

Jetzt bin ich keine Novizin mehr, sondern eine richtige Nonne. Jetzt nimmt keiner mehr Rücksicht auf mich, wenn ich früh morgens um 5 Uhr nicht aus dem Bett komme. Schwester Anna ermahnt mich jetzt. Einmal hat sie mich sogar gefragt, ob das Leben als Nonne wirklich das ist, was ich will. Ich habe natürlich gleich gesagt, dass ich genau das will, eine Braut Christi sein. Sie schüttelt dann immer den Kopf und ich fühle mich schlecht, wie eine Sünderin.

Ich beichte jetzt alles Pater Winczyk. Er ist nicht immer da, aber er hat mir gesagt, ich solle nur ihm meine Sünden beichten. Er sei nun mein Beichtvater und komme extra wegen mir nach Ostritz, weil ich ihm ganz besonders am Herzen liege. Meine Mitschwestern finden es nicht gut, dass ich eine Sonderbehandlung bekomme. Schwester Anna fragt immer, ob mir Pater Winczyk zu nahe kommt. Einmal hakte sie nach, ob er mich anfasst, ob ich verstehe, was sie damit meint. Ich weiß natürlich, was sie meint. Sie will wissen, ob er mich ficken will. Will er aber nicht und wenn, wäre das nicht so schlimm. Ich kann es ja beichten. Die anderen Schwestern sagen, dass es ihm wohl nichts ausmache, dass ich etwas langsam bin im Kopf, im Gegenteil. Vielleicht will er deshalb mit mir eine Reise machen. Ich habe erst gedacht, er will nach Rom mit mir, weil er dort oft hinfährt und den Papst besucht. Den Papst hätte ich auch gerne mal kennengelernt.

Ich habe gar keine Angst vor Pater Winczyk. Er ist auch schon älter und sicher sehr vorsichtig und tut mir nicht weh. Früher hat es oft weh getan, wenn die Männer besoffen waren. Im Anfang habe ich dann immer geweint und geschrien und mein Bruder Ralle hat mir dann etwas mehr Geld gegeben als sonst. Später tat es nicht mehr so weh, aber schön war es nie. Aber jetzt bin ich die Braut von Jesus und muss das nicht mehr tun.

Bei der Beichte hat mir Pater Winczyk aber das von früher schon längst vergeben. Er sagt immer, dass Gott reuige Sünderinnen ganz besonders liebt. Deshalb will er mit mir bald in ein anderes Land reisen, nach Schottland in ein Kloster, dass auch so schön ist wie das Kloster hier in Ostritz. Dort sind Patres und auch Ärzte, die mich untersuchen. Dabei bin ich nicht krank. Mir geht es meist gut. Ich habe auch keine Rückenschmerzen, wenn ich das Beet umgrabe oder in der Küche arbeite, so wie die anderen Nonnen. Trotzdem, meint Pater Winczyk, ist es wichtig, dass mich die Ärzte untersuchen, denn Gott habe mit mir etwas ganz besonderes vor. Was, hat er mir nicht gesagt. Seine leibliche Schwester, Christina, die auch eine Nonne ist, wird mit mir nach Schottland kommen, damit ich nicht allein bin. Sie kann auch Schottisch und kann übersetzen, wenn ich die anderen Schwestern in Schottland nicht verstehe. Sie wird mir eine Freundin sein, sagt Pater Winczyk. Ich hätte sehr gerne eine Freundin, der ich alles erzählen kann. Ich mein auch das mit dem Engel.

Pater Winczyk hat mich mehrmals gefragt, ob denn der Engel mit dem goldenen Pfeil nachts zu mir kommt. Ich habe ihm gesagt, ja, manchmal kommt er. Jetzt wo ich das Bild von dem Engel mit der heiligen Theresia habe, weiß ich auch genau, wie er aussieht. Er ist sehr schön und auch sehr lieb mit seinem goldenen Liebespfeil. Wenn er mich besucht, geht es mir durch den ganzen Körper, so wie der heiligen Theresia. Pater Winczyk hat mir eine Kopie gegeben von einer der frommen Schriften der heiligen Theresia. Sie beschreibt ganz genau, wie das ist mit dem Liebespfeil. Es fängt unten an und dann kommt es höher bis zum Herzen. Ich muss dann manchmal sehr laut atmen. Da ich meine eigene Zelle habe, stört das aber niemanden, nur wenn es ganz laut wird. Schwester Anna sagt mir immer, ich muss an die Mitschwestern denken, die ja schließlich schlafen müssen und zu denen der Engel nicht kommt.

Pater Winczyk meint, ich solle das mit dem Engel meinen Mitschwestern lieber nicht erzählen. Nur besonders begnadete Schwestern würden Besuch bekommen von diesem Engel, und wenn ich es den anderen Schwestern sage, dass er zu mir kommt, dann könnten sie neidisch werden. Auch jetzt ist es oft so, dass einige nicht nett zu mir sind. Schwester Ludgera nennt mich immer „meine kleine Halbidiotin", nimmt mich dann aber manchmal in den Arm, was sie eigentlich nicht darf bei uns Zisterzienserinnen. Andere Schwestern geben mir immer Aufgaben, bei denen ich nichts falsch machen kann und sagen dann, dass ich es so gut machen soll, wie ich eben kann.

In der nächsten Woche fahren wir dann nach Schottland. Zuerst mit dem Auto ein ganzes Stück und dann fliegen wir in eine schottische Stadt. Ich weiß nicht mehr, wie die Stadt heißt. Aber es ist nicht London. Schwester Anna hilft mir beim Packen. Ich brauche ja nicht viel. Mein Ordens-Habit, Unterwäsche, meine Zahnbürste und das Bild von der Heiligen Theresia mit dem Engel und den Zettel über ihre Begegnung mit ihm. Weil ich immer so aufgeregt bin und damit ich gut schlafen kann, bekomme ich heute wieder eine Tablette. Die gibt mir Schwester Anna immer, wenn ich nervös werde. Ich mag das eigentlich nicht so gerne, weil dann der Engel nicht zu mir kommt. Oder vielleicht kommt er und ich erinnere mich am nächsten Morgen nicht mehr an ihn. Aber ich freue mich. Wir werden zuerst mit einem Mercedes fahren nach Berlin und dann mit einem Flugzeug fliegen nach Schottland.

Hautrup • Oliver Bauer (4) • 2. April 1991

Knast- und Klosterbruder

Fast zehn Jahre bin ich nun nicht mehr hier gewesen. Damals flüchtete ich und wollte nur weg von Hautrup. Ich weiß es noch, als sei es gestern gewesen. Per Anhalter zurück zu meinem besoffenen Vater und meiner hilflosen Mutter. Ich dachte mir damals: Besser mein

Vater verprügelt mich, als von Heuhoff zuerst verprügelt und dann noch gefickt zu werden. Zuerst war Heuhoff sehr nett zu mit. Er lobte meine Musikalität und sagte, ich sei ein wirklich netter und aufmerksamer Junge. Er rechnete nicht alle Klavierstunden ab, die ich bekam und ich machte Fortschritte. Noch heute kann ich einige Schumann-Stücke sauber herunterspielen.

Ich dachte zuerst, Heuhoff mag mich tatsächlich, so wie Pater Völler. Und ich fing an, ihn auch zu mögen. Er war liebevoller als mein Vater, ging auf mich ein, fragte mich, wie es mir so ginge. Ich fühlte mich ernst genommen von ihm. Doch dann begann er beim Klavierunterricht an mir herumzufummeln. Erst grapschte er mir wie zufällig an den Hintern. Dann wanderte seine Hand nach vorn. Als ich mich wegdrehte, verspielte ich mich und er bat freundlich, mich doch zu konzentrieren. Ich dachte, er mag dich halt. Das ging ein paar Mal so. Irgendwann nahm er meine Hand und legte sie vorne bei sich auf die Hose. Ich spürte seinen harten Schwanz, wie er gegen den Stoff der Hose drückte. Bei den ersten Malen tat ich so, als sei nichts gewesen. Ich stand auf, fragte noch schnell, welches Stück ich bis zum nächsten Mal üben soll und machte dann, dass ich wegkam.

Ich wollte damals unbedingt im Internat leben, Abitur machen und Bernd nicht enttäuschen. Bernd Völler – damals für mich noch Pater Völler – hatte dafür gesorgt, dass ich von meinem Vater wegkam und dafür war ich ihm dankbar. Doch Heuhoff machte immer weiter. Er dachte wohl, weil ich in Hautrup ein Sozialfall war, könne er mit mir machen, was er will. Es ging immer weiter. Er hörte nicht auf: Der Griff an meinen Hintern. Danach fasste er mir nicht nur an, sondern auch in die Hose. Manchmal sabberte er noch an mir herum. Widerlich. Irgendwann sprang ich auf, rannte aus dem Musikraum und kam wieder, ohne irgendwem davon zu erzählen. Immerhin mag mich Heuhoff, dachte ich damals, er mag mich.

Einige Tage später bestellte er mich auf sein Zimmer. Es lag im ersten Stock. Dort hatten einige Patres ihre kleinen Wohnungen. Bis heute hat sich daran nichts geändert. Es war ein langer Gang, der damals immer nach Zigarrenrauch roch. Viele der Patres qualmten überall ihre Zigarren, sogar oben, wenn sie unsere Schlafräume inspizierten. Etwa in der Mitte des Patresgangs sorgten Milchglasscheiben zum Treppenhaus für etwas Licht. Die Türen waren aus dunklem Holz. Zum Gang hin waren zwei Türen hintereinander. Die hintere Tür war gepolstert und damit schalldicht. Ich öffnete die erste Tür und klopfte an. Heuhoff schien auf mich gewartet zu haben, riss die Tür auf und zog mich herein. Ich sehe alles auch jetzt noch, nach all den Jahren deutlich vor mir. Heuhoff trug seinen schwarzen Anzug. Er war untersetzt, aber nicht fett, viel größer als ich, auch größer als ich es heute bin. Er war kräftig. Früher, erzählte er, habe er geboxt und wir glaubten es, weil er wirklich stark war. Wenn jemand im Musikunterricht störte, fasste er ihn mit einer Hand am Oberarm und hob ihn hoch. Das tat natürlich weh und es hinterließ große blaue Flecken am Arm. Auf die Art hat er mal den kleinen Schulte am Arm aus dem offenen Fenster des Musikraums gehalten, als er wütend war. Das war nicht so sehr hoch, vielleicht fünf oder sechs Meter bis zum Boden. Doch es reichte, um ihm Angst zu machen.

Und einmal stand ich in seinem Zimmer und sollte bestraft werden. Für was, wusste ich nicht und weiß es bis heute nicht: Er kommandierte: „Hose aus, dann beug dich über den Schreibtisch." Der breite Schreibtisch aus dunklem Eichenholz stand mitten im Zimmer zwischen Eingang und Fenster. Auf der rechten Seite war er leer geräumt. Links lag ein Stapel Notenhefte und sein Brevier. Ich stand zuerst da, wie erstarrt. Als ich wieder etwas sagen konnte, fing ich an zu jammern: „Das ist ungerecht. Ich habe nichts getan. Das dürfen Sie nicht." Er wiederholte: „Hose runter und dann über den Schreibtisch." Er wollte mir also den Arsch versohlen. Ich kannte das von zu Hause. Mein Vater hat das auch so gemacht, aber nicht so gut vorbereitet wie Heuhoff. Ich redete mir ein, dass es so schlimm nicht werden würde, dass ich das aushalte und dass ich hinterher alles Pater Völler erzählen würde: „Ich sage das Pater Völler, dann kriegen sie Ärger." Heuhoff lachte nur. „Der soll nur kommen, dieser Schwächling. Jetzt die Hose runter!" Er rieb sich bereits die Hände. So schlimm kann es nicht werden. Er hat keinen Stock und keinen

Gürtel. Ich kann das aushalten. Mein Vater nimmt immer einen Ledergürtel oder einen Holzlöffel. Das ist schlimmer.

Ich zog die Hose aus. Es waren irgendwelche Billigjeans, ich sehe es deutlich, wie sie an mir herunterrutschten. Heuhoff stand da und grinste: „Die Unterhose natürlich auch. Runter damit!“ Ich weigerte mich: „Nein! Ich gehe jetzt und sage es Pater Völler und dann sind sie am Arsch.“ Heuhoff lachte sein widerliches Lachen: „Ich helf dir mal mit der Unterhose.“ Ich konnte mich nicht wehren. Die Unterhose war bald unten. Heuhoff machte weiter: „Sag mal, kannst du dir nicht anständig den Hintern abwischen, du kleines Schweinchen. Oder öfter mal die Unterhose wechseln. Das ist ja eklig, diese braunen Streifen. Schäm dich!“

Ich schämte mich damals tatsächlich für meine ungewaschene Unterhose und wehrte mich nun nicht mehr. Dann schlug er zu. Kräftig, aber nur mit der Hand. Es brannte. Ich weinte zuerst leise, dann immer lauter. „Dich hört keiner, die sind alle beim Mittagessen. Jetzt hör auf zu flennen, sonst gibt es immer mehr.“ Wie oft er zuschlug, weiß ich nicht mehr. Oft. Immer wieder. Ich hörte tatsächlich auf zu weinen. Ich erinnere mich, dass ich nichts mehr spürte. Gar nichts mehr. Als er dann aufhörte, wollte ich mich aufrichten. Doch er drückte mich wieder herunter. Ich war hilflos. Dann drückte etwas gegen mein Arschloch. Es tat weh, auch lange hinterher noch. An den Rest möchte ich mich nicht mehr erinnern.

Hinterher war die Unterhose mit den braunen Streifen auch blutig.

Später dachte ich, ich hätte laut schreien sollen, ganz laut, so laut ich konnte. Vielleicht hätte es ja doch jemand gehört und hätte mir geholfen oder er hätte aufgehört. Doch ich tat nichts und ließ alles geschehen. Irgendwann sagte er freundlich: „So, jetzt kannst du deine Hose wieder anziehen. Und zieh dir mal eine gewaschene Unterhose an, du Ferkelchen.“ Und dann nahm er mich in den Arm, wischte mit einem Taschentuch meine Tränen ab und sagte: „So schlimm war es doch nicht, Oli, oder?“ Er kam mir ganz nahe, streichelte mich. „Du bist wirklich ein Lieber, Oliver.“ Ich konnte sein Rasierwasser riechen. Ich selbst nehme bis heute nie Rasierwasser. Ich kann es bis heute nicht riechen, ohne dass mir schlecht wird. „Du kannst es ruhig deinem Völler erzählen. Der wird sich hüten, bei dem Dreck, den der Gute am Stecken hat.“ Heuhoff stand da und lächelt. „Wenn du etwas brauchst, komm einfach zu mir. Willst du eine Tafel Schokolade?“ Seinen Schwanz hatte er längst weggepackt.

Die Tafel Schokolade in der Hand taumelte ich aus seinem Zimmer. Kurz darauf stand ich an der Straße. Ich wollte per Anhalter nach Hause. Und dort kam ich am Abend völlig durchnässt und frierend an. Als meine Mutter die Haustür öffnete, fragte sie erstaunt: „Was willst du denn hier? Wart ab, bis Papa kommt. Dann setzt es was.“ So war es dann auch. Allerdings brauchte ich meine Hose nicht ausziehen. Ich weigerte mich, mich zurückfahren zu lassen. Wenn mein Vater am Abend nicht so besoffen gewesen wäre, hätte er mich gleich zurückgefahren. Am nächsten Tag rief ich Bernd an und erzählte davon, dass mich Heuhoff gequält hatte. Bernd wusste gleich, was ich meinte.

Und jetzt komme ich nach acht Jahren zum ersten Mal also wieder nach Hautrup. Als ich mit meinem alten Kadett auf den Hof des Klosterinternats einbiege, ist mir mulmig zumute. Ich würde Heuhoff wieder begegnen, ihm aber nach Möglichkeit aus dem Wege gehen. Klar, sie bezahlen mich gut für den Job, sehr gut sogar. Dann sollte ich ein paar hundert Meter weiter noch eine kleine Wohnung bekommen. Bernd hatte alles arrangiert, allerdings unter der Bedingung, dass ich nichts Illegales mehr anstelle. Mir ist es peinlich genug, dass ich sein Vertrauen missbraucht habe, als ich bei unserem letzten Bruch in Hildesheim den Klunker-Schrumpfkopf und das Kreuz eingesteckt habe. Also habe ich ihm hoch und heilig versprochen, dass ich in Zukunft ganz brav sein werde. Und ich meine das auch ernst. Ich will nicht noch einmal in den Knast. Die Verhöre bei der Polizei in Köln vor einem halben Jahr habe ich noch gut in Erinnerung.

Zuerst soll ich mich bei Rektor Westenstedt melden als neuer Hausmeister. Pater Westenstedt kenne ich von früher. Er war nicht der übelste Schläger, als er noch Präfekt war, aber er prügelte auch.

Außerdem kniff er einem immer in die Ohren. Er hatte da so einen Spezialgriff. Er fasste die Ohrmuschel zwischen Daumen und dem abgeknickten Zeigefinger und rieb dann das Ohr. Er tat das nicht, um jemanden zu bestrafen, sondern quasi automatisch, immer, wenn er mit einem der jüngeren Schüler sprach, griff er zu seinem Ohr und zwirbelte es. Hinterher war das Ohr längere Zeit rot und brannte. Ich weiß nicht, weshalb er das tat. Ich glaube, es ging ihm einfach nur um Einschüchterung. Er wollte nebenbei feststellen: „Ich bin hier der Chef, du gehörst mir und ich kann mit dir machen, was ich will."

Pater Westenstedts Büro ist über den Patresgang erreichbar. Als ich die breite Treppe hochgehe, fühle ich mich zuerst klein und beschissen und dann wütend. Dieser eklige Heuhoff fickt wahrscheinlich weiter die Schüler und kann machen, was er will, und keiner tut etwas dagegen. Links von der Treppe liegt das Zimmer von Heuhoff, rechts das von Westenstedt. Als ich vor der Tür von Westenstedt stehe, überfällt mich der Drang, einfach umzudrehen und abzuhauen. Doch ich bleibe. Bernd zwingt mich mehr oder weniger dazu. Klar, ich habe ihn enttäuscht, als ich bei unserem letzten Bruch die Reliquiare mitgehen ließ. Und er hatte mich wieder davor bewahrt, in den Knast zu kommen. Trotzdem finde ich es nicht gut, dass er über mein Leben bestimmt. Ich stehe nun vor der Tür mit der Aufschrift „Pater Westenstedt. Rektor" und klopfe, lauter als es notwendig wäre. Ich höre ein „Komm rein!" Als Westenstedt nun hinter seinem Schreibtisch sitzt und mich auffordert, mich doch zu setzen, fühle ich mich wie früher. Westenstedt bietet mir einen Kaffee an und einen Weinbrand. Den Weinbrand lehne ich ab. Ich trinke nicht mit jedem. Im Knast habe ich gelernt, solche Signale zu geben: „Mit dir trinke ich nicht!"

Ich bin freundlich, bleibe aber sachlich. Westenstedt erklärt mir, Bruder Franziskus, der Hausmeister sei alt geworden und schaffe die ganze Arbeit nicht mehr. Außerdem, Westenstedt lächelt verständnisvoll, trinke er ein bisschen viel. Aber Bruder Franziskus werde mich einarbeiten, mir die Liste der Handwerksbetriebe geben, mit denen er zusammenarbeite und so weiter. Dann fragt er: „Kennst du eigentlich Bruder Franziskus noch von früher? Es gab eine Reihe von Schülern, mit denen hat er immer die Autos gewaschen." Ich sage: „Klar, erinnere ich mich an ihn, aber ich hatte als Schüler nichts mit ihm zu tun, eigentlich mit gar keinem Bruder, außer mit Bruder Canisius, der die Kranken versorgte, oft auch zu seinem eigenen Vergnügen." Westenstedt unterbricht mich: „Canisius ist längst tot." Das wusste ich. Er hatte sich umgebracht.

Wir unterschreiben den Arbeitsvertrag. Meine Probezeit beträgt, wie üblich, ein halbes Jahr. Westenstedt meint, dass ich eine ganze Menge verdiene. Pater Völler habe das durchgesetzt und dazu sogar den Provinzial eingespannt. „Ich erwarte also, dass du zuverlässig bist. Keine krummen Sachen." Jetzt unterbreche ich ihn: „Ich weiß, dass Sie wissen, dass ich im Knast war. Daran brauchen Sie mich nicht erinnern." „Ich meinte auch, lieber Oliver, dass du aus dem Internat weggelaufen bis als Kind. Ich erwarte auch Durchhaltevermögen." Jetzt unterbreche ich ihn: „Und wissen Sie auch, weshalb ich weggelaufen bin?" „Das will ich gar nicht wissen. Ich will nur darauf hinweisen, dass ich gute und zuverlässige Arbeit erwarte. Der Rest ist mir egal."

Am liebsten würde ich mich jetzt umdrehen und gehen. Dieses verlogene Pack. Die wissen genau, weshalb ich damals weggelaufen bin. Bernd hat es ihnen erzählt. Heuhoff hatten sie wohl für ein paar Jahre als Gemeindepfarrer in der Nähe vom Mutterhaus in Freiburg eingesetzt, doch jetzt ist er wieder hier. Arbeitet als Musiklehrer und leitet das Schüler-Blasorchester. Vielleicht, weil sie ihn in Hautrup besser unter Kontrolle haben. Jetzt, wo Westenstedt sich hinter seinem Schreibtisch erhebt, fällt mir nichts weiter ein, als zu fragen: „Heuhoff arbeitet immer noch hier?" Westenstedt nickt beiläufig: „Du hast aber nichts mit ihm zu tun." Ich denke, doch. Ich habe eine Menge mit ihm zu tun. Immer noch. Und ich werde ihn auffliegen lassen. Dann suche ich einen Journalisten, der darüber berichtet. Dann sorge ich dafür, dass ihm das Ficken von kleinen Jungen vergeht.

Westenstedt will mich jetzt Bruder Franziskus vorstellen. Er geht mit mir auf den Patresgang hinaus und wieder überfällt mich dieses blöde Gefühl – so eine Mischung aus Wut und Niedergeschlagenheit und Scham. Ich will losschreien und mich gleichzeitig verkriechen. Plötzlich wird vor uns die Tür zum Treppenhaus geöffnet. Ein Schreck durchfährt mich. Ich bin wie erstarrt und bin mir sicher: Das ist Heuhoff, jetzt kommt er und grinst mich an. Doch es ist jemand anderes, den ich kenne: Olker. Als ich im Internat war, gehörte er zu den älteren Schülern, zwei oder drei Klassen über mir. Westenstedt stellt uns vor: „Theo, das ist unser neuer Hausmeister, Oliver Bauer. Er war früher auch ein paar Monate Schüler hier. Oliver, das ist Pater Olker." Theo lächelt mich freundlich und offen an: „Ich bin Theo, ich erinnere mich an dich. Schön, dass du hier anfängst." Erst jetzt fällt mir auf, dass Westenstedt mich duzt, während ich ihn, wie früher, sieze." Theo und ich geben uns die Hand. Als Schüler nannten wir uns beim Nachnamen: Olker. Und Theo Olker war mit Kolonko befreundet. Die waren damals immer zusammen: Theo Olker und Klaus Kolonko. Theo war immer freundlich und Kolonko war eher der Verschlossene, der immer ironisch grinste, wenn ihm etwas nicht passte. Bernd Völler hat erzählt, dass sie beide Theologie studiert hätten und Priester werden wollten. Bei Theo Olker überrascht mich das nicht, bei Klaus Kolonko schon.

Theo fragt nun Westenstedt, ob er ihn nachher kurz sprechen könne. Sie verabreden sich um 17 Uhr. Westenstedt murmelt in seine Richtung: „Du willst sicher wieder Geld haben." Olker lacht. Westenstedt steuert mit mir auf die Treppen zu. Bruder Franziskus wohnt und arbeitet unten. Die Brüder sind keine Theologen und Patres, sondern gelten als minderqualifizierte Ordensbrüder. Von Beruf sind sie meist Handwerker. Sie wohnen nicht im Patresgang, sondern verstreut. Oder, wie Franziskus, im Souterrain, wir Schüler sagten „im Keller". Bruder Franziskus hat sein Zimmer gleich neben seiner Werkstatt. Die ausgetretene Treppe mit dem breiten Handgriff ist mir noch vertraut. Wir lehnten uns immer über das Geländer und rutschten herunter, was bei Strafe verboten war. Westenstedt geht schweigend vor bis ganz nach unten, dann rechts durch den Gang. An der Decke sieht man die Abwasser- und Heizungsrohre. Es riecht wie früher nach Küche und Geschirr-Abwasch. Links sind das Refektorium und die Küche. Hinten rechts biegt ein Gang ab. Westenstedt klopft an der Tür, mit der der Gang endet und tritt nach einem kurzen Zögern ein: „Franziskus, hier ist Oliver, dein neuer Hausmeisterkollege.“ Franziskus kommt uns entgegen. Er ist inzwischen bald 70 Jahre, schaut zuerst etwas mürrisch auf Westenstedt, dann freundlicher in meine Richtung: „Willkommen, ich habe es versucht, aber ich kann mich nicht an dich erinnern, Oliver Bauer. Aber so lange warst du ja auch nicht hier, habe ich gehört. Pater Völler hat mit mir gesprochen und gesagt, dass du ein sehr geschickter Schlosser bist. Was kannst du denn sonst noch?“ Ich freue mich darüber, dass mir Franziskus freundlich begegnet. „Ich kann Türen knacken, ich kann schweißen, maurern, tischlern und von allem anderen ein bisschen.“ Franziskus lacht: „Ich habe schon viel von dir gehört...“ Westenstedt unterbricht uns: „Ihr könnt euch ja nachher noch miteinander bekannt machen. Ich zeig jetzt Oliver seine Wohnung und dann muss ich weiterarbeiten.“

Meine neue Wohnung gefällt mir. Das Bett wird etwas schmal sein, wenn meine Freundin am Wochenende kommt, aber das Wohnzimmer ist gut geschnitten und das Bad ist gefliest. Unten wohnt ein junger Lehrer mit seiner Familie. Er bietet mir gleich das Du an: Er heißt Raimund. Als ich wenig später meine Sachen einräume, überfällt mich der Gedanke, Heuhoff zu besuchen und ihm zu sagen, dass ich ihn auffliegen lasse, wenn ich davon hören sollte, dass er sich an die Jungen heran macht. Doch das ist Unsinn. Ich werde ihn so gut es geht beobachten. Später gehe ich zurück zu Franziskus. Ich lade ihn ein, mit mir in die Dorfkneipe zu gehen. Ich habe Hunger. Dort brät die Wirtin einem Schnitzel. Und Franziskus hat sicher Durst. Ich will wissen, was los ist im Klosterinternat, meinem neuen Arbeitsplatz.

Osnabrück • Klaus Kolonko (8) • 4. April 1991

Freier Reliquienautor

Die erste, mit der ich über meine Entlassung als Lehrling beim *Kirchenboten* sprach, war Birgit. Ihre Reaktion: „Nimm es als

Chance! Dort wärst du nicht glücklich geworden.“ Ich schimpfte noch eine Weile auf Bischof Flitz. Er sei ein Reaktionär, der die Kirche zugrunde richte, ein mieser Klerikalfaschist. Als sie merkte, dass ich mich nicht beruhige, bekomme ich die Einladung: „Setz dich in den Zug und komm her! Lea ist bei ihrem Vater und ich könnte morgen später zur Arbeit gehen.“

So begann unsere Fernbeziehung. Es ist zwar nicht unkompliziert, aber es geht uns gut miteinander. Auch Lea hat sich inzwischen an mich gewöhnt und ich komme gut mit ihr klar. Inzwischen darf ich sie sogar ins Bett bringen, aber nur, weil ich ihr so lange vorlese. Ohne kleine Bestechungen geht es eben doch nicht. Leas Vater hat auch eine feste Freundin. Wir leben also in einer Art fragilem Gleichgewicht. Auch in beruflicher Hinsicht fühle ich mich jetzt besser: Kein Holzauge mehr, kein drohender Bischof.

Für den WDR habe ich inzwischen mein erstes Skript zu einem Radiofeature über den Heiligen Geist geschrieben. Die Sendung wird Pfingsten ausgestrahlt und ich bin schon sehr gespannt, wie es sich anhört. Ansgar Feer hatte gleich mehrfach mit einem Redakteur telefoniert, der für die Abteilung „Religion und Gesellschaft“ zuständig ist. Ingo Kaiser, zeigte großes Verständnis für meine Situation. Wir telefonierten zuerst, dann besuchte ich ihn in seinem Kölner Büro: „Wir brauchen immer kompetente Autoren, und schreiben können Sie ja. Rundfunkschreiberei ist zwar etwas komplizierter als Print, aber Sie werden es schon lernen. Ich kann Ihnen auch gerne dabei helfen. Also, machen Sie mir zuerst einen Entwurf für eine 20-Minuten-Sendung. Dann sehen wir weiter.“

Das erste Skript ging einige Male hin und her. Kaiser kritisierte freundlich, aber hart. Ich solle nicht zu „wissenschaftlich“ schreiben, müsse mich mehr an der gesprochenen Sprache orientieren, nicht zu sehr an der Schriftsprache. Das sei noch nicht „rundfunktauglich“. „Sie müssen an die Hörer denken. Die fahren nebenbei Auto, spülen Geschirr, kochen das Mittagessen, wischen den Fußboden. Deshalb muss jede Formulierung sitzen!“ Was Kaiser gefiel, war meine Ironie: „Ironie ist zwar schwierig im Radio, aber das könntest du entwickeln. Leichter Spott, Distanz ohne hämisch zu werden, das gefällt mir."

Irgendwann war Kaiser zufrieden mit dem Skript. Ich bekam mein Geld – und ich bot ihm gleich eine weitere Sendung an: eine über Reliquien.

Zum Interview mit Prof. Angenendt fahre ich nach Münster. Er erkundigt sich, warum ich jetzt fürs Radio schreibe, und ich erzähle es ihm. Humor hat er auch. Er fragt, ob ich weiß, dass es das Ei des Heiligen Geistes als Reliquie gegeben habe und versichert: „Ja, der Heilige Geist legt Eier – mehr oder weniger metaphorische."

Zu den Reliquien interviewe ich auch Birgit und ihre Kollegen, allesamt Kunsthistoriker. Als Anschauungsmaterial haben sie für mich zahlreiche Reliquiare auf einem alten Eichentisch aufgebaut und zeigen mir auch einige „sprechende Reliquiare", also Reliquiare, deren Form das Innere widerspiegeln sollen. Ein Reliquiar, das aussieht wie ein Arm, soll auch den Armknochen eines Heiligen enthalten, in diesem Fall den des Heiligen Bernward. Das kreuzförmige Reliquiar enthält einen Splitter vom Kreuz, an dem Jesus gestorben ist. Dann haben sie in Hildesheim noch jede Menge „Heiligenmixe", also Fingerknochen, Haare und dergleichen von verschiedenen Heiligen. Ein Tropfen der Milch der Heiligen Jungfrau Maria hat allerdings nicht, wie zu erwarten gewesen wäre, die Form einer Brust. Das wäre wohl doch zu eindeutig gewesen. Ich frage in die Runde, wie denn das Reliquiar des Heiligen Präputium ausgesehen haben mag? Ein goldener Phallus? Einer der Kollegen von Birgit, ein sonst eher nüchterner und intellektuelle Italiener, lebt bei dieser Frage richtig auf. Wir fachsimpeln darüber, ob die Vorhaut nicht auch in den Himmel aufgefahren sei, wie der restliche Jesus. Er ist sich sicher, dass jemand wie Jesus nichts von sich auf dieser verkommenen Welt zurückgelassen hätte. Ich nehme unsere Diskussion auf Band auf, um sie vielleicht im Feature zu verwenden. Da rutscht Birgits Kollege der Satz heraus: „Vielleicht hatten wir den Einbruch hier vor 15 Monaten ja auch, weil die Täter die Vorhaut bei uns vermuteten." Ich bestätige seine Vermutung: „Ja, in der Literatur wird Hildesheim als einer von 13, manchmal auch mehr Orten genannt, an denen es die Vorhaut gegeben haben soll, und an genau diesen Orten gab es Einbrüche in den letzten Jahren."

Birgit half mir bei den Recherchen und telefonierte noch einmal mit Odilo Lechner vom Kloster Andechs. Pater Lechner bestätigte, dass die Polizei in Köln vor einem Jahr jemanden mit einem Reliquiar festgenommen hätte, mit einem Kopfreliquiar. Aber in Andechs hätten die Einbrecher merkwürdigerweise nichts mitgenommen. Das Kopfreliquiar sei nicht von ihnen. Komische Einbrecher. Absolut professionell, wenig Schaden, kein Verlust, nichts geklaut, obwohl da so einiges zu holen gewesen wäre. Vielleicht sollte ich einmal in Köln bei der Kripo nachfragen. In Andechs wussten sie sogar noch den Namen der Kommissarin: Beestermüller hieße sie. Pater Lechner hatte sogar noch ihre Telefonnummer.

Gleich am nächsten Tag rufe ich an. Sie meldet sich etwas gestresst „Hauptkommissarin Beestermüller." Und wundere mich, dass ich sie gleich am anderen Ende der Leitung habe und stottere zuerst ein wenig herum, als ich ihr über meine Recherche zu Reliquien und Reliquienraub erzähle. Schließlich frage ich: „Können Sie vielleicht den Namen des jungen Mannes nennen, den sie vor einem Jahr befragt hatten zu der Reliquie, die er verkaufen wollte. " Sie korrigiert mich: „Es war kein Raub. Wenn, dann war es ein Einbruchsdiebstahl. Doch der Verdächtige hat darauf bestanden, dass er das Objekt geschenkt bekommen hat auf dem Busbahnhof von Osnabrück."

Ich stutze: „Osnabrück?"

„Ja, Osnabrück. Der Verdächtige stammt aus Osnabrück und ist auch einschlägig bekannt, also vorbestraft. Der hat im Jugendknast gesessen."

Ich hake nach: „Einschlägig bekannt als Einbrecher?" „Ja, aber mehr darf ich Ihnen dazu auch nicht sagen. Das war eigentlich schon zu viel. Wir mussten ihn gehen lassen."

Jetzt wurde ich hellhörig: „Jemand wird mit einem kostbaren Reliquiar erwischt und sie lassen ihn wieder laufen, weil er behauptet, er habe es geschenkt bekommen?"

„Lieber Herr ... wie heißen sie noch einmal?"

„Kolonko, Klaus Kolonko ....“

„Also, Herr Kolonko, mehr kann ich Ihnen dazu nichts sagen. Und das, was ich gesagt habe, müssen Sie vertraulich behandeln. Der Verdacht erhärtete sich nicht und er kam frei, so leid mir persönlich das auch tat. Es kam ein guter und teurer Rechtsanwalt und nahm ihn mit.“

Ich bin nun wirklich irritiert und wiederhole noch einmal „Wenn also ein vorbestrafter junger Mann mit einem kostbaren Reliquiar beim Hehler erwischt wird, dann lassen sie ihn laufen, wenn er ihnen auftischt, er habe das Reliquiar von einem Unbekannten am Busbahnhof geschenkt bekommen!“

Die Hauptkommissarin reagiert ärgerlich: „Glauben Sie mir, dass mir das Spaß macht, solche Kriminellen wieder auf freien Fuß zu setzen?“

„Wieso ‘solche’ Kriminelle? Was war so besonders an ihm?“

„Das kann ich Ihnen sage: Er war intelligent, redegewandt und er hatte offenkundig sehr einflussreiche Leute auf seiner Seite. Mich ärgert so etwas auch, aber es gibt niemanden, der dieses Reliquiar, das er angeblich geschenkt bekommen hat, vermisst.“

Ich unterstütze sie: „Ja, wir leben schließlich in einem Rechtsstaat.“ Es entsteht eine kleine Gesprächspause. Die Floskel mit dem Rechtsstaat ist wohl ein wenig zu platt: „Wie hieß denn ihr Verdächtiger aus Osnabrück?“

Sie räuspert sich und zögert. „Das weiß ich nicht mehr. Ich müsste erst die Akte holen, aber ich darf es Ihnen ohnehin nicht sagen. Das müssen Sie allein herauskriegen.“

„Und sein Rechtsanwalt, also der, der ihn so schnell herausgeholt hat, wie heißt der?“

„Das darf ich Ihnen auch nicht sagen. Es ist einer, der hier gut im Geschäft ist und oft für die Katholische Kirche arbeitet. Aber er steht im Telefonbuch. Ist Spezialist für Grundstücksangelegenheiten. Das reicht jetzt an Tipps. Die habe ich Ihnen auch nur gegeben, weil mich das so geärgert hat. Mehr kann ich wirklich nicht für Sie tun. Ach ja, und wenn Sie ihn erreichen, fragen Sie gleich, wo denn das Reliquiar geblieben ist. Das ist verschwunden und mehrere Zehntausend wert.“

Das wird immer verrückter: Zuerst die Einbrüche in Dom- und Klostermuseen, in denen das Heilige Präputium vermutet wurde. Dazu gehört auch der vertuschte Einbruch in Hildesheim. Hier wurde vielleicht tatsächlich etwas mitgenommen, wie Birgit vermutet. Drei Gegenstände oder sogar vier. Das konnte man am Staub sehen. Schließlich taucht bei einem polizeibekannten Einbrecher aus Osnabrück ein Kopfreliquiar auf. Und diesen Verdächtigen holt dann ein bekannter Rechtsanwalt, der vor allem für die Katholische Kirche arbeitet, von der Polizei ab und verschwindet mit ihm und dem Reliquiar auf Nimmerwiedersehen.

Ich komme da nur weiter, wenn ich den Namen des Rechtsanwalts herausfinde und der mir den Namen seines Mandanten nennt. Vielleicht kann ich aber auch recherchieren, ob es so etwas gibt, wie einen Reliquienmarkt mit Reliquienhändlern. Prof. Angenendt wusste von einem Reliquienliebhaber aus Köln, der privat Reliquien sammelt. Den will ich noch interviewen. Er heißt Louis Herrmann. Und ... verdammt, er ist auch Jurist! Was, wenn dieser Dr. Louis Herrmann der Rechtsanwalt ist, der den jungen Einbrecher aus den Fängen der Polizei befreit hat?! Ich rufe bei der Telefonauskunft an: Dr. Louis Herrmann, Rechtsanwalt und Notar, Experte für Immobilien- und Baurecht.

Abtei Pluscarden • Schwester Magdalena (3) • 5. April 1991

Engel mit Maske

Bei den Schotten ist es immer so kalt, aber das macht nichts. In meinem Zimmer ist es warm. Pater Winczyk hat mir erzählt, Pluscarden liegt am Meer, aber das Meer kann ich von meinem Fenster aus nicht sehen. Ich sehe nur grüne Wiesen und Hügel und ganz hinten einen Wald. Die Kapelle des Klosters ist eine richtige Kirche, aber nicht so schön wie die in Ostritz. Auch gibt es hier in der Kirche nicht so schöne Engel, wie in Ostritz und auch das Essen ist nicht so gut. Als Ersatz gibt es Wein und Bier zum Abendessen. Die schottischen Mönche trinken viel, aber ich verstehe sie nicht, weil sie schottisch sprechen.

Mein Zimmer sieht ein bisschen aus wie im Krankenhaus. Sie haben kein anderes frei. Deshalb bin ich im Krankenzimmer des Klosters. Auch manche Patres sehen aus wie Ärzte im Krankenhaus. Schwester Christina ist meine Freundin und ist immer dabei, wenn die Ärzte kommen. Krank bin ich nicht, aber sie wollen mich genau untersuchen. Ich bekomme oft eine Untersuchungspille. Die macht mich ganz schläfrig. Und manchmal kommt dann trotzdem der Engel zu mir. Aber es ist nicht so schön, wie vorher. Manchmal tut es sogar weh, wenn er bei mir ist mit seinem goldenen Pfeil. Einmal konnte ich ihn sehen. Er hat keine Flügel wie der Engel auf dem Bild mit der Heiligen Theresia und er hat eine grüne Maske auf und eine Brille.

Als ich Schwester Christina das erzählt habe, hat sie gelacht. Manchmal tue es doch auch weh, hat sie gesagt. Das stimmt. Früher hat es auch manchmal wehgetan und es hat mir keinen Spaß gemacht bei den Dicken, die nach Alkohol gestunken haben. Schwester Christina sagt, heute Nacht kommt sicher mein Engel wieder, der schöne mit dem goldenen Pfeil. Dann gibt sie mir eine von den Tabletten, die mich müde machen. Manchmal kriege ich auch eine Spritze in den Hintern. Schwester Christina übersetzt. Das ist, damit ich mich gut fühle. Ganz sicher, meint Schwester Christina wird mir der Engel ein schönes Geschenk machen, ein heiliges Weihnachtsgeschenk, vielleicht ein Christkindlein.

Manchmal wird mir schlecht, wie früher, wenn ich die Anti-Baby-Pille genommen habe. Einmal musste ich im Bett kotzen. Ich habe es nicht mehr aus dem Bett geschafft. Es kam ganz schnell. Ich habe versucht, alles mit dem Handtuch wegzumachen, doch ich war zu müde und bin eingeschlafen. Als Schwester Christina am nächsten Morgen hereinkam, hat sie einen Schrecken bekommen. Sie hat gleich den Arzt geholt. Der hat irgendetwas Schottisches gesagt. Dann kam eine Putzfrau und hat alles weggemacht. Ich habe ganz oft „Thank you“ gesagt, weil es ja meine Kotze war. Schwester Christina hat mir ein paar Tabletten gegeben, damit das nicht wieder passiert und es ist auch nicht mehr passiert.

Wenn es mir wieder besser geht, fährt Schwester Christina mit mir zum Meer. Bald wird der Frühling kommen, dann wird hier alles schöner. Manchmal laufen Leute um das Kloster herum. Das sind wahrscheinlich Touristen. Die kommen auch immer nach Ostritz. Das Zisterzienserkloster in Ostritz finde ich, ehrlich gesagt, viel schöner als dies hier. Nur die Fenster sind hier schön bunt und mit schönen Bildern, aber keine mit Engeln. Hier beten auch fast nur Männer, also Patres, Benediktiner mit braunen Kutten. Vielleicht mögen die keine Engel. Ich soll trotzdem immer beten, hat Pater Winczyk gesagt, damit die bösen Geister weg bleiben aus mir. Ich bete immer. Oft schlafe ich dabei ein. Das war in Ostritz nicht so. Da gehörte ich immer zu denen, die munter waren, frühmorgens. Manchmal auch nicht so, wenn der Engel zu lange bei mir war.

Auch jetzt bin ich müde und ich lege mich auf mein Bett. Pater Winczyk will mir gleich in meinem Zimmer die Beichte abnehmen. Ein bisschen muss ich noch warten. Ich versuche, mich genau zu erinnern, was ich bei der Beichte sagen muss: „In Demut und Reue bekenne ich meine Sünden.“ Eigentlich weiß ich gar nicht, ob ich was gesündigt habe. Plötzlich steht Pater Winczyk vor mir: „Grüß Gott, Schwester Magdalena. Hast du ein kleines Nickerchen gemacht?“ Ich sage: „Nein, ich habe über meine Sünden nachgedacht, aber mir ist nichts eingefallen.“

„Ist Dir der Engel wieder begegnet, der Engel mit dem goldenen Pfeil?“

„Ja, Pater, aber es hat etwas wehgetan und er hatte eine grüne Maske vor Mund und Nase.“

Pater Winczyk zieht seine Augenbrauen hoch: „Mit grüner Maske und goldenem Pfeil?“

„Ja, aber es hat ein bisschen wehgetan.“

Der Pater schaut zu Schwester Christina hinüber, die hinter dem Kopfende des Bettes steht und sagt zu ihr: „Sie sollte vollständig sediert sein!“.

Schwester Christina antwortet: „Dr. Campbell wollte nicht mehr. Er sagt, er braucht sie halbwegs lebendig und auch ein bisschen Bewegung wäre gut für den Fötus. Bei den vielen Sedativa ist es ja kein Wunder, dass sich nichts festsetzt. Die Erfahrung hätten sie auch bei Schafen gemacht. Die vollständig sedierten hätten eine Fehlbildungsquote von fast 70 Prozent. Sogar Doppelköpfige seien entstanden.“

Was das mit den Schafen bedeutet, weiß ich nicht. Als ich frage, sagt Pater Winczyk, es seien die Schäfchen Gottes. Pater Winczyk setzt sich auf meine Bettkante und nimmt meine Hand: „Schwester Magdalena, alles ist gut, und der Herr hat vielleicht noch Großes mit dir vor. Der Engel wird noch öfter zu dir kommen, manchmal auch mit grüner Maske und Brille. Auf dir liegt die Gnade des Herrn. Denk immer daran.“ Dann steht er auf und will wieder gehen. Ich frage: „Und die Beichte?“ Er antwortet: „Ego te absolvo. Ich komme morgen noch einmal zu dir, bevor ich wieder zum Heiligen Vater nach Rom fahre.“

Osnabrück • Marianne Schlüter (1) • 2. Juni 1991

Eins selbstgemacht, eins gratis dazu

Von einem Priester schwanger. Vielleicht sollte ich eine Selbsthilfegruppe ins Leben rufen. Hier in Osnabrück und Umgebung bin ich sicher nicht die Einzige. Mit Bernd verstehe ich mich zwar gut. Doch ob ich eine dauerhafte Beziehung mit ihm eingehen will, weiß ich nicht. Die Frage stellt sich auch nicht. Er ist Priester und wird es bleiben. Das war mir schon damals klar, während des Studiums in Münster. Wir waren in einer Arbeitsgruppe und er begann heftig mit mir zu flirten. Ich war zunächst irritiert, dann geschmeichelt und dann wieder irritiert, weil er sich in den Diskussionen als konservativ outete: Frauen zu katholischen Priesterinnen machen? Für ihn war das undenkbar. Wie sollen sie das machen: Kinder haben und einer Gemeinde dienen. Er plädierte dafür, doch andere Ämter innerhalb der Kirche zu stärken und dort Frauen einzusetzen. Dann begann ich mich für die Befreiungstheologie zu interessieren. Bernd war vehement gegen eine Vermischung von Politik und Kirche. Er vertrat die Auffassung, die Kirche solle mäßigend auf die Diktaturen in Süd- und Mittelamerika einwirken. Damit sei mehr zu erreichen für die Armen und Unterdrückten. Ein Feindbild waren für ihn „die Linken“, zu denen ich mich zählte und immer noch zähle.

Bernds demonstrativer Konservativismus passte so gar nicht zu seinem persönlichen Verhalten mir gegenüber. Er machte sich in Münster richtig an mich heran und einmal nach einer feucht-fröhlichen Feier im Theologischen Seminar landeten wir zusammen im Bett – in seinem, im Priesterseminar. Ich muss heute noch lachen, wenn ich daran denke. Als er am Morgen wach wurde, betete er, und zwar auf Knien. Ich musste laut lachen, während ich meine Klamotten vom Boden aufhob und ihm dabei meinen damals noch sehr verführerischen Hintern entgegenstreckte. Ihn ließ das kalt. Nein, keinen Guten-Morgen-Fick. Nach dem Gebet schmuggelte er mich geschickt durch einen Hintereingang nach draußen und ging zuerst in die Kapelle und dann zum Frühstück.

Als wir uns dann nach dem Studium in Osnabrück trafen, ging es weiter. Ich war wissenschaftliche Mitarbeiterin und hielt einen Vortrag über feministische Theologie an der Uni Osnabrück. Er war damals Pater in Hautrup und saß mit einer Schülergruppe im Auditorium. Er kritisierte forsch die feministische Theologie, weil sie die biblischen Texte historisiere und damit relativiere und nach der Diskussion flirtete er mit mir vor seinen Zöglingen und machte keinen Hehl daraus, dass wir uns kennen. Und wieder gelang es ihm, mich wirklich zu irritieren und einen Tag später aßen wir zu Abend und landeten wieder im Bett. Ich hatte mich damals frisch getrennt. Mir machte das Spaß, ich nannte ihn und vor allem seinen Penis „Mann Gottes“. Er lächelte etwas säuerlich. Ironie kann er bis heute nicht leiden. Für den Mann Gottes gibt es nur gut oder böse. Ich weiß bis heute nicht, wie er unsere Beziehung mit seinem Glauben vereinbart. Vielleicht erteilte ihm der Bischof Dispens, vielleicht beichtete er hinterher und bekam Absolution. Damals wollte ich keine feste Beziehung. Eine unverbindliche Affäre passte und bei einem Priester wie ihm stellte sich die Frage gar nicht, ob wir eine ernsthafte Beziehung eingehen sollten. Im Laufe der Jahre hatte sich das geändert.

Ein paar Wochen nach Beginn unserer Affäre wurde Bernd aus Hautrup abgezogen und so etwas wie ein Pater für besondere Aufgaben. Er war offiziell nicht mehr seinem Orden unterstellt, sondern direkt dem Kardinal in Köln. Die Zeit danach pendelte er zwischen Rom, Köln und Osnabrück, war eine Zeit lang Gefängnispfarrer im Erwachsenen- und Jugendstrafvollzug. Wenn er in Osnabrück war, übernachtete er oft bei mir. Als Gefängnisseelsorger half er immer wieder Jugendlichen dabei, früher aus dem Knast zu kommen. Mit einem, Oliver, hatte er fast eine Vater-Sohn-Beziehung, für ihn ist er inzwischen eindeutig ein Ersatzvater. Manchmal kommt es zu kleinen Vatermorden und trotz Bernds Ermahnungen, bricht er irgendwo ein, um, wie er es nennt, sich ein bisschen etwas dazu zu verdienen. Aber Oliver ist ein Netter und er ist sehr hilfsbereit: Ist der Ausguss verstopft, rufe ich Oliver. Brauche ich jemanden, der mir hilft, ein Regal an die Wand zu schrauben, kommt Oliver. Mit Autos kennt er sich auch aus. Bernd meint, er sei ein sehr geschickter Einbrecher. Kein Schloss hielte im stand, man würde nicht den kleinsten Kratzer sehen. Damit er nicht in Versuchung kommt, hat ihm Bernd jetzt einen Hausmeisterjob in Hautrup verschafft.

Und jetzt bin ich im dritten Monat schwanger, eindeutig von Bernd. Es kommt niemand anders in Frage. Ich wollte ein Kind, und er wollte es eigentlich noch mehr als ich. Mir ist klar, meine biologische Uhr tickt und Kinder habe ich immer gewollt. Bernd meint sogar, wir können zusammenleben, zwar nicht offiziell, aber er habe für alles gesorgt, nicht nur finanziell. Er will auch dafür sorgen, dass ich einen guten und sicheren Job bekomme. In den letzten Jahren hangelte ich mich von einem Forschungsprojekt zum anderen, einmal zur feministischen Theologie, dann zum jüdisch-christlichen Dialog. Dazwischen immer wieder einige Monate Arbeitslosengeld und die Versuche, doch noch meine Doktorarbeit fertig zu schreiben.

Kurzum: Meine finanzielle und berufliche Situation ist prekär, meine persönliche auch. Bernd meint, wenn unser Kind da sei, verschaffe er mir eine halbe Redakteursstelle beim *Kirchenboten*. Da könnte ich dann etwas über feministische Theologie oder Befreiungstheologie schreiben. Der Chefredakteur ist nett und schon älter. Wenn er in einigen Jahren in Rente gehe, könnte ich den Laden übernehmen. Der Bischof werde mir da nicht im Wege stehen.

Eine neue Wohnung hat er bereits organisiert: Vier Zimmer, Küche und Bad in einem renovierten Altbau für 550 Mark. Das Haus ist im Besitz der Katholischen Kirche. Die Renovierung zahlt der Vermieter, sogar den Umzug Ende Juni. Ich könne mir aussuchen, welche Farbe die Wände bekommen und ob sie den neu abgezogenen Fußboden ölen oder lackieren sollen. Bernds Kontakte müssen hervorragend sein. Ich weiß allerdings immer noch nicht, welche Rolle er da spielt. Gefängnispfarrer ist sicher kein Job, um in dem Verein Karriere zu machen. Ich bin eigentlich keine Frau, die geheimnisvolle Männer liebt, aber wenn mit Kind und Job alles so perfekt läuft wie mit der neuen Wohnung, bin ich zufrieden.

Im letzten Monat war der werdende Vater auch oft zu Hause und wir spielten ein bisschen Mann und Frau. Und eines Abends meinte er: Einzelkinder würden meist sehr unsozial. Ob ich nicht gleich noch ein zweites dazu adoptieren sollte. Es würde um Weihnachten herum geboren, also etwas später als unser Kind. Vermutlich sei das ein ganz besonderes Kind. Ich fragte: „Ein ganz besonders Kind? Ist es krank?“ Bernd antwortete: „Nein, wahrscheinlich nicht, eher hochbegabt. Sein Vater ist ein polnischer Geistlicher und seine Mutter eine Nonne.“ Ich lachte: „Keine gute Chance auf Hochbegabung, allenfalls eine für Doppelmoral. Wenn es ein Junge wird, wird er sicher Papst.“ Bernd lächelte: „Das kann schon sein. Aber ich meine es ernst. Sollen wir ein zweites Kind dazu adoptieren? Um das Adoptionsverfahren kümmere ich mich. Ich habe da Beziehungen.“

Köln • Klaus Kolonko (9) • 14. Juni 1991

Interview mit Kopfreliquiar

Das Interview findet privat, im Hause Dr. jur. Herrmann statt. An der Tür der Gründerzeitvilla empfängt mich tatsächlich eine Haushälterin: „Guten Tag. Herr Kolonko? Ich soll Sie gleich in den Salon führen. Herr Dr. Herrmann kommt sofort." Tatsächlich streckt mir schon eine halbe Minute später Dr. Herrmann seine riesige Hand entgegen. „Darf ich Ihnen etwas anbieten? Einen Kaffee, ein Wasser oder etwas Stärkeres? Wie wäre es mit einem Cognac?" Ich lehne ab und bestaune Herrmann. Er ist riesig und massig, mindestens zwei Meter groß. Sein nahezu haarloser Kopf mit den relativ großen und dazu noch abstehenden Ohren wirkt dagegen geradezu winzig. Grotesk. Seine Stimme passt allerdings wieder zum Körper: „Wie sind sie nur auf dieses Reliquienthema gestoßen? Und wie auf mich?"

Ich schüttle meine Verblüffung über die Diskrepanz von Kopf und Körper meines Gegenübers ab: „Ich habe lange Theologie studiert und mich insbesondere für volksreligiöse Traditionen interessiert. Dabei stößt man unweigerlich auf Reliquien und ihre Bedeutung. Professor Angenendt versteht sie als einen Teil der Sozialpolitik von Kirche und Herrscherhäusern. Von ihm habe ich auch den Tipp bekommen, bei Ihnen nachzufragen."

Herrmann lacht: „Ah, Angenendt, kenne ich natürlich. Seine Bücher und ihn persönlich auch. Mich interessiert an den Reliquien inzwischen mehr die edle Verpackung: Das Reliquiar."

„Wie sind Sie denn auf das Thema Reliquien gekommen?", beginne ich das Interview. „Ich trage den guten rheinischen Vornamen ‘Louis’ und mein sehr katholischer Vater schenkte mir zu meinem siebten Namenstag ein Reliquiar, das mehrere Barthaare des damals Seligen und inzwischen Heiliggesprochenen Louis enthält. Nun ja, und irgendwann habe ich angefangen zu sammeln. Inzwischen sind es etwa dreihundert. Ich bin einer der größten Privatsammler Europas und investiere mein Geld seit 35 Jahren in Reliquiare."

Ich bin erstaunt: „Dreihundert? Können wir es so machen, dass Sie mir die Reliquiare zeigen und dass ich Sie dabei interviewe?"

„Ich habe natürlich nicht alle dreihundert hier. Die sind zu wertvoll. Das Haus ist zwar gut gesichert mit teuren Alarmanlagen. Das wäre ein Risiko, das vor allem auch meiner Frau zu groß ist. Ich zeige Ihnen gerne einige, die ich hier habe, muss sie aber bitten, in Ihrer Radiosendung nicht davon zu schreiben, dass sie sich hier bei mir zu Hause befinden. Also, ich zeige Sie Ihnen gerne, wirklich gerne und dann erzähle ich etwas dazu."

Er bedeutet mir, in einem Sessel Platz zu nehmen, schließt einen kleinen Biedermeier-Schrank auf, streift sich riesige weiße Stoffhandschuhe über seine riesigen Pranken und platziert einige Reliquiare vor mir auf dem Tisch: „Also das hier in Kreuzesform enthält natürlich ein Stück Holz vom Kreuz. Darauf bin ich besonders stolz." Er holt noch weitere, kleinere Reliquiare hervor, lässt sich dann in den ächzenden Sessel neben mir fallen und – inzwischen hatte ich mein Aufnahmegerät angeschaltet – erklärt: „Sehen Sie, wie fein das gearbeitet ist mit den Rubinsplittern und den zwei Diamanten hier? Das ist eine wunderbare Arbeit. Ich vermute, sie stammt aus Mainz. Ganz wunderbar, auch die Proportionen und die geschmackvolle Anordnung der Steine. Das ist ganz, ganz selten. Oft sind es nur pompöse, schwere und etwas unbeholfen wirkende Objekte. Doch dies hier hat diese Ziselierungen. Entschuldigung, bitte nicht anfassen …"

Ich zucke zurück. „Wie alt? 15. Jahrhundert?"

„Da liegen Sie richtig. Wahrscheinlich spätes 15. Jahrhundert, vielleicht auch Mitte des 15. Jahrhunderts. Da sind sich die Kunsthistoriker nicht einig. Sie können ruhig etwas näher rücken. Sehen Sie das hier, das Reliquiar in Eiform?"

Ich wundere mich: „Für ein Fabergé-Ei ist das zu früh, auch zu wenig verziert."

„Richtig. Fabergé-Eier entstanden ja vor allem im 19. Jahrhundert in Russland. Nein, dieses Reliquiar in Eiform stammt eindeutig aus dem 13. oder 14. Jahrhundert. Es soll sich lange Zeit im Domschatz von Wittenberg befunden haben. Friedrich der Weise residierte in Wittenberg und hatte im 16. Jahrhundert wohl die weltweit größte Reliquiensammlung. Über vierzehntausend Reliquien. Und dieses Ei befand sich in der Sammlung. Es wurde mir vor 25 Jahren angeboten in einem handgeschriebenen Brief. Ich traf mich dann mit einer alten Frau, die war jenseits der 80 und brauchte Geld. Aber jetzt raten sie mal, was das für ein Reliquiar ist! Sie sind doch Theologe, zudem ein katholischer. Also: Ei…?"

Ich zögere: „Vielleicht vom Hahn, der dreimal krähte? Aber Hähne legen ja keine Eier."

„Doch manchmal legen auch Hähne Eier." Das Interview macht Herrmann sichtlich Spaß und er scheint sich mit der Geschichte seiner Sammelobjekte ausgiebig beschäftigt zu haben. „Jedenfalls in der Mythologie", fährt er fort „und in alten Schauergeschichten: Eierlegende Hähne künden Unheil an, ebenso wie krähende Hühner. Das drückt symbolisch die verkehrte Welt aus. Dann droht Tod und Verderben. Aber bei diesem Ei nicht, im Gegenteil. Raten Sie mal: Ei und Christentum, eine sehr wertvolle Reliquie, weil sie von Gott persönlich stammt? Naaa?"

„Ein Ei, also Testikel …", überlege ich.

Herrmann stutzt einen Moment. Dann lacht er: „Jesus ist vollständig in den Himmel aufgefahren. Also keine Testikel. Aber eine schöne Idee: Nicht nur die Vorhaut Jesu, sondern auch seine Eier …" Er lacht bis seine Ohren leuchtend rot strahlen.

„Sie kommen tatsächlich nicht drauf. Dabei ist es so naheliegend. Es gibt Gott-Vater, Gott-Sohn, Gott- … ?"

Ich unterbreche ihn: „Das Ei des Heiligen Geistes. Der Heilige Geist als Taube. Sie haben ein Ei des Heiligen Geistes! Unglaublich. Das wurde tatsächlich verehrt?"

„Ja, doch es verschwand in der Reformation, wie so viele schöne Reliquien. Ja, ich kaufte es für wenig Geld. Die alte Dame hatte es der Kirche angeboten, doch die zeigte sich desinteressiert. Denen sind solche Reliquien ja immer ein wenig peinlich. Und jetzt?, jetzt habe ich es: Das Ei – des Heiligen – Geistes.", betont er genüsslich.

Herrmann nimmt das Ei des Heiligen Geistes wieder an sich und stellt es in den Schrank zurück. Er holt zwei andere Reliquiare hervor: Spätes 15. Jahrhundert, schätze ich."

„Haben Sie noch ältere Stücke?"

„Ja, allerdings nicht hier, sondern gut verschlossen. Ich will einiges demnächst dem Dommuseum als Dauerleihgabe übergeben, wenn die es haben wollen."

„Älteres bewahren sie also nicht zu Hause auf."

„Ja, doch, warten Sie …" Herrmann wuchtet seinen massigen Körper erneut aus dem Sessel und sagt: „Jetzt müssen Sie mal weggucken. Ich gehe mal an meinen Tresor."

Zurück kommt er mit einem Kopfreliquiar: „Das habe ich erst seit gut einem Jahr. Ich schätze es auf frühes 11. Jahrhundert. Es enthält den Schädelknochen des Heiligen Bernward. Hier sehen Sie die Inschrift 'Sanctus Bernwardus'. Das ist eher grob gearbeitet, aber vom Materialwert her ordentlich. Das können Sie anfassen. Richtig schwer. Wahrscheinlich vergoldetes Silber."

Jetzt werde ich hellhörig: „Bernward, ist das nicht der Schutzheilige von Hildesheim?"

Herrmann schaut auf und scheint für einen Moment seine Begeisterung zu vergessen: „Ja, glaube ich schon, unter anderem von Hildesheim. Was da drin ist, weiß man natürlich nicht. Bernward lebte um das Jahr 1000. Das Reliquiar wurde erst später gefertigt. Aber solche Reliquiare gibt es natürlich viele und nach der Reformation, als Katholiken versuchten sie zu retten, verstreuten sie sich in katholischen Landen."

„… und nach der Aufklärung verschwanden sie in den Kellern der Klöster und Dome.", ergänze ich bedauernd.

„Ja. Da ist auch vieles verloren gegangen. Schade eigentlich. Ich mag diese volksreligiösen Traditionen und bin auch im letzten Jahr nach Compostela gewallfahrt."

„Ich habe auch einmal zum Heiligen Präputium recherchiert.", versuche ich das Gespräch wieder eher in meine Richtung zu leiten.

Herrmann zeigt zunächst kaum eine Reaktion. Dann lacht er: „Ja, die Hochheilige Vorhaut. Da müssen sie nach Italien fahren, nach Calcata oder nach Rom. Niemand weiß ja, wo die geblieben ist."

„Gibt es denn so etwas wie einen Reliquienmarkt?", frage ich weiter.

„Es gibt in Spanien und Italien Märkte, auf denen Reliquien versteigert werden. Der nächste ist wohl im November in Sevilla. Doch dort werde Preise verlangt, die ich nicht bereit bin zu zahlen. Das übersteigt inzwischen jedes vernünftige Maß", antwortet Herrmann auf eher abgeklärte Art.

Ich schalte mit vielleicht etwas übertriebener Geste mein Aufnahmegerät aus, packe das Mikrofon ein und bedanke mich für das interessante Interview. Dann frage ich ihn quasi nebenbei, ob es als Rechtsanwalt und Notar denn auch mit Kirchenangelegenheiten zu tun habe. Er bestätigt: „Ja, natürlich. Ich bin spezialisiert für Bau- und Immobilienrecht. Der Katholischen Kirche gehören ja bekanntlich große Teile der Kölner Innenstadt. Da habe ich immer wieder mit der Kirche zu tun. Ich bin ein treuer Kölner Katholik."

„Ich habe gehört, dass Sie gelegentlich auch mit der Polizei zu tun haben und Kleinkriminelle 'raushauen'", überfalle ich ihn.

Herrmann verliert sein Lächeln: „Wo haben Sie denn das her?"

„Meine Freundin arbeitet als Kunsthistorikerin im Hildesheimer Dommusem. Ein Kollege von ihr aus dem Kloster Andechs hat einmal angefragt, ob es in Hildesheim einen Einbruch gegeben hat."

„Und? Hat es?", reagiert Herrmann.

Ich wiegle ab: „Nein, wohl nicht. Ist noch alles da."

„Na, das ist ja die Hauptsache: Wenn nichts gestohlen wird, gibt es auch kein Diebesgut, nicht wahr?"

Ich stimme ihm zu: „So ist es: Kein Einbruch, kein Diebstahl, kein Diebesgut! Keine Anzeige. Und natürlich auch kein Dieb, aber eine Festnahme durch die Kölner Polizei. Und einen tapferen Anwalt, der den unschuldigen Mandanten gerettet hat."

„Wie gesagt, ich bin ein treuer Kölner Katholik. Einer mit einer sozialen Ader."

Es ist klar, dass mir Herrmann nicht den Namen des vermeintlichen Einbrechers nennen wird. Wir verabschieden uns mit einem kräftigen Händedruck: „Und wann", fragt Herrmann, „... wann wird die Sendung ausgestrahlt?"

„Am Sonntag, den 14. Juli, wenn ich mich nicht täusche. Ich schicke Ihnen auf jeden Fall eine CD."

Von der nächsten Telefonzelle aus rufe ich Birgit im Büro an: „Hallo Birgit. Hier ich. Kannst du sprechen? Bis du allein im Büro?"

„Ja, was ist denn? Bist du schon wieder zu Hause?"

„Nein, noch in Köln. Ich glaube, ich habe gerade das in der Hand gehabt, was bei euch angeblich nicht geklaut wurde."

„Was? Ich verstehe nicht"

„Ich habe doch den Herrmann interviewt, den Anwalt und Reliquiensammler, der den Kleinkriminellen aus der Kölner Polizei geholt hat, den, der das Reliquiar verkaufen wollte."

„Der von dem die meinten, der hat etwas in Andechs geklaut?", fragt Birgit.

„Genau. Also der Anwalt, Dr. Herrmann, der hatte ein Kopfreliquiar vom Heiligen Bernward in seinem Safe."

„Beruhige dich, Klaus, ganz ruhig, davon gibt es viele, fast so viele wie Heilige Vorhäute."

„Ich weiß, aber das kann doch kein Zufall sein. Also zuerst der Einbruch bei euch in Hildesheim wegen der Vorhaut, dann ein Reliquiar des heiligen Bernward ..."

Birgit unterbricht mich: „Das ist reine Spekulation."

Ich ignoriere ihren – richtigen – Einwand und mache weiter: „Dann ein nicht registriertes Reliquiar von euerm Schutzheiligen, den ein Gangster an einen Kölner Hehler verramschen will, dann der für unsere Kirche arbeitende Rechtsanwalt, der ein Kopfreliquiar zu Hause herumstehen hat und diesen Gangster aus der Polizeistation abholt ... also, wenn es da keinen Zusammenhang gibt."

Birgit hat es wohl die Sprache verschlagen. Dann sagt sie nur: „Sei vorsichtig!"

„Bin ich. Ich gehe jetzt persönlich zur Hauptkommissarin, mit der ich telefoniert habe. Mal sehen, was die sagt."

„Aber sage ihr nichts von dem Kopfreliquiar bei diesem Herrmann. Dann rennt die zu ihrem Chef und dann erfährst du nichts mehr."

„Ach, noch etwas: Ich hatte ein Ei des Heiligen Geistes in der Hand."

Birgit lachte: „Und? Bist du jetzt erleuchtet und sprichst fremde Sprachen, die Du nie gelernt hast? So was bewirkt der Heilige Geist, aber nur zu Pfingsten. Aber probier's doch mal aus, Pfingsten ist ja noch nicht so lange her, vielleicht gleich beim türkischen Obsthändler."

„Ich versuche es gleich mal. Bis dann!" Ich lege den Hörer auf, setze mich auf eine noch feuchte Bank und orientiere mich auf dem Stadtplan, wo die Polizeidienststelle ist, in der Hauptkommissarin Beestermüller arbeitet. Zwei Stationen mit der U-Bahn.

Am Eingang werde ich gestoppt: „Zur Hauptkommissarin Beestermüller wollen Sie? Wen soll ich denn melden und in welcher Sache?"

„Sagen Sie ihr einfach meinen Namen!"

Ich warte einen Moment, dann kommt eine forsche Enddreißigerin mit einer Jacke über dem Arm die Treppe herunter: „Ich habe gerade Wochenende, Herr Kolonko. Und wir haben ja alles telefonisch geklärt. Wenn Sie wollen, können Sie sich an meinen Kollegen wenden, der ist noch oben."

Ich zwinge mich zur Ruhe: „Ich begleite sie zur nächsten U-Bahn oder wohin sie wollen."

Sie lacht: „Nette Begleitung soll man nicht ablehnen."

„Danke. Was ich Ihnen nur sagen wollte: Ich kriege den Namen des Einbrechers nicht ohne Sie heraus. Seinen Rechtsanwalt, diesen Dr. Louis Herrmann, habe ich interviewt. Er hat jetzt dieses Kopfreliquiar zu Hause. Ich habe jedenfalls eines gesehen."

Beestermüller bleibt plötzlich stehen und schüttelt den Kopf: „Das kann doch nicht sein."

„Doch, das kann sein. Er sammelt Reliquien, hat davon dreihundert, eins davon ist ein Kopfreliquiar."

„Wie sah das Teil denn aus?"

„So zehn, fünfzehn Zentimeter im Durchmesser, goldfarben mit der Aufschrift *Sanctus Bernwardus*".

Beestermüller wirft einen Blick zurück zum Dienstgebäude: „Ich hasse diesen Kölner Klüngel. Okay, das haben Sie jetzt nicht von mir: Der, den wir mit dem Reliquiar erwischt haben, heißt Bauer, Oliver Bauer. Er hatte in der JVA Holzminden gesessen und wurde auf Bewährung entlassen. Der damalige Gefängnispfarrer hat sich für ihn stark gemacht, ein katholischer Priester, Pater Völler. So, das war es und jetzt ab. Ich habe nichts gesagt."

Pluscarden ♦ Bischof Dr. Ralf Flitz (6) ♦ 7. Juli 1991

Schwangere Jungfrau reloaded

Flugangst habe ich nicht, aber genießen konnte ich das Fliegen noch nie, auch nicht in der bequemen 1. Klasse. Mehrfach wird mir schottischer Whiskey angeboten, auch Champagner. Ich lehne ab, denn ich bin kein Freund des Alkohols und zutiefst davon überzeugt, dass man den Alkoholkonsum erschweren sollte, wenigstens für die Masse der Bevölkerung. Die Christen sorgten für die Prohibition in den USA und tatsächlich füllten sich damals die Kirchen. Die Menschen suchen wirkliche geistige Erfüllung statt Rausch und Betäubung. Ich fürchte, mit einem Vorschlag, den Alkoholzugang zu erschweren, kann ich mich noch nicht einmal bei der GWK durchsetzen, vielleicht bei Winczyk. Er wird mich vom Flughafen in Edinburgh abholen, um mir in Pluscarden die Nonne vorzustellen, die unsere neue Hoffnung – ich nenne den bald Wiedergeborenen für mich bereits Renatus – zur Welt bringen wird.

Winczyk steht am Ausgang. In Zivil: Dunkler Anzug, schwarzes Hemd. Er erinnert mich wieder an Goebbels als er dort steht und mich mit „Grüß Gott" empfängt. Der Linksverkehr scheint ihn nicht zu irritieren. Er ist höflich und beginnt erst von unserem Anliegen zu sprechen, als wir auf der Forth Bridge sind, Richtung Perth: „Ich möchte dich vorwarnen Flitz, Magdalena, die unseren neuen Jesus austrägt, ist mehr als naiv. Sie ist intellektuell etwas degeneriert."

Winczyk hat eine merkwürdige Sprachmelodie. Aber dafür, dass Polnisch seine Muttersprache ist, spricht er ein geradezu perfektes Deutsch, sein Italienisch soll nahezu fehlerlos sein und Englisch spricht er natürlich auch. Winczyk wirkt manchmal wie ein zynischer Intellektueller, dann wieder wie ein beflissener Sparkassenangestellter. Wie ein Geistlicher wirkt er nie. Das liegt vielleicht daran, dass ihm jede Spur von Wärme, von Menschlichkeit fehlt. Aber diese Gefühle verstecke auch ich recht gut, wenn es darum geht, unserer Sache zu dienen. Das Herzige müssen wir der Basis überlassen. Winczyk fährt belustigt fort: „Ich konnte unsere liebe Magdalena davon überzeugen, dass sie schwanger geworden ist vom Engel mit dem goldenen Pfeil. Dazu habe ich ihr die doch sehr erotische Mystik der Heiligen Theresia, sagen wir einmal, nahegebracht. Mich unterstützten dabei zuerst die Novizenmeisterin Schwester Anna in Ostritz und jetzt hilft Schwester Christina. Magdalena verfügt in dieser Frage über gewisse Dispositionen. Sie lebte vor ihrem Ordenseintritt als eine Art Prostituierte, verfügt also über hinreichend Erfahrungen in sexuellen Dingen. Ihr eigener Bruder soll sich als ihr Zuhälter an ihr bereichert haben. Zum Problem kann Schwester Magdalena werden, weil ihr Hirnschaden offenbar immer wieder eine gesteigerte Begeisterungsfähigkeit hervorruft. Sie singt und betet mit einer geradezu wollüstigen Inbrunst. Gut, dass wir sie medikamentös beruhigen können. Sie spricht sehr gut auf die Medikamente an."

Ich unterbreche Winczyk: „Was machen wir eigentlich hinterher mit ihr? Ich meine, nach der Geburt."

„Die Ärzte empfehlen zunächst einmal einen Kaiserschnitt. Dr. Campbell meint, das ist sicherer und verhindert auch, dass Magdalena Erinnerungen an Geburt und Kind hat. Wir bringen sie dann irgendwann wieder nach Ostritz oder in ein abgelegenes Kloster in Polen. Aber Ostritz wird reichen. Dort halten sie alle für krank und nehmen sie nicht ernst. Da glaubt ihr kein Mensch, wenn sie vom heiligen Kind redet, das ihr der Engel mit dem goldenen Pfeil beschert hat. Außerdem bekommt sie fortlaufend Medikamente, die sie glücklich machen."

„Aber sie wird doch nicht süchtig gemacht?"

„Das wird sich nicht vermeiden lassen. Gott-sei-Dank behalten wir sie unter Kontrolle und regulieren, wie viel sie bekommt. Wir können die Psychopharmaka dann auch langsam wieder absetzen. Fürs erste ist es so, dass sie Opiate bekommt. Die schaden dem Kind am wenigsten."

„Unser Renatus, unser neuer Jesus, darf auf keinen Fall beeinträchtigt werden durch Drogen."

„Nein, natürlich nicht, das ist selbstverständlich das Wichtigste. Das wissen die Ärzte auch. Da kannst du ganz beruhigt sein. Sie tun alles für das Wohlergehen des künftigen Kindes. Immerhin bekommen sie selbst und zudem ihre Forschungseinrichtung Millionen."

„Und du bist sicher, dass sie nicht einfach das Geld nehmen und Magdalena irgendein anderes befruchtetes Ei einpflanzen?"

„Ja, bin ich. Allerdings sind die Prozesse außerordentlich komplex. So weit wie die in Edinburgh ist kein anderes Forschungsteam in der Welt, noch nicht einmal die Amerikaner."

„Wir müssen darauf vertrauen können, dass sie die DNA unseres Erlösers nutzen!"

„Können wir, ganz sicher, und Gott ist auf unserer Seite, sagt der Papst. Er betet für uns und unser Vorhaben."

Winczyk schweigt eine Weile und überschreitet bei einem Überholmanöver und auch sonst immer wieder das Tempolimit. Plötzlich lacht er: „Lustig ist auch, dass sich Magdalena die Besuche der Ärzte damit erklärte, dass ihr Engel einen Mundschutz und eine Brille trug. Ich habe sie bei dem Glauben gelassen."

Ich finde das weniger spaßig: „Die ist schwachsinnig und wir benutzen sie."

„Ja, *ad maiorem Dei gloriam*. Und der gute Zweck heiligt die Mittel. Ich habe das in meiner Zeit unter dem Kommunismus gelernt: Nötig ist ein prinzipienfester Pragmatismus. Mir tut das auch leid und ich bete für Magdalena, auch der Papst. Willst du überhaupt ein Gespräch? Mit Magdalena meine ich? Den Papst kannst du natürlich jederzeit sprechen. Er setzt große Hoffnungen auf dich."

„Ich glaube, es reicht, wenn ich Magdalena kurz sehe und vielleicht auch den Chef der Behandlung. Vor allem will ich zwei Wochen Wandern in den Highlands und eine Woche in stillem Gebet verbringen in Pluscarden."

„Du hast dir den kleinen Urlaub sicher verdient. Ich bin jetzt noch drei Tage in Pluscarden und muss dann wieder nach Rom zurück. Der Papst will auf dem Laufenden gehalten werden. Finanziell haben wir keinerlei Begrenzungen. Jedenfalls verdienen sich in Pluscarden die beteiligten Wissenschaftler wie gesagt – wie heißt das im Deutschen? – eine 'goldene Nase'. Sie verfügen über die besten Labore, die fortgeschrittenste Computertechnik."

„Wird die Öffentlichkeit nicht darauf aufmerksam?"

„Offiziell experimentieren die Wissenschaftler mit Schafsföten. Sie werden in einiger Zeit publizieren, dass sie das Schaf 'Dolly' geklont haben. Das ist ihnen schon vor Jahren gelungen. Aber so lenken sie davon ab, dass sie seit Langem mit menschlichem Material experimentieren, was natürlich nicht legal ist. Unser Projekt ist also absolut sicher."

„Ich weiß, du willst mich beruhigen. Aber die Einbrüche in die Dommuseen sind nicht unbemerkt geblieben. Ein ehemaliger Priesterkandidat recherchiert dazu, ausgerechnet für eine Kirchenzeitung. Er hat für unseren *Kirchenboten* gearbeitet. Ich habe ihn rausschmeißen lassen."

„Entschuldige Flitz, es ist nie gut, Leute zu entfernen, die etwas wissen. Es ist besser, sie heimlich in unsere Pläne einzuspannen, ohne dass sie alles wissen. Kritische Leute zu entfernen, ist nie gut. So verlierst du die Kontrolle über sie. Als wir vor ein paar Jahren die Exorzismen nach dem *Rituale Romanum* in Polen durchführten, hatten wir die Kritiker in den eigenen Reihen eingeladen. Bis auf einen, hatten wir alle überzeugt."

„Und dieser eine, was ist mit ihm ...?", frage ich.

„Nun ja, den hat der Teufel geholt, kann man sagen. Er ist tödlich verunglückt. Auf Gott und seine Vorsehung ist Verlass. Wir müssen uns nur als Werkzeuge der Vorsehung fühlen und es dann tatsächlich auch sein."

Ich bin ein wenig unsicher, wie ich das verstehen soll, frage aber besser nicht nach. Winczyk gilt als jemand, der bestens vernetzt ist. Er hat Kontakte bis in die hohe Politik und bis in Geheimdienstkreise.

Wir fahren durch die hügelige Landschaft. Ich mag Schottland. Es hat einen etwas sperrigen Charme. Langsam werde ich müde und nicke fast ein. Da fragt Winczyk: „Sag mal, der Journalist, der auf die Idee gekommen ist, dass die Einbrüche in Dommuseen und in die Museen der Klöster mit dem Präputium zusammenhängen, was weiß der sonst noch?"

„Mehr weiß er auch nicht. Er ist ein Priesteramtskandidat und heißt Klaus Kolonko. Eine Woche vor seiner Weihe hat er es sich anders überlegt. Ein merkwürdiger Mensch. Er gehört zu diesen liberalen, kritischen Halb-Intellektuellen. Jetzt arbeitet er freiberuflich, aber zu anderen Themen. Er kommt mit seinen Recherchen nicht weiter. Dabei ist die Bischofskonferenz von Cumulus instruiert worden, über die Recherchen nichts an die Öffentlichkeit kommen zu lassen. Normalerweise halten sich auch die Reformer daran. Cumulus hat großen Einfluss …"

Winczyk unterbricht mich: „… aber nur in Köln. In Köln passiert nichts Wichtiges ohne ihn. Das ist auch gut so. Der professionelle Einbrecher, mit dem Völler das Präputium besorgt hat, hat noch ein Kopfreliquiar gestohlen und wollte es verkaufen. Cumulus hat ihn aus den Fängen der Polizei befreit, und Völler hat ihm einen Job im Internatskloster Hautrup besorgt, als Hausmeister. Das ist das, was ich dir gerade vermitteln wollte: Man darf die Leute nicht wegschicken, sondern unter Kontrolle halten. Wenn das nicht gelingt, muss man zu rabiateren Mitteln greifen."

Ich beginne langsam zu ahnen, was Winczyk andeutet und frage: „Was heißt das? Lässt du sie umbringen?"

Jetzt lacht er: „Nein, nicht unbedingt. Meist reichen ernsthafte Gespräche, manchmal Geldzahlungen, manchmal Drohungen, aber wenn das alles nichts hilft? Was soll man da machen? Warten bis alles in die Öffentlichkeit gezerrt wird? Nein! Alles zur größeren Ehre Gottes. *Ad maiorem Dei gloriam.* Und: Der erhabene Zweck heiligt auch weniger schöne Mittel. Du weißt, ich bin ein heimlicher Jesuit."

Diese Antwort habe ich befürchtet. Aber der Papst scheint alles zu billigen. Und die Kirche hat schon immer effektiv operiert, wenn es sein muss, früher ganz offen, heute eher heimlich. Doch aus Winczyks Äußerungen spricht eine gewisse Skrupellosigkeit, die mir unheimlich wird, aber auch seine Ernsthaftigkeit und Entschlossenheit unterstreicht.

Ich sehe die schottische Landschaft an mir vorbeiziehen. Die Berge werden höher und schroffer. Das Wetter ist schön. Ab und zu kommt die Sonne heraus. Alles wirkt friedlich, und ich versuche mich innerlich zu beruhigen: Alles wird gut und bald wird unsere Kirche einen großen Aufschwung erleben und für eine geistige Mobilmachung sorgen. Wir, die GWK, werden im Hintergrund unseren Einfluss geltend machen. Irgendwann schlafe ich dann doch ein. Ich werde wach als der Wagen vor der Abtei Pluscarden hält. Die Sonne scheint auf die Mauern und macht den Anblick dieses Gebäudes zu etwas Beglückendem. Winczyk reckt sich: „Wir sind da. Ich habe dich schlafen lassen. Aber du wirst die wunderschöne Landschaft ja noch bei deinen Wanderungen bewundern können."

Mein Zimmer ist nicht luxuriös, aber komfortabel. Das Abendessen, das ich zusammen mit Winczyk und Schwester Christina im Refektorium einnehme, ist eher schlicht. Morgen früh essen wir zusammen mit den hier lebenden Mönchen. Heute sind wir zu spät dran. Schwester Christina spricht sehr viel schlechter Deutsch als Winczyk. Sie scheint sich etwas zu beunruhigen über die mit unserem neuen Jesus schwangere Schwester Magdalena. Sie berichtet über erste Gerüchte über Magdalena. Im Garten habe der Gärtner einen toten Vogel entdeckt und wollte ihn auf den Kompost werfen. Schwester Magdalena, so erzählte der Gärtner, habe den Vogel an sich genommen und plötzlich sei er wieder lebendig gewesen und sei davongeflogen. Seitdem glaubt Magdalena in ihren exaltierten Zuständen, sie könne alle gesund machen. Der Engel mit dem goldenen Pfeil habe ihr das gesagt. Winczyk scheint erstaunt: „Ich muss mit ihr reden. Selbst wenn Gott in ihr wirkt, dann darf sie es nicht so laut herumposaunen."

Ich bin wieder einmal irritiert: „Ihr glaubt also tatsächlich, dass sie Tote zum Leben erwecken kann?"

Winczyk lächelt: „Warum nicht? Jesus konnte das auch. Außerdem kommt es nicht so sehr darauf an, was tatsächlich die Ursache für das Wiedererwachen des Vogels ist. Problematischer ist, dass die ersten Gerüchte um das in Magdalena wachsende Kind entstehen."

Schwester Christina lacht: „Magdalena rennt durch den Klostergarten und sucht nach toten Mäusen und erzählt, tote Mäuse könne sie auch lebendig machen, wenn sie noch nicht so lange tot seien. Der alte Gärtner hat eine Frau mit Demenz. Der hat sie in der letzten Woche auffallend oft mit in den Garten genommen und einige Treffen mit Magdalena arrangiert. Der Gärtner meint, seine Frau könne sich jetzt besser erinnern, sogar an das, was er ihr vor einem Tag erzählt habe. Ganz erstaunlich."

Ich habe das Gefühl, wir lachen lauter als wir wollen. Mir wird das Ganze immer unheimlicher. Vielleicht hat Magdalena ja tatsächlich *Virtus*, also irgendwelche Kräfte. Ich will sie sehen.

Winczyk bittet Schwester Christina, unsere schwangere Magdalena in den Garten zu holen. Es wird erst spät dunkel und im Garten lässt sich so ein Treffen wohl am unauffälligsten durchführen. Magdalena sieht in ihrem Habit unauffällig aus: Sie gehört zu den Menschen, die auch bei geringem Sonnenschein braun werden. Sie ist füllig, hat eine spitze Nase, blaue Augen, dicke Tränensäcke – wohl von den Medikamenten – und sie hat eine etwas aufdringliche Stimme und ein etwas schrilles Lachen. Als sie Winczyk sieht, steuert sie auf ihn zu, macht eine Kniebeuge, ergreift seine Hand, küsst sie und flüstert etwas lasziv: „Mein lieber Beichtvater!"

Winczyk scheint das nicht unangenehm zu sein, lächelt sie an: „Wie geht es dir und der Frucht deines Leibes". Sie antwortet: „Super, beiden, aber ich möchte lieber wieder zurück nach Ostritz." Winczyk zieht eine Augenbraue hoch: „Weshalb denn, mein Kind? Weshalb möchtest du zurück?"

„Weil, hier sprechen sie alle schottisch.“

Schwester Christina schaltet sich ein: „Aber ich übersetze dir doch alles und ich bin immer bei dir. Ich kann nicht mit nach Ostritz kommen.“

„Aber Pater Winczyk.“

„Nein“, schaltet sich Winczyk ein: „Ich bin öfter hier als in Ostritz. Wenn du hier bist, sehen wir uns und ich kann auch dem Papst von dir erzählen.“

„Ja, auch von der Leibesfrucht, die der Engel mit dem Goldenen Pfeil gemacht hat.“

„Aber ja, darüber werde ich dem Heiligen Vater immer berichten, wenn ich hier gewesen bin.“

„Das ist schön. In Ostritz würde Schwester Anna lachen und sagen, mein Dummerchen und so etwas. Das finde ich nicht schön. So dumm bin ich gar nicht.“ Dann nimmt Magdalena mich wahr und fragt: „Wer ist das? Ist das ein Arzt?“

Winczyk lächelt wieder sein kaltes Lächeln. Manchmal sieht er wirklich aus wie Goebbels: „Das ist ein Bischof, Bischof Flitz. Er kommt extra aus Osnabrück, um dich zu sehen.“

Magdalena lächelt: „Wegen dem Engel?“

Ich bin ein wenig irritiert und Winczyk antwortet an meiner Stelle: „Ja, auch wegen des Engels, aber auch um zu fragen, wie es dir hier geht.“

„Alles super!“, antwortet Magdalena, „und zu Weihnachten kriege ich ein richtiges Christkind. Und Wunder kann ich auch tun. Das könnt ihr alles dem Papst sagen.“

Hautrup • Oliver Bauer (5) • 9. Juli 1991

Stillhalteabkommen

„Hallo Oliver, ich habe Kuchen mitgebracht." Eine halbe Stunde vor unserem Termin steht Bernd vor meiner Haustür. Ich war noch dabei, das Wohnzimmer aufzuräumen. Der in einem Second Hand-Laden gekaufte Staubsauger macht nicht das, was er soll. Egal. Ich führe Bernd in meine kleine Küche. „Ich hoffe, du hast den Kuchen nicht selbst gebacken." Bernd lacht und packt den Kuchen aus. Eine ganze Menge für vier Personen: „Du hast es ja ganz gemütlich hier. Ist manchmal auch Susanne hier, deine Freundin?" „Ja sie ist öfter mal da, hier auf dem Land, aber sie ist wohl eher ein Stadtmensch."

„Was ich dir noch sagen wollte: Überlass das Reden mir und pass auf, dieser Kolonko ist kein Pater mehr, also keiner mehr von uns. Und Theo, Theo kennst du ja, Theo ist sein bester Freund. Mit ihm zusammen hat er herausbekommen, dass wir den Bruch in Hildesheim gemacht haben. Er weiß das, weil du das Reliquiar verkaufen wolltest ..."

Ich unterbreche ihn: „Du weißt, dass mir das wirklich sehr leid tut. Das war ein Fehler, aber es hat ja niemandem geschadet."

Jetzt wird Bernd richtig sauer: „Du kapierst es nicht, Oliver! Du kapierst es nicht! Wir sind da in eine Sache verwickelt mit mächtigen Leuten, die wenig Skrupel haben. Um ehrlich zu sein: Wenn es mich nicht gäbe, hätten sie dich längst erledigt, kapierst du das?!"

Ich bin sicher: Bernd übertreibt. Das macht er selten, aber dieses Mal übertreibt er: „Wegen dieser paar Brüche. Also, wir haben doch der Mafia nicht das Familiensilber geklaut."

„Guter Vergleich. Aber die Mafia ist dagegen noch harmlos, glaub mir das. Es geht um etwas, was elementare Bedeutung für die Kirche hat. Das musst du doch langsam kapiert haben? Und der Zweck heiligt die Mittel, alle Mittel. Verstehst du? Ich meine, wirklich alle. Da gibt es Organisationen, die arbeiten im Hintergrund und sind sehr einflussreich und denen ist es egal, ob sie jemanden erledigen."

Wenn Bernd mir Angst machen will, dann gelingt es ihm jetzt. Ich hatte ja keine Ahnung. „Du hast mir nie erzählt, warum wir diese vielen Einbrüche gemacht haben. Ich wollte es wissen, aber du hast mir nichts erzählt und so getan, als sei ich der letzte Idiot.“

„Je weniger du weißt, desto besser für dich, glaub mir. Ich meine es gut mit dir, und ich sorge für dich. Das habe ich immer getan, und du bist ganz gut damit gefahren. Vertraue mir einfach.“

„Das mache ich auch! Aber komisch ist es schon. Du legst dich plötzlich bei einem Bruch auf die Erde und singst Kirchenlieder. Jetzt erzählst du mir, dass die mich umlegen, wenn ich nicht brav bin, also normal ist das nicht.“

„Das waren auch keine normalen Brüche. Wir haben etwas sehr Wichtiges und Heiliges gesucht und schließlich gefunden und jetzt weiß es dieser Kolonko und das ist gefährlich. Wir können von Glück reden, dass Pater Olker…“

„Theo, ich kenne Theo gut, der ist in Ordnung.“, unterbreche ich Bernd.

„Gut, dass Theo so gut mit Kolonko befreundet ist. Die Zusammenhänge sind für Kolonko offensichtlich. Er hat erfahren, dass dich die Polizei in Köln erwischt hat. Woher er deinen Namen hat, können wir ihn gleich fragen. Nach deine Festnahme war alles klar, auch weshalb du hier in Hautrup arbeitest. Theo weiß natürlich, dass du im Knast warst und ein geschickter Einbrecher bist.“

Ich halte das nicht länger aus und bringe den Kuchen ins Wohnzimmer. Bernd macht Kaffee und Tee. Dass er mir nur Angst machen will, glaube ich jetzt nicht mehr. Er ist wirklich besorgt, dass etwas herauskommt. Aber ich will schon wissen, was da los ist.

Als es klingelt, öffne ich die Haustür. Theo steht da und hinter ihm Kolonko. Kolonko hat sich verändert. Es sind ja auch mehr als zehn Jahre vergangen, als wir zusammen als Schüler in Hautrup waren. Damals war Kolonko in der Oberstufe und ich war in der sechsten Klasse. Kolonko gibt mir die Hand, schaut mich interessiert an und sagt: „Ich kann mich nicht mehr erinnern an dich. Aber damals haben wir die Kleinen auch nicht weiter ernst genommen. Ich heiße Klaus.“

Ich erinnere mich an ihn als Kolonko, weil wir uns im Internat mit Nachnamen ansprachen oder eben mit Spitznamen. Klaus, wie er jetzt genannt werden will, ist etwas dicker geworden, aber er ist nicht fett. Seine Brille rutscht immer herunter und er schiebt sie sich in regelmäßigen Abständen wieder hoch. Er und Theo setzen sich auf das kleine Sofa vor dem Fernseher. Sie sehen tatsächlich ein bisschen wie ein Ehepaar aus: Theo freundlich, lächelnd. Er wird oft rot, wenn man ihn anspricht. Im Internat haben ihm die Schüler deshalb den Spitznamen Blinker verpasst. Kolonko lächelt auch, aber irgendwie spöttisch, trotzdem unsicher und irgendwie verbissen.

Bernd beginnt. Es ist klar, er will das Heft in der Hand behalten. „Wir kennen uns ja alle. Das erspart uns das Geplänkel. Zuerst einmal möchte ich mich bei dir bedanken, Klaus, dass du uns die Gelegenheit gibst, dir unsere Sicht der Dinge darzustellen."

Klaus unterbricht: „Bedanke dich bei Theo. Theo meint, dass ich das nicht auffliegen lassen kann, weil Oliver in den Knast wandert und vielleicht auch du als Drahtzieher. Also, ich habe eine Ahnung, was da passiert ist, kann es aber, ehrlich gesagt, nicht glauben. Ihr habt nach dem Heiligen Präputium gesucht und seid deshalb überall eingebrochen, wo es eins von ihnen gegeben haben soll. Ich fasse es nicht. So eine schräge Geschichte ist wirklich verlockend für mich. Dazu könnte ich nicht nur Radiofeatures machen, sondern auch ein Buch über diesen Irrsinn schreiben. Aber vielleicht würde es mir auch kein Mensch glauben. Wo seid ihr denn noch überall eingebrochen? Auch in Rom? Das ist wirklich nicht zu glauben, überall wo die Vorhaut vermutet wurde? Ein Wunder, dass sie euch nicht erwischt haben."

Da hat er Recht: Das wird ihm niemand glauben. Ich will sagen, dass ich das schräg finde, durchgeknallt und dass ihm das niemand abkauft, aber Bernd lässt mich nicht zu Wort kommen und legt los: „Dir mag das absurd erscheinen, aber glaub mir, es ist nicht absurd. Die Vorhaut hat *Virtus*, unglaublich, ich habe sie gespürt, diese Kraft. Aber darum soll es nicht gehen. Es geht darum, dass wir uns alle durch eine Veröffentlichung in große Gefahr begeben."

Klaus lacht. „Was soll denn passieren? Schickt der liebe Gott seine rächenden Engel? Ich dachte diesen Aberglauben hätten wir hinter uns."

„Es muss ja nicht gleich ein Engel sein, aber etwas Ähnliches könnte schon passieren. Die Einbrüche liefen so glatt, weil wir bestens informiert waren. Geld spielte keine Rolle. Als Oliver die dumme Idee hatte, ein gestohlenes Reliquiar verkaufen zu wollen und dabei aufflog, wurde er innerhalb von zwei Stunden aus den Händen der Polizei befreit. Also: Glaubt mir, dahinter steckt Macht und Einfluss."

Klaus wird unruhig. Er sitzt jetzt ganz vorne auf der Sofakante und schüttelt den Kopf. „Ich lass mir nicht drohen, Bernd. Das klappt bei mir nicht. Das macht mich nur noch neugieriger: Es war also tatsächlich die Vorhaut, die ihr gesucht habt? Das ist absurd. Die gab es an dreizehn, manche meinen an siebzehn oder achtzehn Orten. Alles Fakes. Damit haben die im Mittelalter eine Menge Geld verdient. Danach zu fragen, welche echt ist, ist absurd. So ein Hautstückchen gammelt weg, verwest in zweitausend Jahren. Davon bleibt nichts übrig. Das ist ein Witz!"

Bernd lehnt sich auf seinem Stuhl zurück: „Ja, dann verkneif dir doch einfach, diesen Witz in die Zeitungen oder den Rundfunk zu bringen und damit Oliver in den Knast zu bringen, von mir ganz zu schweigen."

Klaus schüttelt weiter seinen Kopf und schiebt sich mit der Kuchengabel ein Stückchen von dem Obstkuchen in den Mund. „Völlig absurd!" Mit vollem Mund redet er weiter: „Ihr wollt tatsächlich einen neuen Vorhautkult installieren. Da werden sich alle totlachen. Das ist eine Steilvorlage für alle Satiriker."

Bernd, immer noch zurückgelehnt, sagt : „Lass das doch unsere Sorge sein, was wir mit dieser Reliquie machen. Vielleicht wollten wir das Hochheilige Präputium einfach nur für die Zukunft sichern."

Theo, der bis jetzt keinen Ton gesagt hatte, schaltet sich nun ein: „Bernd geht es darum, dass das nicht in die Öffentlichkeit kommt. Das ist alles ..."

Jetzt schreie ich fast, während ich Klaus anschaue: „Und ich will nicht in den Knast! Ich habe schließlich niemandem geschadet! Alles ist gut, wenn niemand es erfährt. Ich war im Knast, und das will ich nicht noch einmal. Das ist schlimmer als hier im Internat … sorry, Theo, ich weiß, du tust dein Bestes."

Bernd setzt sich jetzt aufrecht hin: „Wir wollen dich um so etwas wie ein Stillhalteabkommen bitten. Du behältst diese Sache für Dich, beendest deine Recherchen …"

„Und dafür schickt ihr mir kein Mordkommando auf den Hals, lasst Oliver hier weiterarbeiten, Theo bekommt bei seiner Arbeit hier ein bisschen Unterstützung, so etwas in der Art meinst du, oder?"

„Ja, so etwas in der Art meine ich. Und wir hätten alle etwas davon. Deine Freundin in Hildesheim wird keinen Ärger bekommen, du hättest gute Chancen, bei einem großen Deutschen Radiosender einen Redakteursjob zu bekommen ... wie gesagt, da stecken Leute dahinter mit wirklich großem Einfluss. Aber ich muss ganz sicher sein, dass nichts über das Präputium an die Öffentlichkeit kommt. "

Klaus wendet sich an Theo: „Die erpressen uns ... beziehungsweise mich. Aber ich lass mich nicht schmieren. So etwas macht mich sauer."

Theo hat inzwischen einen hochroten Kopf. „Klaus, denk doch an Oliver, der wäre das Bauernopfer. Vielleicht würde noch Bernd über die Klinge springen, aber der Kopf der Bande bliebe ungeschoren.", sagt er.

„Du meinst Kardinal Cumulus und seine Leute? Wer hängt da eigentlich noch mit drin? Auch Flitz, der mich aus dem Volontariat geschmissen hat, obwohl er wusste, dass ich keine Alternative habe?"

Bernd wirkt jetzt fast ängstlich: „Genau die meine ich, diese Leute. Und du bist doch auf die Füße gefallen. Du hast doch jetzt Arbeit, wie gesagt, vielleicht wird es ja noch besser."

Klaus sitzt da und schüttelt den Kopf: „Wenn ich korrupt wäre, würde ich jetzt geweihter Priester sein oder angehender Redakteur des *Kirchenboten*."

Theo wendet sich wieder an Klaus: „Sie haben leider Recht. Wenn du das auffliegen lässt, wandert Oliver als Einbrecher in den

Knast, Bernd würden sie irgendwo in Südamerika in Sicherheit bringen, mir würden sie alle Steine in den Weg legen, die sie haben und deine kunsthistorische Freundin wäre in absehbarer Zeit arbeitslos. Willst du das?"

Klaus stöhnt auf: „Dieses ganze Kirchensystem ist zutiefst verrottet. Bin ich froh, dass ich da ausgestiegen bin." Er wendet sich Theo zu: „Tut mir leid, Theo, aber so ist es."

Klaus trinkt wütend einen Schluck Kaffee und isst dann wütend den Rest seines Obstkuchens. Immer wieder schüttelt er den Kopf und fährt sich mit seinen Händen durch die Haare. Jetzt sieht man, dass er auf dem besten Weg ist, eine Glatze zu bekommen. Er verschränkt die Arme und schaut wütend in die Runde. Es entsteht ein unangenehmes Schweigen. Ich frage Klaus, ob er noch ein Stück Kuchen will. Will er nicht. Irgendwann steht Klaus auf und fragt: „Okay, ich halte mich da jetzt raus. Aber wenn ich merke, dass Flitz oder wer auch immer gegen mich intrigiert, wie beim *Kirchenboten*, dann lass ich die Sache auffliegen. Ich weiß inzwischen genug."

Bernd atmet erleichtert auf: „Entschuldige Klaus, aber ich bin hier nur ein kleines Rädchen im Getriebe. Mir ist das sehr unangenehm, obwohl ich das Ganze natürlich mittrage. Ich mache das aber nicht für mich, sondern für unsere Kirche und für alle Christen. Das mag sich jetzt komisch anhören, aber so ist es."

Auf dem Weg zur Tür antwortet Klaus: „Ich weiß, Bernd, dass du da ganz tief drinsteckst. Aber gut, ich will hier keine Existenzen ruinieren. Außerdem hänge ich immer noch irgendwie an diesem katholischen Laden." Und zu mir: „Schön, dass wir uns kennen gelernt haben. Pass auf dich auf und halt dich aus den krummen Geschäften von Bernd heraus. Bernd ist gefährlich. Der meint es ernst."

Osnabrück • Marianne Schlüter (2) • 2. November 1991

Erste Wehen

Geburtstermin ist der 22. Dezember. Langsam werde ich zur Tonne. Ich schnaufe, wenn ich die Treppe zu unserer – besser vielleicht: meinen – schönen neuen Wohnung im 1. Stock hochsteige. Der Mietvertrag lautet auf meinen Namen. Bernd hat alles perfekt organisiert: die Renovierung der Wohnung, den Umzug und vor allem meinen neuen, kinderfreundlichen, unbefristeten und gut bezahlten Halbtagsjob beim *Kirchenboten.*

Als ich den Job antrat, wurde ich meinem obersten Chef, Bischof Flitz, vorgestellt. Er war offensichtlich neugierig auf mich. Ich war schon sichtbar schwanger und ohne Ehering, eigentlich ein No-Go für eine kirchliche Einrichtung. Unter normalen Umständen hätte hier niemand eine Schwangere eingestellt und schon gar keine ohne kirchlich angetrauten Ehemann. Doch Flitz wusste Bescheid, so gab er sich sanft und freundlich. Er fragte mich sogar, ob ich auch als Ghostwriterin für ihn arbeiten wolle. Sein derzeitiger Pressesprecher sei etwas einfallslos. Er könne das auch honorieren. Schließlich sei ich Theologin, und er sei neuen Ideen gegenüber durchaus aufgeschlossen. Ich musste lachen und konnte es nicht lassen: „Exzellenz, ich bin eine feministische Theologin und Anhängerin der Befreiungstheologie. Gerne schreibe ich Ihnen ein paar meiner Gedanken auf für Ihre Predigten.“ Das freundliche Lächeln des Bischofs erstarrte zu einem angestrengten Grinsen. Wegen der vielen Wohltaten, die ich von ihm und seiner Kirche bekomme, lenkte ich schnell ein: „Aber selbstverständlich kann ich Ihnen auch etwas Moderates schreiben, etwas, was Sie glaubhaft ihren Gläubigen vortragen könnten.“

Tatsächlich duldet mich Bischof Flitz wohl nur deshalb, weil Bernd in Aussicht gestellt hat, dass ich ihr angeblich besonderes Kind adoptiere. Ich habe Bernd klar gemacht, dass ich es tatsächlich adoptieren will, mit allen Rechten und Pflichten. An einer Pflegschaft ohne Sorgerecht sei ich nicht interessiert. Wenn ich diese Doppelbelastung schon auf mich nehme, dann will ich nicht, dass sich Leute wie Flitz in meine Erziehung und in mein Leben einmischen. Mir reicht schon diese berufliche Abhängigkeit durch meine Anstellung beim *Kirchenboten*. Vollständige Adoption des Kindes ist also meine Bedingung. Es wird auch so schon schwer genug für mich: Ich werde eine weitgehend alleinstehende und berufstätige Mutter sein. Auf Bernd ist nur begrenzt Verlass. Seine Kirche hat ihn fest im Griff. Aber ich bin im Laufe der Jahre zur Pragmatikerin geworden: Was ich kriegen kann, nehme ich. Hauptsache ich bleibe weitgehend handlungsfähig und unabhängig in meinen Entscheidungen.

Bernd hat mir tatsächlich alle Wege geebnet. Er meint, ein Kindermädchen würden sie mir auch bezahlen. Ich denke, das brauche ich auch, damit ich ein bisschen Zeit für mich und die Arbeit habe. So werde ich wohl ab Weihnachten zwei Kinder haben: Unser eigenes – wir werden ihn auf den Namen Johannes taufen – und unser irgendwie besonderes Adoptivkind Renatus. Was mich ärgert: Bernd sagt nicht alles, was er weiß, und ich weiß nicht, was es mit diesem „anderen" Kind – so nenne ich es einmal – auf sich hat. Ein Geheimnis scheint es zu umgeben. Bischof Flitz ist wohl auch in die Angelegenheit verwickelt. Vielleicht ist es sein Kind? Aber welche Frau lässt sich schon auf eine magere Vogelscheuche wie Flitz ein? Bernd meint, Renatus sei das Kind einer sehr jungen Nonne und eines hochstehenden Geistlichen.

Eine Zeit lang hatte ich Bernd selbst in Verdacht und ich fragte ihn, ob er nicht vielleicht selbst Vater dieses Kindes sei. Er schüttelte den Kopf und versicherte mir, dass er mir treu sei wie ein braver Ehemann. Wir lachten. Er rückte tatsächlich nicht damit heraus, wer die biologischen Eltern des Kindes sind. Ich spottete: Vielleicht ist es der Papst. Selbst alte Männer suchen hin und wieder Trost und Entspannung. Was läge da näher, als sich in die Arme einer keuschen Nonne zu legen? Bernd lächelte wieder sein geheimnisvolles Lächeln: „Vielleicht ist es ja sogar der Herr persönlich." Ich ergänzte: „Aber sicher, er kommt auf die Erde herab und zeugt mit einer keuschen, womöglich jungfräulichen Nonne, ein neues Jesulein."

Bernd schüttelte wieder den Kopf und holte tief Luft: „Meine geliebte Marianne, richte dich innerlich darauf ein: Du wirst nie wissen, woher das Kind kommt, wer seine biologischen Eltern sind. Aber im Laufe der Zeit wirst du es sicher ahnen. Das hoffe ich jedenfalls. Klar ist, es ist ein wirklich bedeutendes Kind und du bekommst alle Unterstützung, die du brauchst." Ich antwortete: „Ich brauche vor allem deine Unterstützung für unser Kind. Deshalb lasse ich mich auf dieses geheimnisvolle Kind ein. Auch deshalb, weil ich meine, dass Einzelkinder es schwer haben. Was ich mich frage: Was mache ich, wenn mein Adoptivsohn später fragt, wer seine Erzeuger sind. Was soll ich da antworten?"

Bernd nahm mich gönnerhaft in den Arm: „Ich werde immer da sein, wenn du mich brauchst und ich bin schon gespannt darauf, wie du unsere beiden Kinder stillst. Deine Brüste jedenfalls werden beide Kinder versorgen können, wie du gebaut bist."

Tatsächlich werden meine Brüste dick und schwer. Bernd sieht in mir eine Art Luxus-Milchkuh. In solchen Momenten wird mir klar, dass ich mich innerlich nicht zu sehr an ihn binden darf, obwohl ich uns mehr und mehr als Mann und Frau sehe. Tatsächlich bin ich nur seine Geliebte und die Mutter seines Bastards. Mit der Kirche ist er verheiratet und unser Adoptivkind wird der Stammhalter. „Warum lasse ich mich nur darauf ein?" Diese Frage muss ich mir ehrlich beantworten. Klar ist: Ich mag meinen priesterlichen Bernd, vor allem aber will ich Kinder und finanzielle Sicherheit für mich und die Kinder. Ich will die Zeit der Unsicherheit beenden, in der ich weder einen festen Freund noch ein festes Einkommen hatte. Ich bin jetzt in dem Alter. Außerdem: Wenn ich das alleinige Sorgerecht für die Kinder habe, stehe ich juristisch auf der sicheren Seite.

Abtei Pluscarden • Schwester Magdalena (4)
22. Dezember 1991

Christkind Nr. 2

Ich kann mich kaum noch bewegen. Mein Bauch ist zu dick. Und immer muss ich zu Dr. Campbell. Der schmiert mir eine komische

Salbe auf den Bauch und kann dann mit einem Gerät das Kind sehen. Manchmal macht er Witze auf Schottisch und Schwester Christina lacht. Wenn sie mir seine Witze übersetzt, finde ich das gar nicht lustig. Einmal hat er gesagt, bei Schafen hatten sie öfter zwei Köpfe oder sechs Beine, aber bei meinem Kind ist alles okay. Nur der Kopf ist ein bisschen zu groß und die Geschlechtsteile, aber das macht nichts. Aber alles ist noch normal. Nichts zu viel und nichts zu wenig.

In mir wächst ein heiliges Kind, sagt Schwester Christina. Es ist ein Junge und er ist schon groß und es bewegt sich. Ich habe es vom Engel mit dem goldenen Pfeil. Die Heilige Theresia hatte der wunderschöne Engel im Mittelalter immer wieder besucht, nachts in ihrer Klosterzelle. Mich auch. Es war wunderschön. Immer wieder, ein mystisches Erlebnis mit materiellen Folgen, sagt Pater Winczyk. Nachts, wenn alle schliefen, kam der Engel zu mir. Auch hier in Pluscarden. Hier sah er anders aus. Die heilige Theresia hatte auch ein Kind bekommen, ein geistiges, sagt Pater Winczyk. Ich bekomme sogar ein richtiges.

Im Sommer habe ich sogar einmal das Meer gesehen. Schwester Christina ist mit mir dort gewesen. Wir haben über den Klippen einen kleinen Spaziergang gemacht, und hinterher waren wir in einem Restaurant und haben lecker gegessen. Bis es kalt wurde, durfte ich immer im Klostergarten sein, zuerst allein und dann im Rollstuhl. Mit meinem Kind muss ich mich schonen. Fast jeden Tag hat mir Dr. Campbell Blut abgenommen, mir Spritzen gegeben und in meinen Bauch geguckt. Und immer hat er so komische Witze gemacht, die ich nicht verstanden habe. Einmal hat er das Kreuzzeichen gemacht und ein Kirchenlied gesungen. Er macht solche Witze besonders dann, wenn noch andere Ärzte dabei sind. Die haben auch nicht so richtig über seine Witze gelacht.

Jetzt, mit meinem dicken Bauch, bin ich sehr schläfrig und liege oft in meinem Bett. Manchmal ist Schwester Christina bei mir. Sie sagt, sie habe die Aufgabe dafür zu sorgen, dass ich genug esse und meine Tabletten nehme. Dr. Campbell kommt oft. Doch meist schlafe ich. Wenn ich wach bin, fragt er mich auf Deutsch: „Wie geht's dem Holy Baby?“ Schwester Christina sagt immer Wunderbaby, unser Wunderbaby. Es kann jetzt schon Wunder tun und Leute gesund machen. Einmal hatte sich Schwester Rachel die Hand beim Kochen verbrannt. Ich habe ihr die Hand auf die Wunde gelegt und es ist gleich besser geworden. Das sagt Schwester Christiane. Und als mich Schwester Rachel mit meinem Rollstuhl in den Garten geschoben hat, da sind die Vögel zu mir gekommen, weil sie gemerkt haben, dass ich ein heiliges Kind in mir trage. Das sagt Schwester Rachel. Und ich kann dann die Vögel füttern.

Meist bin ich sehr müde. Das ist ganz normal, wenn eine Frau schwanger ist, sagt Schwester Christina. Und wenn man ein Wunderkind bekommt vom Engel mit dem goldenen Pfeil, dann ist das noch normaler. Einmal kam auch der Gärtner zu mir, als mich Schwester Christina durch den Garten schob. Er hatte seinen Bruder dabei, der sehr krank war und Krebs hat im Unterleib. Ich gab ihm einen Segen, den Segen meines ungeborenen Kindes „Im Namen des Vaters, des Sohnes und des Heiligen Geistes." Ob er gesund geworden ist, weiß ich nicht. Aber der Gärtner brachte zwei Tage später eine kranke Frau mit. Der sagte ich dann: „Gesegnet seist du. Dein Glaube hat dir geholfen." Schwester Christina hat gelacht und gesagt: „Das hilft ganz sicher."

Einmal, als Pater Winczyk bei mir war und ich nicht geschlafen habe, habe ich gefragt, wo ich mit dem Kind leben soll, wenn es auf der Welt ist. Pater Winczyk sagte: „Wir werden einen Ort finden für dich und das Kind. Wie ist es mit dir: Willst du zurück nach Ostritz, zu deinen Zisterzienserinnen?" Ich habe dann gesagt, dass ich lieber ein eigenes Haus hätte mit Garten und mit Schwester Christina. Da hat Pater Winczyk gelacht und gesagt: „Ja, ja, wir werden das schon hinkriegen. Wichtig ist, dass das Kind gesund auf die Welt kommt."

Pater Winczyk ist jetzt in Pluscarden und will auch über Weihnachten bleiben, weil dann das Kind kommt. Es wird ein Christkind. Er ist heute bei meiner Untersuchung dabei gewesen. Die Ärzte haben die Herztöne abgehört und noch einmal Ultraschall gemacht. Ich konnte mein Kind sehen – ich meine mein Kind und das Kind des Engels.

Peter Winczyk sagt hinterher zu Schwester Christiane: „Keine Probleme. Alles dran, alles in Ordnung. Nicht wie bei den Schafen. Gottes Segen liegt auf dem Kind, anders ist das nicht zu erklären."

Schwester Christina antwortete: „Kann man ja auch verlangen, bei den Millionen, die wir zahlen. Pater Winczyk nickt: „Heiligabend sollen sie das Kind holen. Wir können keine Rücksicht darauf nehmen, dass sie Weihnachten zu Hause sein wollen. Der 24. Dezember ist ein perfekter Geburtstermin." Und zu mir sagt Pater Winczyk: „Liebe Schwester Magdalena, dein Kind ist gesund und reif."

Ich sage: „Nicht mein Kind allein, auch das Kind vom Engel ..."

„Ja vom Engel mit dem goldenen Pfeil." Pater Winczyk lacht: „Gelobt sei Jesus Christus."

Bald werde ich einem kleinen Engel die Brust geben.

Köln • Bischof Dr. Ralf Flitz (6) • 29. Dezember 1991

Geklont

Wieder einmal lädt Cumulus zum Abendessen, wieder in exklusiver Runde mit Winczyk und Völler. Winczyk ist gerade aus Pluscarden eingetroffen und trinkt sichtlich zufrieden ein Glas Wein. Völler schenkt sich seine zweite Tasse Kaffee ein. Cumulus wirkt freundlich und ausgeglichen. Wieder einmal wärmt er genießerisch einen Cognac in den kurzen dicken Würstchenfinger seiner rechten Hand. Auch wenn das oft als Genuss getarnt ist: Die Sauferei ist ein absolutes Laster der katholischen Geistlichkeit. Das konnte ich auch in all den Jahren beobachten, die ich bei meinen Ordensbrüdern vom *Herz-Jesu-Orden* in Hautrup lebte. Vor allem am Wochenende: Sie sitzen gemeinsam im Aufenthaltsraum und trinken zuerst ein Wochenendbier, dann kommt ein Gläschen Weinbrand hinzu, weiteres Bier, noch mehr Weinbrand und dann bekommen sie Hunger und einer der Angetrunkenen fährt mit dem Auto in die nächste Kleinstadt und holt Brathähnchen für alle. Bis er mit seinen Brathähnchen wieder kommt, ist der Rest der Geistlichkeit weiterhin mit dem Trinken beschäftigt. Dann wird gegessen und weitergetrunken. Ich entfernte mich damals immer, zuerst mit dem Hinweis darauf, dass mir die Trinkerei nicht gefällt, später dann diskreter mit der Ausrede, ich müsse meine Predigt vorbereiten. Schon damals gehörte ich nicht dazu. Daran hat sich bis heute nichts geändert. Die gemütlichen Säufer sind mir immer noch lieber als die, die sich nüchtern über die ihnen anvertrauten Kinder hermachen. Die gibt es auch. Das ist ein offenes Geheimnis.

Cumulus trinkt allerdings mit Niveau – kein Bier, keinen billigen Weinbrand. Schließlich ist er Kardinal und kann sich etwas Besseres leisten. Heute lässt er wieder auftischen. Schwester Margarete hat ein Fünf-Gänge-Menü vorbereitet. Beim Aperitif – ich trinke Wasser – kann Cumulus nicht mehr an sich halten: „Wir haben unseren Renatus! Es hat funktioniert. Den Klon unseres Herrn. Den schottischen Wissenschaftlern ist es gelungen, mit Gottes Hilfe. Nicht wahr Winczyk?"

Winczyk lächelt sein immer etwas verbissen wirkendes Lächeln: „Ja, Renatus kam am 24. Dezember zur Welt. Der Arzt hat ihn geholt, mit Kaiserschnitt. So war es für alle Beteiligten das Beste, und nun ist es bei Völlers Freundin, die vor kurzem ein eigenes Kind bekommen hat. Sie ist die üppige Amme unserer Hoffnung, ach, was sage ich, die Hoffnung der gesamten Christenheit."

„Marianne ist die Pflegemutter von Renatus und ich bin so etwas wie sein Adoptivvater.", erklärt Völler.

„Wie der Heilige Josef, der Nährvater unseres Herrn Jesus.", merkt Winczyk an.

„Genau", bestätigt Völler, „der Nährvater von Renatus. Er ist ein völlig normales Kind, allerdings sehr lebhaft. Er schläft unruhig, doch er trinkt viel. Bis jetzt ist genug Milch da für unseren eigenen Sohn Johannes und für ihn. Bald werden wir bestimmt zufüttern müssen. Mit den beiden Babys ist es sehr anstrengend für uns."

Cumulus, wie immer äußerst jovial: „Ja, unser neuer Jesus wächst und gedeiht. Seine Amme, oder Nährmutter, ist übrigens Theologin. Sie weiß aber nicht, wer Renatus ist, und das wird auch so bleiben."

„Das *muss* auch so bleiben“, mahnt Völler. „Wenn ich ihr erzähle, wer er ist und wie er entstanden ist, wird sie sich trennen und mich hinausschmeißen …“

„Wenn der Junge erwachsen ist, werden wir ihm erklären, wer er ist. Doch wahrscheinlich wird er es selbst herausfinden, wenn alles so ist, wie wir es geplant haben.“, unterstreiche ich.

Winczyk versichert: „Es ist so, wie wir es glauben, und wir werden ihn ausbilden und vorbereiten“

„Zunächst müssen wir ihn großziehen. Wenn er nur schlafen würde“, gähnt Völler laut, „ich habe seit dem 1. Weihnachtstag nicht länger als zwei Stunden durchgeschlafen. Hoffentlich ist Renatus nicht eines dieser Schreikinder. So ein Kind kann seine Eltern in den Wahnsinn treiben.“

Ich frage in die Runde: „Gab es irgendetwas Ungewöhnliches bei der Geburt und danach, irgendein Zeichen?“

„Nein, ein ganz normales, lebendiges, hungriges, schreiendes Kind, das sich nur dann beruhigt, wenn es Körperkontakt hat. Renatus hat Stuhlgang, ist ein bisschen wasserscheu, alles normal soweit. Keine Wunder.“, antwortet Völler.

„Und die Mutter, also die biologische Mutter? Was ist mit ihr? Magdalena heißt sie, glaube ich?“

Winczyk berichtet: „Sie ist leider verstorben nach dem Kaiserschnitt: Sehr hoher Blutverlust, dann Lungenembolie. Tragisch. Es ging schnell und in Pluscarden haben die Ärzte alles getan, um ihr Leben zu retten. Leider vergebens. Gott hat die Leihmutter zu sich gerufen.“

Ich kann das nicht glauben: „Aber so etwas passiert doch heute eigentlich nicht mehr.“

Winczyk lächelt: „Doch, doch. Tod nach einem Kaiserschnitt geschieht dreimal häufiger als nach einer vaginalen Geburt. Das passiert. Die Ärzte konnten nichts dagegen tun.“

Ich erinnere mich an frühere Unterhaltungen mit Winczyk und ich bin erschrocken. Winczyk ist alles zuzutrauen. Er ist skrupellos. Ich frage lieber nicht weiter. Nichtwissen ist manchmal besser als Wissen, jedenfalls in dieser Angelegenheit. Cumulus unterbricht die nun einsetzende unangenehme Stille: „Ja, das ist traurig, aber so unterstützt uns der Herr: Wir haben keine Probleme mit dieser Schwester, die ja ohnehin gewisse intellektuelle Defizite aufwies aufgrund eines Unfalls. Sie war offensichtlich schwachsinnig, geistig stark behindert, also lag es nahe, dass sie nach der Geburt abberufen wurde. Wir sollten Gott danken für seine Weisheit."

Winczyk ergänzt: „Ja, wir alle tun den Willen Gottes, auch wenn es uns noch so schwerfällt. Gott ist nicht nur lieb, sondern auch oft grausam."

Cumulus leert sein Glas: „Amen! Gelobt sei der Herr."

Ich bin ein wenig beunruhigt: „Und wenn Renatus davon erfährt, wenn er erwachsen wird, dass seine geistig behinderte Mutter gleich nach seiner Geburt verstorben ist. Er wird Fragen stellen und wir werden sie ihm beantworten müssen."

Winczyk schaut mich an: „Völler und ich haben dafür Sorge getragen, dass dies nicht geschieht. Renatus wird erfahren, dass er ein Findelkind ist, abgelegt vor dem Osnabrücker Krankenhaus am Heiligen Abend. Die Papiere liegen vollständig vor. Das ist wasserdicht. Darüber brauchen wir uns keine Sorgen zu machen."

Das Essen ist, wie immer, vorzüglich. Ich trinke ausnahmsweise ein zweites und auch ein drittes Glas Wein. Cumulus stellt die Frage, wie wir unseren Renatus im Auge behalten, ihn fördern sollen. Winczyk meint, frühkindliche Körperertüchtigung sei wichtig und Spracherwerb. So drei bis vier Sprachen solle Renatus schon erlernen. Allerdings dürfe man ihn auch nicht überfordern. Das sei nicht gut. Und ein gewisser körperlicher Ausgleich, der müsse auch sein. Völler ergänzt: „Auch Sport ist wichtig. Das stärkt das Selbstbewusstsein. Judo, Judo ist gut. Mit meinem Sohn Johannes hätte er gleich einen Partner. Wenn er will, kann er auch Fußball spielen. Diese Mannschaftssportarten erweitern die kommunikativen Fähigkeiten und üben eine gewisse Robustheit ein. Das ist wichtig für künftige Führungspersönlichkeiten. Ansonsten erziehe ich die beiden mit Konsequenz und Fairness und natürlich Liebe. Seine Pflegemutter ist zwar eine Intellektuelle, aber doch auch ein sehr liebevoller, sehr emotionaler Mensch."

Mir geht diese Konzentration auf Bildung ein wenig zu weit und auch Völlers Sportbegeisterung ist mir ein Rätsel. Ich erinnere: „Die spirituelle Entwicklung des Jungen müssen wir auch von Anfang an fördern! Völler, du und deine Freundin, ihr müsst mit Renatus beten und beizeiten meditieren. Wir wollen ja eine neue Volksreligiosität forcieren. Meditation, frommer Engelglaube, Kontakte zu geistigen Wesenheiten – all das muss ihn von klein auf begleiten."

Völler setzt seine Kaffeetasse auf: „Gehen wir davon aus, dass er sich ganz normal entwickeln wird, so wie Jesus in seiner Kindheit. Nichts Bemerkenswertes in den ersten zwölf Jahren."

Cumulus korrigiert: „Im apokryphen Thomas-Evangelium gibt es sehr wohl Hinweise darauf, dass Jesus unser Erlöser ist. Er wirkt Wunder. Vögel aus Ton fliegen davon, ein toter Knabe wird zum Leben erweckt, im Streit tötet der zornige Jesus sogar einen Spielkameraden …"

„Mein Gott, diese apokryphe Schrift gehört doch aus guten Gründen nicht in die Bibel. Diese bunten und oft unsinnigen Anekdoten! Nein, meine Herren: Wir werden Renatus genau beobachten und ihn sanft, aber entschieden in unserem Sinne prägen. Und dann, wenn er 10 Jahre alt ist oder 9, kommt er nach Hautrup in unser Internat. Dort nehmen wir seine Erziehung dann energischer in die Hand."

Völler wird unruhig: „Auch seine Adoptivmutter wird dabei sicher ein Wörtchen mitreden. Marianne ist sehr energisch."

„Deshalb wird sie auch nicht die Adoptivmutter werden, sondern nur die Pflegemutter!", Winczyks schmallippiges Lächeln erinnert mich tatsächlich an Goebbels. Doch er hat recht: „Wir müssen die Kontrolle über den Jungen behalten, unbedingt."

Osnabrück • Marianne Schlüter (3) • 2. Dezember 1995

Kuckuckskind

„Ja, Bernd Völler ist der Kindsvater von Johannes. Ja, ich bin alleinerziehend, doch der Kindsvater unterstützt mich, soweit er kann. Er ist katholischer Priester. Sie verstehen? Ja, ich arbeite halbtags als festangestellte Journalistin und ja, ich möchte mein Pflegekind Renatus adoptieren.“

Die beleibte Mitarbeiterin für Pflegekinder am Jugendamt stellt bei jedem Termin die gleichen Fragen. Langsam bringt sie mich an die Grenzen meiner Selbstbeherrschung und ich wiederhole: „Ja, ich möchte Renatus adoptieren und ja, ich verzichte dann auf die monatlichen Zahlungen vom Amt.“ Am liebsten würde ich die fette grinsende Kuh an ihrem Goldkettchen mit Goldkreuz über den Schreibtisch ziehen: „Ja, meine beiden Söhne sind gleichaltrig. Sie sind zufällig am gleichen Tag geboren, am 24. Dezember 1991, sie gehen seit ihrem dritten Lebensjahr in den katholischen Kindergarten. Das wissen Sie doch alles. Schauen Sie in Ihre Akten, dort finden sie alles, was Sie benötigen, um meinen Antrag auf Adoption zu unterstützen.“

Sie blättert jetzt tatsächlich lächelnd in den Akten. Die Speckwülste, die sich unter ihrem grellgrünen Pullover abzeichnen, machen klar, wie schwer es ihr Büstenhalter hat, ihre gewaltigen Gewebemassen im Zaum zu halten. Dann stellt sie noch einmal mit wackelndem Doppelkinn die Frage, die ich bereits bei den letzten zwei Treffen beantwortet habe: „Ja, ich traue es mir zu als alleinstehende, halbtags berufstätige Mutter zwei Kinder großzuziehen. Schließlich ist mir das schon gelungen, als die beiden noch kleiner waren. Jetzt sind sie im Kindergarten und das entlastet mich sehr. Und wenn einer der beiden einmal krank ist, dann bleibe ich zu Hause oder der Kindsvater von Johannes springt ein. Mein Arbeitgeber erlaubt es mir großzügig, von zu Hause aus zu arbeiten.“

Dann kommt die nächste Frage, die ich bereits mehrfach beantwortet habe: „Ich will Renatus adoptieren, weil ich das alleinige Aufenthaltsbestimmungsrecht und Sorgerecht ausüben will. Warum sollen meine beiden Kinder nicht den gleichen rechtlichen Status haben? Ich habe in den letzten Jahren bewiesen, dass ich sehr wohl die Mutter zweier Kinder sein kann.“

Jetzt drückt sie sich mit beiden Armen am Schreibtisch hoch, reicht mir ihre Hand und komplimentiert mich heraus mit den Worten: „Danke für Ihre Geduld. Ich werde sehen, was ich tun kann, aber wir haben schlechte Erfahrungen gemacht mit derlei Adoptionen. Es hat auch keinen Sinn, sich an meine Vorgesetzten zu wenden. Die sehen das ähnlich. Und einen Rechtsanspruch haben Sie nicht. Es nützt Ihnen deshalb nichts, einen Rechtsanwalt einzuschalten."

Immer wieder hat mich Bernd vertröstet: Die Adoption sei nur eine Formalie, ein bürokratischer Akt. Wir werden das irgendwann erledigen. Bernd deutete sogar an, sein Priesteramt aufzugeben und mich zu heiraten. Doch dann machte er wieder einen Rückzieher. Solle er etwa Taxi fahren, um seinen Lebensunterhalt zu sichern? Das könne ich nicht von ihm erwarten. Schließlich sei er auch schon in einem Alter, in dem er nicht einfach umsatteln könne. Und er sei gerne Priester. Manchmal denke ich, ich sollte mich von ihm trennen. Doch dann denke ich an die Jungen, die sehr an ihm hängen. Und manchmal ist es auch schön, als Kleinfamilie Ausflüge zu machen, ins Hallenbad zu gehen oder Geburtstag zu feiern. Andererseits versucht er auf eine Art und Weise in die Erziehung der beiden einzugreifen, bei der ich mir oft die Frage stelle, ob das wirklich sein Ernst ist. Dass er mit den Jungen zusammen betet und in die Kirche geht, kann ich ja noch verstehen, schließlich ist er ein Mann Gottes. So nenne ich ihn immer noch vor allem dann, wenn er nach einigen Tagen Abwesenheit mit seinem äußerst lebendigen „Mann Gottes" zu mir ins Bett kommt.

Probleme haben wir immer dann, wenn er die beiden plötzlich erziehen will. Ich persönlich kann auf Erziehung verzichten. Ich unterstütze die Jungen in allen Bereichen, in denen sie noch nicht so gut allein zurechtkommen. Mache aber auch deutlich, was ich nicht so gerne mag. Das ist alles. Bernd will aus ihnen fromme Christenmenschen machen. Er sagt das auch so. Seine Söhne sollen fromme Christenmenschen werden. Bernd ist der leibhaftige Selbstwiderspruch. Immer noch. Wie schon damals, als wir im Priesterseminar die Nacht verbracht hatten und er am Morgen auf den Knien lag und wahrscheinlich Gott um Verzeihung bat, weil er mit mir geschlafen hatte. Heute will er aus seinem kleinen Bastard einen Vorzeigekatholiken machen. Ich verstehe das nicht. Diese Doppelmoral. Noch schlimmer treibt er es mit Renatus, habe ich den Eindruck. Er solle zu seinem Vater im Himmel beten. Renatus versteht das natürlich nicht. Er geht wie selbstverständlich davon aus, dass Bernd sein Vater ist und sagt wie Johannes Papa zu ihm, oft sogar „mein Papa", was mich dann wieder irritiert: Vielleicht spürt er doch einen Unterschied. Kinder haben da ein empfindliches Sensorium.

Was mich auch stört, sind Bernds Fragen, ob sich irgendetwas Ungewöhnliches ereignet habe im Umkreis von Renatus. Ich frage dann, was er damit meint. Er antwortet, irgendetwas Ungewöhnliches eben. Ob er besonders sozial sei, ob in seiner Nähe etwas Merkwürdiges passiert sei.

Einmal, als wir alle zusammen zum Spielplatz wollten, hatte Renatus im Park am Kiosk einen Vogel gefunden, der gegen eine Scheibe geflogen und offensichtlich ausgeknockt war. Renatus nahm den Vogel vorsichtig auf und streichelte ihn. Der Vogel rappelte sich piepsend auf und flog kurz danach fort, nicht ohne Renatus vorher auf die Hand zu scheißen. Bernd stand ganz fasziniert dabei und sagte: „Wie im Thomasevangelium, mein Gott, wie im Thomasevangelium." Während ich also Renatus Hand von der Vogelscheiße zu befreien versuchte, stand Bernd nur da, bekreuzigte sich und starrte Renatus an. Johannes lachte laut: „Er hat dich vollgekackt. Igitt Renatus, der Vogel hat dich vollgekackt." Als Renatus dem wiederbelebten Tier ein lautes „Scheißvogel" nachrief, zuckte Bernd zusammen.

Eine Woche später holte Bernd dann Renatus allein vom Kindergarten ab. Johannes ließ er dort, bis ich ihn nach der Arbeit mitnahm. Johannes weinte und konnte sich nicht erklären, weshalb er nicht hatte mitgehen dürfen. Tatsächlich war Bernd mit Renatus beim Bischof gewesen, wie ich später erfuhr, bei Bischof Flitz, der zufällig Besuch von Kardinal Cumulus hatte und von einem anderen Pater. Renatus erzählte später, dass sie ihm komische Fragen gestellt hätten, nach dem Vogel, der plötzlich wieder fliegen konnte und ob er schon öfter Tiere wieder gesund gemacht habe. Dann sei noch eine Nonne gekommen in einem Rollstuhl. Bernd habe sie vorgestellt: Schwester Rosalinde. „Rosalinde, Furz im Winde", ergänzte Renatus. Johannes, der dabei war, als Renatus davon erzählte, machte gleich mit: „Rosalinde, Furz im Winde." Das fanden die beiden sehr komisch. Ich drang mit meiner Frage kaum durch: „Sag mal, Renatus, was wollte denn die Frau im Rollstuhl, diese Schwester Rosalinde?" Renatus sagte beiläufig: „Die hat so getan als sei ich ein Arzt und gesagt, lieber Gott, mach mich gesund." Johannes fragte lachend: „Und hast du sie gesund gemacht?" Renatus nickte mit dem Kopf: „Wie in der Bibel: Nimm dein Bett und wandle, habe ich gesagt." Johannes machte weiter: „Du hättest sagen müssen: Nimm deinen Rollstuhl und verschwinde, Furz im Winde." Renatus und Johannes kamen aus dem Lachen nicht mehr heraus. Johannes weiter: „Und ist sie aufgestanden?" Renatus lachte: „Ja klar, Furz im Winde stand auf und Bischof Wolke hat angefangen zu singen."

Obwohl beide weiter herumalberten, schien mir Renatus sehr verwirrt. Er erzählte später, beim Bischof habe er geweint, weil er nicht wollte, dass Furz im Winde ihn abküsst. Er habe Bernd darum gebeten, dass er ihn wieder zurück zu seiner Mama und zu Johannes bringe. Auch das ist ein Grund, weshalb ich Renatus adoptieren will. Er ist ein ganz normaler kleiner Junge. Bernd behauptet immer, er sei seinen Alterskameraden weit voraus. Doch das ist alles Unsinn. Das Gegenteil ist wahr: Er tut sich oft schwerer als andere, wenn es darum geht, ein Puzzle zusammenzusetzen. Er ist unkonzentriert und träumt viel. So ist er nun einmal.

Tatsächlich ist Renatus auch etwas vorsichtiger als Johannes. Wenn die beiden auf dem Kinderspielplatz sind, ist Johannes schon deutlich offensiver. Auf der Kinderrutsche sorgt er dafür, dass die anderen Kinder nicht zu lange die Rutsche blockieren, und gibt ihnen schon einmal einen kleinen Schubs. Renatus stellt sich brav an und wartet. Wenn sich Renatus ungerecht behandelt fühlt, weint er still vor sich hin. Johannes löst Konflikte oft auch für Renatus, etwa dann, wenn andere Kinder im Kindergarten ihm ein Spielzeug fortnehmen. Untereinander streiten die beiden nur wenig. Es ist fast ein symbiotisches Verhältnis. Johannes ist der Macher, Renatus ist abwartend, aber erstaunlich beharrlich. Auch sucht er öfter meine Nähe als Johannes. Die beiden entwickeln sich zusammen sehr gut.

Ich bin glücklich, wenn ich mir das vor Augen halte. Bernds gelegentliche Erziehungsoffensiven empfinde ich als unpassend. Die beiden sollen Fremdsprachen lernen, zumindest Englisch. Dass sie mit zwei Jahren spielerisch Schwimmen lernten, habe ich unterstützt, auch andere sportliche Aktivitäten, die Bernd mit ihnen forcierte. Jetzt will er, dass sie Sprachen lernen. Englisch und Latein. Was soll das? Die Jungen haben genug mit dem Kindergarten zu tun und der oft übertriebenen Disziplin dort. Dann sollten sie Messdiener werden! Der Bischof wolle es so, meinte Bernd. Das sei doch eine tolle Chance für die beiden. Dass Bischof Flitz mein Chef ist, hinderte mich daran, sofort abzulehnen. Wenn die beiden Spaß daran haben, sollen sie es machen. Ich werde aber die Priester, mit denen sie zu tun haben, im Auge behalten. Bernd erzählt immer wieder von pädophilen Priestern.

Am nächsten Sonntag nimmt Bernd die beiden zusammen mit zum Bischof. Er wollte zunächst nur Renatus mitnehmen, doch das geht nicht: Entweder beide oder keinen. Das hätte Johannes zu sehr gekränkt, dass Bernd noch einmal etwas mit Renatus allein unternimmt. Jedes Jahr zu Nikolaus nimmt er sie mit zu seinem Chef, wie er Bischof Flitz nennt. Dort sind noch andere Geistliche. Ich weiß von Kardinal Cumulus und noch einem Vertrauten des Papstes aus Polen. Bernd wimmelt mich ab, wenn ich wissen will, weshalb sich diese erlauchten Geistlichen für Renatus interessieren. Hinterher kommen sie mit Nikolausgeschenken wieder.

Dieses Jahr werde ich die Kinder fragen, was Bischof und Kardinal von ihnen wollten. Jedenfalls scheinen inzwischen auch Bischöfe zu akzeptieren, wenn ihre Priester Beziehungen zu Frauen unterhalten und zu ihren Kindern. Das wird auch langsam Zeit.

Teil 3

Hautrup • Klaus Kolonko (10) • 11. Mai 1996

Theos Leiden

Es ist fast Mittag, als ich an diesem schönen Frühlingstag mein Auto auf dem Besucherparkplatz in Hautrup abstelle. Es ist seltsam ruhig. Kein Schüler zu sehen. Die Ruhe ist ungewohnt und macht mich nervös. So lange hatte ich hier gelebt mit all dem Geschrei, den Klingelsignalen, die einem sagten, wann man zu essen, zu studieren, zu beten hatte und wann es Zeit war, ins Bett zu gehen. Jetzt ist es ruhig. Eine Motorsäge weit weg macht sich bemerkbar, die Vögel in den großen Bäumen. Es ist ein Heimfahr-Wochenende. Die meisten Schüler des Internats sind zu Hause, Schule findet schon lange nicht mehr am Samstag statt. Zu meiner Zeit war das noch so: Am Samstag Schule bis 12.10 Uhr. Mein bester Freund Theo – ich nenne ihn immer noch so – hat mich über das Wochenende eingeladen und mich vorgewarnt: Völler sei auch da und wolle mich sprechen. Wahrscheinlich wegen der Sache mit Oliver Bauer, also dem Reliquienklau vor einigen Jahren.
Ich habe noch oft darüber nachgedacht und die Nachrichten aus den Bistümern Osnabrück und Köln im Auge behalten: Wollen die tatsächlich einen neuen Kult inszenieren? Wenn ja, geschieht das sehr langsam. Ich habe jedenfalls nichts bemerkt. Einige Zeit habe ich noch verfolgt, ob es vielleicht ein neues Buch zur Erneuerung der Reliquienverehrung gibt bei einem dieser Kirchenbuchverlage.

Nichts in der Richtung ist in den Predigten und Interviews von Cumulus und Flitz zu bemerken. Kein neuer Akzent, nur die langweiligen Interviews, die ebenso langweiligen Predigten am Sonntag. Dass die sich keinen einfallsreicheren Predigtschreiber leisten können, wundert mich. Dieses stereotype Gequatsche ist einfallslos und manchmal auch anbiedernd und peinlich wie das Wort zum Sonntag im Fernsehen.

Wenn ich den Kirchturm von Hautrup von Weitem sehe, gerate ich in eine merkwürdige Stimmung. So etwas wie eine Mischung aus Heimatgefühl, Grusel und Depression. Baulich wurde im Laufe der Jahrzehnte einiges verändert, aber vieles blieb, wie es war, etwa die „Klosterpforte". Als ich mit meinem Rucksack über der Schulter die Stufen der Freitreppe hochsteige, sehe ich, dass oben die Flügeltür der Pforte weit geöffnet ist. Rechts, hinter einer Scheibe, sitzt immer noch, nur viele Jahre älter, Herr Sievert. Früher hatte er noch eine Funktion: Er stellte Telefongespräche durch, verteilte die Post, brachte Besucher zu den Zimmern der Patres, ließ Schüler ans Telefon holen, wenn ihre Eltern sie zu sprechen wünschten. Einigen Schülern, die er kannte, drückte er oft Geld in die Hand, damit sie ihm im Geschäft gegenüber eine Drittelliterflasche Weinbrand holten. Man bekam dafür zwanzig Pfennige, die gleich in Süßigkeiten investiert wurden. Jetzt sitzt er da, hört Radio und liest Zeitung. Ein langweiliger Job. Als er mich sieht, glaube ich ein Erkennen wahrzunehmen. Tatsächlich: Er lächelt sogar kurz: „Du weißt ja, wo es langgeht." Ich antworte: „Ja, ich weiß, Herr Sievert, wie geht es denn?" Er brummt irgendetwas und ich bin froh, mich nicht mit ihm unterhalten zu müssen. Ein trauriges Leben. Sein Essen wird ihm von der Küche hochgebracht, weil ja Klosterpforten immer besetzt sein müssen. Zu meiner Zeit als Schüler verband den Pförtner noch eine Art Hassliebe mit dem humpelnden und leicht debilen Hausmeistergehilfen, der die Aufgabe hatte, den Hof zu fegen und die Toiletten sauber zu halten.

Ein wirklich trauriges Leben. Und Theos Leben ist nicht viel besser. Ich könnte in den neu eingebauten Aufzug steigen, um zu seinen beiden Zimmern im 4. Stock zu gelangen, nehme aber lieber die breiten Treppen mit den ausgetretenen Steinstufen. Erinnerungen überfallen mich. Wie oft war ich diese Treppen hochgestiegen und hinuntergerannt? Früher lebten im Internat bald 250 Schüler, heute sind es deutlich weniger. Welche Eltern geben ihre Kinder heute noch ins Internat, noch dazu in ein katholisches?

Seitdem Birgit und ich zusammenleben, sehe ich Theo seltener. Wir telefonieren zwar immer noch regelmäßig. Er hat uns auch einige Male in den Ferien besucht, doch meine eheähnliche Beziehung mit Kind und meine journalistische Arbeit lassen mir wenig Zeit. Unsere Leben entwickeln sich auseinander. Birgit lästert manchmal, spricht von meinem Ex und meint, wenn sie nicht ganz sicher wäre, dass ich hoffnungslos hetero sei, wäre sie eifersüchtig. Tatsächlich habe ich an der Seite von Theo viele Jahre verbracht. Ich habe tatsächlich das Gefühl, ihn verlassen zu haben und ich fühle mich manchmal schuldig.

Die Begrüßung ist herzlich, unsere Umarmung wie immer eher flüchtig. Wie früher schwingt immer dieses Moment mit, dass wir nicht schwul erscheinen wollen. Unsere Internatszeit war tatsächlich begleitet von nur scheinbar witzigen Bemerkungen, wer denn nun Mann und wer Frau sei. Wir hatten das immer ignoriert. Es blieb trotzdem an uns kleben, bis ins Priesterseminar, bis heute.

Im Anfang ein wenig Smalltalk. Wir kommen nie gleich zur Sache. Das war früher schon so. Wir nehmen Anlauf, wärmen uns auf: Wie schön das Wetter ist, wie schnell alles grün wird. Wie meine Fahrt von Hildesheim nach Hautrup war? Kein Stau? Wie es Birgit geht, wie meiner Mutter? Weil ich der ungeduldigere bin, frage ich scheinbar unvermittelt: „Weißt du, was Völler von mir will. Das letzte Mal habe ich ihn gesehen bei Oliver Bauer, als ich mich dazu breitschlagen ließ, diese Geschichte mit der geklauten Vorhaut ruhen zu lassen. Mir ist das verdammt schwergefallen. Das wäre eine tolle Geschichte. Die hätte ich vielleicht sogar dem „Spiegel“ verkaufen können. Ich wundere mich noch heute: Wieso dieser Aufwand, sich in den Besitz des Präputiums zu bringen. Was das für ein Risiko war. Den Sinn verstehe ich immer noch nicht. Ich dachte damals, die inszenieren ein gewaltiges Medienereignis: Wir haben die Vorhaut Christi aufgefunden! Christen, pilgert nach … Ja, wohin eigentlich. Aber nach Trier zum „Heiligen Rock“ rennen die Dumm-Katholiken ja auch dieses Jahr wieder.“

Theo lacht: „Uns laufen die Schäfchen davon. Das mit der Befreiungstheologie der Linken hat nicht nachhaltig funktioniert. Das mit der feministischen Theologie ist der hohen Geistlichkeit auch nicht geheuer. Eine Wiederbelebung der Volksfrömmigkeit mit einem neuen Reliquienkult ist ein weiterer Versuch.“

„Ja, aber da kommt nichts. Warum bringen sich Cumulus und Freunde nicht einmal in Stellung. Das wäre doch etwas. Gerade in diesem Jahr, wo die Pilger in Trier Schlange stehen, um den Rock Jesu sehen zu können. Die Vorhaut Jesu würde da die Massen ziehen. Und ich würde ein paar nette Features dazu schreiben, bei denen nicht nur ich viel Spaß hätte.“

Theo lächelt, geht dann mit mir zwei Stockwerke herunter und zeigt mir das vorbereitete Gästezimmer im Patresgang. Anders als zu meiner Internatszeit riecht es heute nicht mehr nach Zigarrenrauch. Das Zimmer ist funktional eingerichtet: Bett, Schrank, ein kleiner Schreibtisch, darüber ein schlichtes Kreuz. Ich werfe mein Gepäck aufs Bett und schaue kurz durch die Gardinen auf den Hof und wundere mich immer noch über diese Ruhe. Vom Gästezimmer aus gehen wir hinunter ins Refektorium zum Essen. Theo geht vor. Dort sitzen sie alle: Westenstedt, Heuhoff, Hinz, Bregenz, einige sehr junge Patres, die ich nicht kenne, zwei aus Brasilien, einer aus Indonesien, und natürlich der Schulleiter, der doppelt promovierte Müller-Tusch. Ich spüre es gleich: Alle sehen sie in mir einen Abtrünnigen. Dass es mir trotzdem gut geht, privat und beruflich, ist für sie eine Provokation. Jetzt erst wird mir klar, dass es von Theo sehr mutig ist, mich eingeladen zu haben. Alle scheinen auf etwas zu warten, jedenfalls wird das Essen nicht serviert. Da sitzen sie vor der weißen Tischdecke, die mit einer durchsichtigen Folie überdeckt ist. Die Teller, das Besteck liegen vor ihnen, in der Mitte der Tische ein klägliches Blumensträußchen. Schwester Augusta wartet an der Tür zur Küche. Sie hat ihre Anweisungen. Die Unterhaltung kommt nur sehr schwer in Gang. Dann kommt Völler herein: Sportlich, frisch, lächelnd, jovial, sein Haar wird langsam grau. Er begrüßt uns mit einem „Grüß Gott“, setzt sich mir gegenüber und fragt: „Na, wie geht es dir, Klaus? Läuft alles so, wie du es dir vorgestellt hast?“

Das letzte Mal, als wir uns gesehen haben, hat er wüste Warnungen ausgesprochen und mir dann eine glänzende Zukunft in Aussicht gestellt. Ich spüre wieder diesen Groll in mir aufsteigen: „Gut geht es mir.“ Und selbst? Wie geht es der Familie, den Kindern? Was macht die Geheimdiplomatie?“

Völler verrutscht sein Lächeln, Westenstedt lacht, selbst dem distinguiert wirkenden Müller-Tusch huscht ein ironisches Lächeln über sein gut rasiertes Gesicht. Theo erstarrt. Völler fängt sich schnell wieder: „Alles gut, alles bestens. Unseren Kindern geht es gut.“

Die Suppe wird serviert. Ganz ordentlich für einen Samstag: Eine kräftige Rindfleischsuppe, lecker. Rektor Westenstedt fühlt sich nun verantwortlich für die Unterhaltung. Er ist erfreulich direkt, aber auch etwas unbeholfen: „Wie läuft es denn so als freier Journalist? Das ist sicher nicht einfach.“ Man merkt ihm seine Herkunft aus einer Bauernfamilie noch immer an. Ich antworte freundlich: „Danke der Nachfrage. Ich werde mit meiner Schreiberei nicht reich, aber es läuft ganz gut. Ich kann davon leben.“

Am Ende des Tisches sitzen die Brüder zusammen, die für den Orden die niederen Arbeiten verrichten. Es ist noch immer eine Zwei-Klassen-Gesellschaft: Früher saßen die „Brüder“ als Menschen mit niederen Weihen, die keine richtigen Partres sind und keine Messe zelebrieren dürfen, noch an einem anderen Tisch, etwas abseits. Ihre Zahl hat sich gelichtet: Übrig geblieben sind der Hausmeister Bruder Franziskus und Bruder Ignatius, der so etwas wie der Küster der Klosterkirche ist.

Nach dem Essen schaut mich Völler an: „Wie du weißt, möchte ich mich mit dir unterhalten. Können wir ein Stück spazieren gehen?“ Ich reagiere kühl: „Ich bin eigentlich hier, um Theo zu besuchen. Können wir das, was wir zu besprechen haben, nicht schnell jetzt erledigen?“ Völler zögert kurz, aber bleibt dabei, mit mir lieber einen Spaziergang machen zu wollen. Theo nickt mir zu und so gehen wir hinter den Gebäuden am Lunapark vorbei die Straße zum Mühlteich. Völler scheint nicht so recht zu wissen, wie er anfangen soll. Deshalb übernehme ich: „Na, Bernd, wie sieht es denn mit dem Präputium aus, ich meine, mit der Vorhaut unseres Heilandes? Wollt ihr sie nicht bald einmal ausstellen und Wunder tun lassen? Ein bisschen Aufmerksamkeit kann die Kirche ja vertragen. Der Papst taugt auch nicht mehr für Sensationen. Dass er alle möglichen Leutchen Selig- und Heiligsprechen will, daran haben sich inzwischen alle gewöhnt."

Völler lacht: „Es war ja nicht nur die Vorhaut, es war ja auch ein Stück der Nabelschnur." Ich unterbreche: „Eine Vorhaut macht aber mehr her als so eine harmlose Nabelschnur. Davon kann nach all den Jahrhunderten nicht mehr viel übriggeblieben sein." Völler reagiert plötzlich ärgerlich: „Glaubst du denn an gar nichts mehr? Ist dir nichts mehr heilig?"

„Die Vorhaut Jesu jedenfalls nicht. Bestenfalls amüsiert sie mich. Gleich 13 Stück oder 17 oder wie viele auch immer. Dieser katholische Obskurantismus! Ihr macht euch nur lächerlich mit diesem angeblichen Vorhautschnipsel."

Völler unterbricht mich: „Wenn du wüsstest, wie wenig lächerlich dieses Präputium ist. Ich habe seine *Virtus* gespürt. Es ist eine wirkliche Gnade, dass wir sie gefunden haben. Es macht uns Hoffnung, gibt uns Kraft."

„Kraft in den Lenden, Sexualvirtus", lache ich.

Völler ereifert sich: „Es ist die Kraft des Geistes, mein Lieber, die Kraft Gottes. Du solltest sie spüren!"

„Ach Völler, ich glaube eher an die Kraft der Autosuggestion. Sicher hörst du die Englein singen und spürst einen Wohlgeruch ..."

Theo räuspert sich, vermutlich um mich zu warnen. Er scheint mehr zu wissen als ich. Ich werde ihn nachher fragen. Eine Weile gehen wir dann schweigend nebeneinanderher. Dann halte ich es nicht mehr aus: „Du wolltest mich sprechen, Bernd. Was ist? Bei unserem letzten Treffen hast du darauf bestanden, dass ich meine Recherchen zu eueren Einbrüchen verschweige. Das habe ich gemacht mit Rücksicht auf deinen Zögling Oliver. Du hattest mir vage irgendwelche Vorteile in Aussicht gestellt, bei Zuwiderhandlungen drohtest du mir und sogar meiner Freundin mit Nachteilen. Zuckerbrot und Peitsche. Ich habe mich wegen Oliver darauf eingelassen. Aber mir ist das ziemlich schwergefallen. Das ist heute immer noch eine verdammt gute Geschichte: Reliquienklau im Dommuseum begangen von einem persönlichen Schützling des Kardinals."

Völler bremst mich: „Gut, Klaus, ich will nur, dass das auch in Zukunft so bleibt. An deinen Glauben kann ich nicht appellieren, das ist mir inzwischen klar. An unserer Kirche liegt dir auch nicht viel. Dir eigene Vorteile in Aussicht zu stellen, motiviert dich, sagen wir einmal wenig. Dass du das so sehr betonst, macht mich allerdings hellhörig. Also will ich dir noch einmal versichern, dass eine Kooperation mit uns, Vorteile für dich haben würde, berufliche. Ich weiß, was du jetzt verdienst. Das ist nicht viel. Das könnte besser werden. Garanten für deine Loyalität sind uns die Leute, die dir nahestehen. Du weißt, wen ich meine. Dass das Sorgerecht für die Tochter deiner Freundin wackelt, muss ich dir nicht sagen. Der Kindsvater will das alleinige Sorgerecht und wir haben da gewisse Einflussmöglichkeiten ..."

Ich werde wütend: „Du bist ein echtes Schwein, Völler, ein widerliches Schwein. Und deine Chefs, das sind vermutlich Kardinal Cumulus und Bischof Flitz. Ihr seid übelste Mafiosi. Das ist einfach ekelhaft. Und dann noch vom wahren Glauben reden." Dann wende ich mich an Theo: „Für so einen Verein arbeitest du! Bin ich froh, dass ich da raus bin."

Völler lacht: „Naja, du schreibst für die Kirchenredaktionen. Die gehören mit zu diesem Verein, wie du es nennst."

„Die sind unabhängig, das sind aufrechte, liberale Leute, denen tatsächlich immer noch etwas an dieser Kirche liegt – so wie mir übrigens auch." Theo tut mir plötzlich leid. Völler gelingt es tatsächlich, einen Keil zwischen uns zu treiben. „So geschlossen sind die Reihen nicht, Völler!"

„Aber wir haben die Macht und bauen sie aus. Das muss dir klar sein. Der Zweck heiligt die Mittel. Das ist ein alter jesuitischer Grundsatz. Der gilt auch für unseren Orden."

Ich koche vor Wut. Wir gehen weiter, eine Weile schweigend. Es kommt uns ein Trecker entgegen, sodass wir die Straße frei geben. Als wir die Straße wieder betreten, schiebt sich Theo zwischen mich und Völler. Ich kann mich langsam beruhigen.

„Gut Völler, das ist jetzt bei mir angekommen. Ich weiß aber immer noch nicht, was du willst. Ich habe mich die letzten fünf Jahre brav an unser Arrangement und unsere Absprachen gehalten. Also, was willst du?"

„Ich sage es dir Klaus. Womöglich wächst ein neuer Messias heran, ein neuer Glaubenslehrer, ein Guru, wenn du so willst. Er wird die Kirche stärken. Er ist aus der Vorhaut, aus der Nabelschnur erwachsen, wenn du so willst. Und du wirst erfahren, wer es ist, und wirst deine Schlüsse ziehen, woher er stammt. Ich will, dass du darüber berichtest, aber nur wann wir es dir erlauben und so, wie wir es dir erlauben."

„Ihr habt mir nichts zu erlauben oder zu verbieten. Ich bin nicht mehr im Orden, ich bin nicht mehr euer Befehlsempfänger, war ich übrigens noch nie."

Völler lenkte ein: „In Ordnung, in Ordnung. Die Vorhautsuche war kompliziert und nicht legal, das wissen wir auch. Es macht mir übrigens absolut kein Vergnügen, dir zu drohen, wirklich nicht. Es geht mir aber nicht nur um unsere Kirche, es geht mir jetzt auch um meinen Pflegesohn, Renatus. Ich bin ganz offen dir gegenüber und ich sage dir, komm uns nicht in die Quere! Wenn du das als Warnung verstehst, liegst du richtig. Es ist eine Warnung."

Langsam gelingt es Völler doch, mir Angst zu machen. Ich schüttle den Kopf, murmle wieder „Mafiosi, Kirchen-Mafiosi". Dann kommt mir eine Frage in den Sinn, die ich mir bereits vorher gestellt hatte: „Sag mal Völler, ihr wolltet mit dem Präputium gar keinen neuen Reliquienkult etablieren, stimmt's?" Völler bestätigt: „Dass du nicht eher darauf gekommen bist!"

„Aber was wollt ihr sonst damit?"

Völler antwortet. „Das soll dich nicht interessieren und es ist besser, wenn es dich nicht interessiert." Vorhin benutzte er die Formulierung, dass etwas aus Vorhaut und Nabelschnur erwächst. Was soll daraus „erwachsen“. Langsam dämmert es mir: „Ihr seid wahnsinnig, völlig wahnsinnig.“

Völler dreht sich um und lässt Theo und mich stehen. Wir folgen der einspurigen Straße. Es ist grün geworden in den letzten Tagen. Die frischen Frühlingsfarben tun den Augen gut. Welcher Kontrast zu diesen Klosterbrüdern und ihren Intrigen. Langsam beginne ich zu begreifen. Ich frage Theo: „Die glauben tatsächlich, dass sie aus dem Präputium einen neuen Jesus produziert haben. Ist es das? Die sind ja völlig irre geworden. Selbst wenn ich darüber schreiben würde, das glaubt mir niemand.“ Theo schweigt und dieses Schweigen schiebt sich langsam zwischen uns. „Und wenn ich das richtig verstanden habe, Völler hat mich gerade ernsthaft bedroht. Wie hast du das verstanden?“

Theo schüttelt den Kopf: „Ich weiß nicht, aber er meint das sehr ernst und dir muss klar sein, dass er skrupellos ist und gedeckt wird. Völler ist gefährlich, vor allem sind es die Leute, für die er arbeitet.“

Ich bleibe kurz stehen und schaue Theo an: „Wie geht es dir denn damit, mit diesen Irren?“ Er schweigt. Ich sage: „Wenn du da raus willst und Hilfe brauchst… denk dran, dass ich dir helfen würde.“ Er lächelt, als ich zu ihm herüberschaue: „Danke, ich bin froh, dass ich jemanden außerhalb des Vereins habe, auf den ich mich verlassen kann, aber ich versuche es weiter. Aber wenn ich etwas erfahre, was dich gefährdet, lasse ich es dich wissen. Vielleicht sollten wir uns demnächst an neutralen Orten treffen. “

Hautrup • Oliver Bauer (6) • 6. Juni 1996

Stabile Netzwerke

Es ist mir lange gelungen, Heuhoff aus dem Wege zu gehen. Einige Male sind wir uns begegnet: Er nickte mir zu. Ich schaute sofort weg, konnte ihn nicht anschauen. Ich will nichts mit ihm zu tun haben. Wenn ich erfahre, dass er das, was er mir angetan hat, auch anderen Jungen antut, lasse ich ihn auffliegen. Dann gehe ich zur

Polizei oder schreibe dem Bischof. Bernd hatte mir auch deutlich signalisiert, dass ich mich nicht einmischen soll. Er selbst werde dafür sorgen, dass Heuhoff unter Kontrolle bleibe. Vielleicht sollte ich Heuhoff doch sagen, dass ich nichts vergessen habe und ihn im Auge behalte.

Pater Hinz hatte mich gebeten, nach den Fenstern in seinem Zimmer zu sehen. Sie machten Lärm, wenn der Wind ungünstig stehe. Ob ich einmal nachsehen könne. Als ich bei ihm anklopfe, kommt ein etwa 12-jähriger Junge aus dem Zimmer im Gang schräg gegenüber. Er wischt sich über verweinte Augen. Ich erinnere mich gut. Es ist Heuhoffs Zimmer. Der Junge ist blond, schlank, hat ein hübsches Gesicht. Wahrscheinlich ist er ein Externer, kommt jeden Tag mit dem Bus zur Schule. Als ich ihn ansprechen will, öffnet Pater Hinz die Tür und zieht mich hinein. Ich fragte Hinz: „Was ist da los? Fickt Heuhoff immer noch die kleinen Jungen, diese Sau?" Hinz versucht mich zu beruhigen: „Wir tun, was wir können, um das zu verhindern. Doch Ludwig kommt nicht dagegen an. Er kasteit sich, betet, bittet uns für ihn zu beten."

„Der darf nicht mehr an die Jungen ran. Mich hat er früher auch gequält. Deshalb bin ich abgehauen. Ohne ihn hätte ich vielleicht Abitur gemacht."

Hinz beschwichtigt: „Ich werde mit ihm reden. So schlimm kann das nicht sein. Im alten Griechenland war das üblich, dass sich die Lehrer ihren Schülern auch so nähern. Das war da üblich, und bei uns, ehrlich gesagt, ist es das auch. Das ist immer wieder vorgekommen und wir haben das immer intern geregelt. Auf Heuhoff kann die Schule nicht verzichten. Er leitet den Chor und das Blasorchester. Die Schüler mögen ihn und unter den Patres hat er enge Freunde. Westenstedt ermahnt ihn immer wieder."

Mich macht das sprachlos. Ich stottere irgendetwas: „Das könnt ihr doch nicht zulassen. Der Junge vorhin, der ist völlig verzweifelt. Heuhoff muss man stoppen. Ich zeige den an!" Hinz beruhigt mich: „Ich werde mit Westenstedt sprechen. Du solltest dich in dieser Sache zurückhalten. Die sprechen sowieso schon über dich, dass du mit deiner Freundin zusammen in der Wohnung wohnst, die dem

Kloster gehörst, unverheiratet." Ich ignoriere die Warnung: „Ich weiß, mit Bregenz fährt Heuhoff zusammen in Urlaub, mit Ihnen versteht er sich auch gut. Halten Sie es etwa auch mit kleinen Jungen?" Das war zu viel für Hinz: „Nein! Niemals!"

Ich entschuldige mich und kümmere mich um seine klappernden Fenster. Ich mag Leo Hinz eigentlich gern. Er war früher mein Deutsch- und Religionslehrer. Er hat nie geprügelt und als Schüler hielten wir ihn für nett, aber harmlos. Aber das heißt ja nichts. Harmlos wirkt Heuhoff auch, genau wie Hinz. Die anderen Schüler wissen auch nichts davon, dass Heuhoff einige von ihnen fickt. Ich sage jetzt nichts mehr, schaue mir die alten Fenster an und sage ihm, dass ich später noch einmal wiederkommen würde.

Dann stehe ich wieder auf dem Gang und schaue schräg hinüber zu Heuhoffs Tür. Ich bin immer noch aufgeregt. Zuerst will ich direkt zu Heuhoff gehen und ihn einfach nur anschreien. Als ich vor seinem Zimmer stehe, schaffe ich es nicht, anzuklopfen. Ich bleibe einen Moment wie erstarrt stehen. Als ich früher zu ihm musste, lauschte er hinter der Tür. Ich musste nicht einmal klopfen. Jetzt kann ich es nicht. Irgendwann, als ich am anderen Ende des Gangs eine Tür höre, bewege ich mich wieder. Mir kommt der Gedanke, dem Jungen zu helfen. Ich will ihm sagen, er soll sich an seine Eltern wenden oder an die Schulleitung, oder er soll einfach zur Polizei gehen. Doch der Junge ist weg. Vielleicht steht er bei den Bussen. Doch die Busse warten noch nicht. Es ist viel zu früh. Es ist ja noch nicht einmal Mittag.

Ich bin gedanklich völlig gefangen. Ich komme erst wieder zu mir, als ich in der Werkstatt stehe. Franziskus ist da, hat das Radio angeschaltet und glättet ein Regalbrett mit einem Stück völlig abgeriebenem Schleifpapier. „Was ist denn mit dir los?" Ich stutze: „Was soll mit mir los sein?"

„Du bist ganz bleich, leichenblass. Ist dir der Teufel über den Weg gelaufen?" Langsam reagiere ich: „Ja, so könnte man ihn nennen, einen Teufel." Franziskus legt das Schleifpapier zur Seite: „Was ist denn, Junge?"

Zwischen mir und dem alten Franziskus ist im Laufe der letzten Jahre eine merkwürdige Freundschaft entstanden. Wir reden nicht viel miteinander, schon gar nicht über Persönliches, aber wir fühlen uns wohl miteinander.

Ich sage so etwas wie: „Heuhoff, diese Sau …" und Franziskus nickt: „Ja, er ist eine Sau und der Bregenz auch." Ich stutze: „Bregenz auch?" Dann nach einer Weile: „Aber Hinz nicht, Hinz doch nicht?" Franziskus lächelt ein wenig: „Nein, Leo nicht, er weiß aber alles. Er hält sich aus allem heraus, aber er weiß von allem hier. Irgendwann reden alle mit ihm. Er ist so ein Mensch, dem irgendwann alle das Wichtigste von sich anvertrauen. Er ist quasi der Beichtvater von allen, obwohl er offiziell nur die Beichte von denen außerhalb abnimmt. Manche kommen extra von weit angefahren, um bei ihm zu beichten. Er ist ein guter Zuhörer."

„Aber er tut nichts."

„Selten, aber er gehört zu den wenigen hier, die wissen, wie es den anderen geht."

Ich beruhige mich langsam und setze mich an den Tisch mit unseren ungespülten Kaffeetassen und dem vollen Aschenbecher. „Ich gehe zu Müller-Tusch und sage ihm alles. Das von mir und das von dem Jungen, der aus Heuhoffs Zimmer gekommen ist. Jetzt sofort!" Ich stehe auf, und Franziskus sagt ziemlich laut: „Setz dich! Das ist keine gute Idee. Müller-Tusch hat kein Interesse daran, dass das bekannt wird. Er weiß es auch schon längst. Er weiß das von Bregenz und das von Heuhoff. Und die beiden wissen, dass er eine Freundin hat."

„So funktioniert das also: Einer deckt den anderen, weil alle Dreck am Stecken haben."

Franziskus lacht bitter: „Das ist eine gute Formulierung, Dreck am Stecken."

Ich atme tief durch, bin aber immer noch geladen: „Und du? Was hast du für Geheimnisse?"

„Keine, sagen wir mal fast keine. Ich bin immer ganz gut alleine klar gekommen, wenn du weißt, was ich meine."

Nach einer Weile sage ich zu Franziskus: „Dann werde ich herauskriegen, wer der Junge ist und seinen Eltern sagen, dass sie sich besser um ihr Kind kümmern und dafür sorgen müssen, dass Heuhoff wegkommt.“

„Und glaubst du, sie glauben dir? Niemals. Und dann laufen sie zu Müller-Tusch und der lässt dich kommen und du fliegst hier raus. Das geht ganz schnell.“

Genau das will ich nicht. Nicht noch einmal hier herausfliegen, jetzt nicht. Vielleicht gehe ich bald alleine zurück nach Osnabrück oder wohin auch immer.

„Dann schreibe ich seinen Eltern anonym einen Brief. Die müssen doch merken, dass es ihrem Sohn schlecht geht.“

„Und dann geben sie den Brief an Müller-Tusch und der weiß gleich, dass er von dir kommt. Du hast keine Chance und kannst nur hoffen, dass Leo Hinz vorsichtig mahnt.“

„Dann muss ich den Jungen selbst ansprechen und ihm sagen, dass er sich wehren kann. Ich werde ihn abpassen am Bus und ihm das sagen.“

„Und seine Eltern fragen ihn …“

„Ist mir egal. Ich weiß, wie es mir damals gegangen ist. Ich muss da etwas tun.“

Franziskus schüttelt den Kopf: „Tu, was du nicht lassen kannst.“

„Und Westenstedt, der ist immerhin Rektor des Internats. Weshalb tut der nichts. Er ist doch verantwortlich für Heuhoff?“

„Aber Westenstedt ist bald weg. Er wird bald versetzt und wird nichts tun, was dem im Wege steht. Er will hier weg, weil er den ganzen Unsinn nicht mehr aushält, das mit dem Weltenlehrer und was sich die anderen in den Kopf gesetzt haben.“

„Und Theo. Theo Olker, der ist doch in Ordnung.“

„Theo ist ein hilfloser Mensch, der sein Bestes tut. Der kann einem nur leidtun.“

Osnabrück • Marianne Schlüter (4) • 2. Dezember 2000

Eingekauft

Bernd ist nicht mehr so oft bei uns. Den Alltag mit den beiden Jungen und meinem flexiblen Halbtagsjob bekomme ich ohne ihn ganz gut hin. Wenn ich ihn in den letzten Jahren brauchte, war er nicht da. Er war nicht da, als Johannes ins Krankenhaus musste wegen der Blinddarmoperation. Er war nicht da, als die junge Lehrerin der katholischen Grundschule von Renatus und Johannes empfahl, die beiden in getrennten Klassen unterzubringen, weil die beiden zu sehr aufeinander fixiert seien. Er war nicht da, als die Rektorin mich einbestellte und mich dringend aufforderte, Renatus dem Schulpsychologen vorzustellen, weil Renatus ja ein Pflegekind sei und damit, wie sie es nannte, „problemanfällig". Er war nicht da, als mein Antrag auf Adoption endgültig abgelehnt wurde, weil Renatus angeblich psychisch instabil sei und der Amtsaufsicht bedürfe. Er war nicht da als ich jemanden brauchte, mit dem ich über das merkwürdige Verhalten von Renatus sprechen wollte. Renatus und Johannes fingen am Teich Frösche, Johannes setzte sie wieder vorsichtig ins Wasser. Renatus schlug sie gerne auch das eine oder andere Mal tot. Als ich das beobachtete und ihn fragte, antwortete er: „Ich habe die Kraft Leben zu nehmen und Leben zu geben." Ich versuchte ihm nicht zu zeigen, wie schockiert ich war und erwiderte dann: „Du spielst also Gott und die armen Tiere haben darunter zu leiden." Er lächelte: „Ich bin Gott." Johannes hörte das: „Und er will keine anderen Götter neben sich haben." Die beiden lachten. Wieder dieses gemeinsame Lachen. Ich habe keine Chance, mehr zu erfahren. Ich komme nicht dazwischen. Wie gerne würde ich mit Bernd darüber sprechen. Doch er entzieht sich, ist ständig abwesend und wenn er physisch anwesend ist, ignoriert er meine Fragen und Probleme. So hält er mich auf Distanz und gleichzeitig in Abhängigkeit.

Ich wollte selbständig leben, und jetzt bin ich gefangen in einem Netz von Abhängigkeiten. Da ist einmal der geheimnisvolle abwesende Bernd und da ist die Kirche. Wegen der Kinder kann ich dieses Netz nicht durchlagen, auch weil es so viele Vorteile bietet: Ich arbeite beim *Kirchenboten* zu optimalen Bedingungen und bekomme dafür ein überdurchschnittlich gutes Gehalt. Wir wohnen äußerst günstig in unserer schönen, großen Wohnung, die überraschend preiswert ist und der katholischen Kirche gehört.

Meine Kinder gehen in eine katholische Schule und bekommen dort viel Aufmerksamkeit, mehr als mir lieb ist: Am Nachmittag privaten Musikunterricht, Renatus erhält Förderunterricht in Deutsch und Mathe, alles ohne Kosten für mich, alles von den einfühlsamsten und didaktisch geschicktesten Leuten, die es an der Schule gibt. Nach der Schule machen sie Sport – Judo in einem kirchlichen Sportverein, in dem Bernd zum Vorstand gehört. Dann gehen Renatus und Johannes zweimal wöchentlich zum Messdienertreffen. Alle zwei Monate gibt es eine Wochenendfreizeit meist in einem Kinder- und Jugendcamp der Kirche. Bernd besteht darauf, dass sie regelmäßig teilnehmen. Wir sind also fest eingebunden im katholischen Netz.

In diese Abhängigkeit bin ich so nach und nach hineingerutscht. Die Situation war kompliziert als alleinerziehende Mutter mit zwei Kindern und schlechten Berufsaussichten als Theologin mit dem Feministinnen-Stigma. Was sollte ich machen? Und: Was soll ich jetzt machen? Und dann gibt es diese immer präsente Drohkulisse mit Renatus: Wenn ich nicht brav weitermache, drohen sie mir, das Pflegekind Renatus fortzunehmen. Weder ich noch Johannes würden das überstehen und Renatus ganz sicher auch nicht. Und Bernd? Er hält sich heraus und manchmal habe ich den Eindruck, er arrangiert das alles, kommt immer mit den entscheidend guten Angeboten, zieht die Fäden im Hintergrund. Dass die völlig überflüssigen Gespräche mit dem Schulpsychologen, übrigens auch ein Theologe, ein Psychologe und Theologe, bald aufhörten, hatte Bernd sehr schnell erreicht, während ich zuvor alles Mögliche unternommen hatte, um das zu verhindern. Ich wollte nicht, dass Renatus zum „Psycho“ wird. Ich versuchte den Rektor der Schule zu überzeugen, von dieser Zwangs-Therapie abzusehen. Ich bettelte demütig bei der Pflegschaftsstelle im Amt. Vergeblich.

Inzwischen war ich so verunsichert, dass ich auf eigene Kosten eine Kinderpsychologin suchte, die mir vertrauenswürdig erschien, eine, die nichts mit der Kirche zu tun hatte. In einem kurzen Telefonat ließ sie durchblicken, dass sie Kinder in Behandlung habe, die gewisse Übergriffe von Kirchenleuten erlebt hätten. Ich brachte Renatus zu ihr und sie versicherte mir nach drei Sitzungen, Renatus sei ein sehr sensibles, aber normales Kind, das nichts als eine verlässliche Umgebung benötige, die er bei mir und Johannes habe. Sie schrieb mir ein Gutachten zum Sonderpreis. Es nutze alles nichts: Die Schule und das Amt bestanden auf der Therapie beim völlig unsympathischen Schulpsychologen. Mit mir wollte er auch sprechen. Nach dem Gespräch mit ihm war mir klar: Wenn ich eine Eltern-Kind-Therapie machen muss, okay, aber nicht mit diesem Menschen!

Renatus war zwei Mal bei diesem Kirchenpsychologen. Ich wartete auf ihn. Hinterher erzählte er mir, der Psychologe habe ihn gefragt, ob ihm seltsame Dinge passiert seien. Das verunsichert ihn immer wieder: Bernd, der Bischof und jetzt auch der Psychologe fragen ihn, ob ihm seltsame Sachen passiert seien. So etwas muss ein Kind doch verwirren. Er will ein ganz normaler Junge sein und andere fixieren ihn darauf, dass ihm seltsame Dinge passieren. Johannes macht sich zusammen mit ihm inzwischen darüber lustig. Johannes fragt ironisch: „Na, Renatus, sind dir seltsame Dinge passiert?“ Die beiden lachen, aber Renatus weniger laut als Johannes. Das ist nicht gut für Renatus. Er muss den Eindruck gewinnen, Bernd und andere interessieren sich nur deshalb für ihn, weil ihm seltsame Dinge passieren sollen. Es ist nur eine Frage der Zeit, bis er sich darauf fixieren lässt.

Tatsächlich passieren ihm merkwürdige Dinge, wie die mit dem ausgeknockten Vogel vor einigen Jahren, der sich plötzlich wiederbelebte. Und jetzt fragt ihn auch noch der Psychologe. Auch er fixiert ihn darauf. Das kann an ihm nicht spurlos vorüber gehen. Alle Erwachsenen, mit denen er zu tun hat, fragen ihn, ob ihm merkwürdige Dinge passieren. Deshalb verhinderte ich die Therapiestunden bei ihm so gut wie ich konnte. Einmal sagte ich ab, weil er sich nicht gut fühlte, einmal behielt ich ihn ohne Entschuldigung zu Hause. Irgendwann schaltete sich Bernd ein und erledigte alles innerhalb eines Tages mit einigen Telefonaten. Ich bin vollständig abhängig von ihm, bin in einem unsichtbaren Käfig. Er zieht die Strippen oder eben die, die hinter ihm stehen.

Vor eineinhalb Jahren war die Situation entspannter. Der Urlaub auf Borkum mit den Kindern und Bernd war schön. Eine Illusion von Kleinfamilie. Bernd hat alles bezahlt, die schöne Ferienwohnung, die Restaurantbesuche. Trotzdem war ich froh, dass er nach einer Woche abreiste und uns den Urlaub alleine beenden ließ. Die Kinder trauerten ihm nach. Wenn er da ist, hat er gute Laune, widmet sich ihnen mit Haut und Haaren. Dann verschwindet er, oft ohne Ankündigung, auch im Urlaub, von einem auf den anderen Tag, „Morgen muss ich leider abreisen.", „Warum?" – keine Antwort, „Es ist leider so. Ich bin kein freier Mensch, das weißt du."

Und jetzt kommt er damit, dass es für die Jungen am besten sei, wenn sie aufs Internat nach Hautrup kämen. Als er das zum ersten Mal ansprach, lehnte ich entschieden ab. Sie sind noch nicht einmal zehn Jahre alt. Sie sind noch so klein. Sie brauchen mich noch. Bernd erwiderte damals, dass ich sie brauche, und dass das das Problem sei.

Ich räume die Wohnung auf, während er die Kinder ins Bett bringt. Dann fängt er wieder mit dieser Internatsgeschichte an:

„Also, die Idee, die beiden nach Hautrup zu schicken im Sommer, die meinte ich ernst."

„Das habe ich befürchtet, dass du das ernst meinst. Ich will das nicht. Ich habe die beiden doch nicht großgezogen, um sie jetzt, wo wir aus dem Gröbsten heraus sind, ins Internat zu stecken und dazu noch in dieses. Ich muss dich nicht daran erinnern, dass du in Hautrup auch gelitten hast als Kind."

Bernd beschwichtigt. „Da hat sich viel getan in den letzten Jahrzehnten: Es gibt nicht mehr diese Schlafsäle, geprügelt wird auch nicht mehr. Das Internat wird sie selbständig machen ..." Ich unterbreche: „Ja, so selbständig wie dich, so beziehungsgestört wie dich, so bigott-katholisch wie dich…"

„Jetzt bleib doch einmal sachlich, Marianne. Ich weiß ja, dass wir unsere Probleme haben. Es sollte uns doch jetzt um die Kinder gehen. Renatus braucht den Abstand zu dir. Deine Übervorsichtigkeit schränkt ihn ein. Der Schulpsychologe meinte auch, er sei ängstlich und mutterfixiert."

Ich werde wütend: „Vaterfixiert kann er ja nicht sein, wenn du nicht anwesend bist. Du lässt uns allein und dann kommst du und machst mir Vorwürfe, ich sei eine übervorsichtige Mutter. Ich möchte das Gespräch beenden."

Bernd ignoriert das wie immer: „Und wenn Johannes mit Renatus aufs Internat kommt, bleiben sie zusammen, haben aber trotzdem die Chance, sich auch einmal anderen Kindern zu öffnen. Das wird beiden nur guttun. Renatus wird seine Zurückhaltung aufgeben müssen. Außerdem: Jedes zweite Wochenende kommen sie nach Hause und du könntest dich deiner beruflichen Zukunft widmen. In zwei Jahren bist du Chefredakteurin des *Kirchenboten* und damit bist du noch nicht am Ende der Karriereleiter."

„Mir sind die Kinder jetzt erst einmal wichtiger als meine Karriere, das weißt du. Für sie ist es besser, wenn sie bei mir bleiben und hier auf das Gymnasium gehen, wenn sie es schaffen."

„Was heißt denn das, wenn sie es schaffen. Natürlich schaffen sie das. Sie sind intelligent, fleißig, sportlich, sie fügen sich sozial ein."

Ich unterbreche ihn: „Ja, für Johannes trifft das vielleicht zu, aber nicht für Renatus: Er braucht Nachhilfe-Unterricht, nicht weil er blöd ist, sondern weil er zu verträumt ist. Er braucht noch Zeit für seine Entwicklung. Dann verhält er sich merkwürdig: Er bringt mit Freude Frösche um. Ich traue mich kaum, dir das zu erzählen, weil du dann gleich wieder mit deinem Schulpsychologen kommst. Ich möchte auch, dass du das für dich behältst. Wenn Johannes nicht da wäre, würde er den ganzen Tag vor sich hinträumen. Du beobachtest ihn doch auch – wenn du mal da bist. Er ist ein verträumtes Kind, das sozialen Zwängen ausweicht in seine Phantasiewelten. Wenn er nicht in die vielen Freizeitaktivitäten eingespannt ist, liegt er auf seinem Bett und träumt oder er spielt wie ein Sechsjähriger mit seinen Legos. Er ist schon jetzt überfordert. Wie soll er da im Internat bestehen? Das sagte auch die Psychologin, bei der ich mit ihm war: Er braucht sein Nest, seinen Rückhalt. Von hier aus kann er vielleicht die Leistungen bringen, die die Schule von ihm abverlangt."

Bernd schweigt. Er scheint beeindruckt, doch ich weiß, dass das nicht heißt, dass meine Argumente ihn überzeugt haben und dass er daraus Konsequenzen zieht." Er zögert noch eine Weile dann kommt ein Satz, den ich nie vergessen werde: „Renatus hattest du nur zur Pflege für die ersten Jahre. Er ist nicht dein Kind. Er gehört dir nicht und mir auch nicht."

„Wem denn, verdammt noch mal, deiner verdammten Kirche?"

Bernd beugt sich vor, bedeckt mit seinen Händen die Augen und flüstert: „Ja, er gehört dir nicht, sondern Gott."

Ich fasse es nicht: „Du kannst dir deine Kirche und deinen Gott in den Arsch schieben." Ich sage so etwas sonst nicht, aber es kommt von Herzen. Bernd zuckt zusammen. Dann meint er: „Es wird wirklich Zeit, dass Renatus deinem Einfluss entzogen wird." Er packt seine Sachen, geht schweigend. Wohin, weiß ich nicht. Was soll ich morgen früh den Kindern sagen. Sie haben sich auf einen Tag mit Bernd gefreut.

Hautrup ♦ Oliver Bauer (7) ♦ 28. August 2001

Wunderkind

Schon während der Sommerferien machten die ersten Gerüchte die Runde. Ein Wunderkind komme zu uns nach Hautrup. Es solle nicht nur auf unser Gymnasium, sondern auch ins Internat gehen. Selbstverständlich soll das mit dem Wunderkind streng geheim bleiben. Niemand darf es wissen, vor allem nicht, dass das Wunderkind Renatus ist und dass er Bernds Pflegesohn ist. Dass Renatus Bruder Johannes der Sohn von Bernd ist, wissen wohl auch nur sehr wenige. Die Gerüchteküche kocht jedenfalls.

Was den Umgang mit Renatus angeht, gilt die Regel: Keine besonderen Umstände. Er soll ganz normal behandelt werden. Trotzdem gab es Vorbereitungen. Er soll speziellen Sprachunterricht bekommen, Musikunterricht, Meditationsunterricht. Er soll ein breites theologisches und philosophisches Wissen bekommen. Er soll früh vertraut gemacht werden mit christlicher Mystik und der Mystik anderer Kulturen.

Die wildesten Gerüchte drangen zu mir in den Handwerkerkeller des Klosters. Renatus habe tote Vögel wieder zum Leben erweckt und Kranke geheilt. Franziskus erzählte mir das bei der Beseitigung einer Toilettenverstopfung, später erzählte es mir dann Theo, als ich ihn auf meinem kurzen Nachhauseweg traf. Ich dachte gleich: Der arme Junge. Doch vielleicht schützen ihn die großen Erwartungen davor, von Heuhoff gefickt zu werden. Das ist immerhin etwas.

Jetzt, wo das Wunderkind in Hautrup ist, machen sich die über ihn lustig, die vorher die Gerüchte verbreitet haben. Mein Nachbar, Josef Paulus, lästert: „Dieser Renatus ist Genie darin, seine Exzellenz zu verstecken. Er hat wohl seine ganze Intelligenz darauf verwandt, seine Mittelmäßigkeit zu beweisen. Leider darf ich ihn erst in der 7. Klasse unterrichten, um im Lateinunterricht seiner Wunderkraft teilhaftig zu werden. Dabei brauche ich ihn jetzt: meine Ischias-Probleme verlangen nach einem Wunder. Vielleicht frage ich ihn das nächste Mal, wenn er mir über den Weg läuft."

Auch Theo macht seine Witzchen. Er kam gestern Vormittag hinunter in meine Werkstatt. Wir tranken wieder einmal einen Kaffee zusammen. Renatus, das angebliche Wunderkind ist in seiner Gruppe. Theo spekuliert: „Vielleicht liegt es an seinen ganz besonderen Energien, dass schon zum zweiten Mal die Leuchtröhre im Flur ihren Geist aufgegeben habe." Ich musste lachen und fragte, wie Renatus den Druck aushält, ein Wunderkind zu sein. Theo meint, dass Renatus eher einen trägen Eindruck macht. Wäre nicht sein Bruder Johannes, würde er Probleme bekommen in seiner Internatsgruppe. Seine Mitschüler merken, dass er anders behandelt wird. So etwas macht Kinder nicht gerade beliebt. Wohl auch deshalb habe man ihm eine Klostertaufe verpassen wollen. Ich kenne das Ritual und Theo kennt es auch aus seiner Internatszeit als Schüler: Ältere Schüler stecken die Neuen mit dem Kopf unter den Wasserhahn oder stellen ihn bekleidet unter die Dusche. Man muss es über sich ergehen lassen oder sich eben losreißen und abhauen. Renatus hatte sich wohl heftig gewehrt: Auf jeden Fall fehlt einem äußerst kräftigen Siebtklässler, der als Schläger bekannt war, nun ein Schneidezahn. Ein anderer meldete sich angeschlagen auf der Krankenstation. Bruder Canisius diagnostizierte Rippenprellungen. Es war zuerst nicht herauszubekommen, was den beiden passiert war.

Theo erzählt weiter: „Der Junge hat kaum Freizeit: Musikunterricht, italienischer Sprachunterricht, dann soll er meditieren lernen bei Pater Hansuk. Trotz allerlei Gezerre hat man es nicht geschafft, ihn dazu zu bewegen, im Yogasitz zu meditieren. Also durfte er sich bequem hinsetzen. Dabei ist er dann gleich eingeschlafen. Sein Meditationslehrer hat ihm beim ersten Schnarcher spontan eine Ohrfeige verpasst. Renatus hat danach eine halbe Stunde geweint und sich gar nicht mehr eingekriegt. Irgendwann haben sie mich gerufen. Ich habe denen erst mal klargemacht, dass ich Gewalt nicht dulde. Ich habe selbst unter der Gewalt gelitten. Früher waren ja oft üble Schläger unter den Präfekten. Pater Lemper hat sogar mit seinem Spazierstock draufgehauen. Damit ist jetzt Schluss. Renatus hat sich bei mir bedankt und dann gesagt: ‘Passiert das noch einmal, mache ich die fertig’ oder so etwas.“

Mit Theo unterhalte ich mich fast täglich. Er hat großen Redebedarf und ist nicht gerade glücklich im Kloster und als Präfekt. Manchmal lade ich ihn zu uns nach Hause ein. Wir grillen im Garten und trinken zusammen das ein oder andere Bier. Er hat unsere Tochter getauft und versteht sich auch gut mit Susanne. Auch Susanne weiß aus der Internatsverwaltung so einiges zu berichten: Die Geschichte mit dem Yoga und der Ohrfeige hatte dort ebenfalls die Runde gemacht. Manche machen sich lustig über das Wunderkind, andere erwarten irgendetwas Großartiges von Renatus. Dass er als Kleinkind tote Vögel wieder zum Leben erweckt haben soll, wissen inzwischen alle Lehrer und Internatserzieher. Der neue Sportlehrer spekuliert, ob Renatus vielleicht auch Krebs heilen könne. Seine Schwiegermutter habe Schilddrüsenkrebs und sei eigentlich ganz nett. Vielleicht könnte er sich Renatus mal für ein, zwei Stunden ausleihen. Wie ich den Laden kenne, ist es nur noch eine Frage der Zeit, bis die Gerüchteküche auch bei den Schülern kocht und dann hat Renatus nichts mehr zu lachen, dann wird er erbarmungslos fertiggemacht.

Irgendwann sollen Renatus, Johannes und sein Vater, Bernd Völler, nach Rom fahren. Dort sei dann auch Flitz und der werde Renatus dem Papst vorstellen. Das weiß ich quasi aus erster Hand von Susanne, die als Sekretärin vieles hört, auch dann, wenn sie gar nichts hören will, wie sie sagt. Jedenfalls sitzt sie an der Quelle. Sie besorgt die Flugtickets. Auch kommt es wohl immer wieder zu Problemen mit Marianne, der Mutter der beiden Jungen. Ich kenne sie ja noch von früher ganz gut. Ich mag sie. Sie ist nett und kommt mit den Jungen gut klar.

Ich hatte mit Bernd immer weniger zu tun in den letzten Jahren. Er hat mir den Job hier verschafft, hat dafür gesorgt, dass auch Susanne hier in der Verwaltung arbeiten kann. Ab und zu haben wir telefoniert und uns zwei, drei Mal im Jahr getroffen. Seitdem Renatus und Johannes im Internat sind, kam er öfter mit ihnen vorbei. Marianne war auch einmal dabei. Bernd und Marianne wirken auf mich nicht mehr wie ein Paar, schon gar nicht wie ein Liebespaar. Die Jungen sagen zu ihm auch nicht mehr Papa, wie früher, sondern Bernd. Renatus ist ein ganz normaler Junge. Auf mich wirkt etwas schüchtern und zurückhaltend. Rothaarig, blauäugig, etwas pummelig, eher höflich als richtig freundlich. Johannes ist offensiver und sieht auch völlig anders aus: Dünn, größer als Renatus, schlau, sportlicher. Er soll auch immer bessere Noten bekommen haben als Renatus. Die beiden sind sehr eng miteinander. Keine Eifersüchteleien, kein Streit. In keinem von beiden entdecke ich irgendetwas Besonderes. Es sind nette Jungen, denen ich gesagt habe, wenn sie im Internat Probleme haben, sollen sie zu mir kommen. Ich denke dabei an Heuhoff. Ich kann mir nicht vorstellen, dass er seine Vorliebe für kleine Jungen so einfach aufgegeben hat. Dann haben sie vor einiger Zeit noch Pater Bregenz als zweiten Lateinlehrer geholt. Er war schon einmal hier an der Schule gewesen. Dann hatte man ihn Gemeindepfarrer irgendwo in Baden eingesetzt, ganz in der Nähe des Mutterhauses des *Herz-Jesu-Ordens*. Dort ist man froh, ihn wieder losgeworden zu sein, weil es zu gewissen Vorfällen gekommen war. Jedenfalls sagte ich den beiden Jungen: wenn ihnen diese Patres an die Klamotten gehen, sollten sie es mir sagen oder eben ihrem Vater oder auch Theo. Sie wussten natürlich nicht, was ich meinte. Ich denke aber, wenn es ihnen passiert, werden sie sich erinnern. Theo habe ich nicht erzählt, dass Heuhoff mich als Schüler vergewaltigt hat. Das behalte ich für mich. Nur Bernd weiß davon, ist also gewarnt.

Seitdem es diese Gerüchte um das Wunderkind Renatus gibt, frage ich mich, ob es etwas mit der Vorhaut zu tun hat, die wir vor vielen Jahren in den Dommuseen gesucht haben. Bernd war sicher, dass wir sie in Hildesheim gefunden haben. Ich weiß nicht, was Wunderkind Renatus mit der Vorhaut Jesu zu tun haben soll. Wenn sie die Vorhaut als Reliquie einsetzen wollten, hätten sie es längst getan. Dann hätten die nicht mehr als 10 Jahre gewartet.

Hildesheim • Klaus Kolonko (11) • 26 September 2001

Verkohltes Gemächt

Es ist ungewöhnlich spät, als ich bei Theo anrufe. Birgit und ich hatten den ganzen Tag diskutiert, ob wir heiraten sollten. Birgit will es zum zweiten Mal. Auch wenn die Kirche die Ehe immer noch als unauflöslich betrachtet, also Scheidungen nicht anerkennt, wird eine zweite Ehe in selten Ausnahmefällen und mit gewissen Vorbehalten toleriert. In Hildesheim geht alles liberaler zu und so hat sie durchaus Chancen als Wiederverheiratete eine Leitungsposition einzunehmen. Und sie hat durchaus den Ehrgeiz, die Leitung des Museums zu übernehmen. Wir überlegen, ob wir nicht eine großangelegte Hochzeitsfeier organisieren sollten. Birgits Tochter, meine „Beutetochter“ Lea, beteiligte sich beim Abendessen an unserer Diskussion um die Eheschließung und spottete: „Mama mit Schleier und weißem Kleid mit langer Schleppe. Dann bekomme ich ein rosa

Kleid und streue Blümchen mit meiner Freundin Sarah. Wenn ihr wollt, singen wir auch Halleluja oder etwas anderes dazu, vielleicht 'O Tannenbaum, o, Tannenbaum'…"

Wir lachten. Als Ex-Priester-Anwärter fände ich eine kitschige Hochzeitsfeier genau richtig. Etwas Ironie und noch ein wenig Ernst. Die Sehnsucht nach einer heilen Welt mit einem lieben Gott und einer unkomplizierten Ordnung kann ich bei mir trotz allem immer noch spüren. Es ist so eine innige Kindersehnsucht: Ich sehe mich als Junge in Hautrup bei der Abendandacht: Die Sonne wirft ihre goldenen Strahlen durch die bunten Kirchenfenster, es wird ordentlich Weihrauch verbrannt. Auf der Orgel improvisiert ein älterer Schüler oder vielleicht sogar Pater Heuhoff oder Pater Bregenz irgendetwas Süßliches. Licht, Geruch, Musik: Auge, Nase, Ohr. Die Sinne sind beteiligt. Das Ich zerbröselt. Es löst sich auf: Kein Denken mehr, kein Beobachten, kein bewusstes Blicken, keine Kontrolle, keine Angst. Einfach ein tiefes Vertrauen in die Ordnung der Welt, Vertrauen in Gott, Verschmelzen mit Gott und Welt. Alles ist richtig, alles ist einfach. Ich bin in allem, alles ist in mir.

Irgendwann stehen in der Abendandacht alle auf und singen „Meerstern, ich dich grüße, o, Maria hilf." Weihrauch, Licht, Gesang, Gemeinschaft: „Und hilf uns streiten, zu allen Zeiten, o Maria hilf!" Ich kann mich bis heute nicht dagegen wehren, das als Glück zu erinnern, wirkliches Glück in einer Art infantiler Geborgenheit, in einem kitschigen Aufgehobensein. Sigmund Freud nennt es „ozeanisches Gefühl" und erklärt diese Zustände als etwa Infantiles: Das Über-Ich ist suspendiert. Daher das Glücksgefühl und das Verschmelzen mit Allem und in Allem. Einen ähnlichen Geschmack habe ich erlebt, als ich mich in Kontemplation befand, während eines Seminares über christliche Mystik. Doch es war später nicht mehr diese Innigkeit, wie damals in Hautrup. Es war nicht diese Unmittelbarkeit.

Übrig ist bis heute so eine klebrige Sentimentalität und diese macht mich empfänglich für dieses Hochzeitritual. Birgit meinte lakonisch: „Heiraten kann man gar nicht oft genug. Ich werde auch meinen Ex und seine Freundin einladen." Lea pflichtet bei: „Ja, Papa muss auch dabei sein. Vielleicht kann der ja auch gleich heiraten. Eine Doppelhochzeit."

Birgit spottet weiter: „Dann kannst du auch Theo einladen, deinen Ex." Seit ich in Hildesheim wohne, sehen Theo und ich uns weniger oft. Doch wir telefonieren fast wöchentlich. So rufe ich Theo an, um ihn zu fragen, ob er nicht mein Trauzeuge sein wolle. Er klingt überraschend munter am Telefon: „Ich hätte dich auch noch angerufen." Dann beginnt er zu lachen. Als er sich beruhigte, frage ich: „Bis du jetzt in der manischen Phase?"

„Es ist kaum zu glauben. Heuhoff wurde gestern ins Krankenhaus eingeliefert."

Ich bin irritiert: „Ich hoffe, er hat Bauchspeicheldrüsenkrebs im Endstadium, aber drüber darfst du nicht lachen, ohne es hinterher zu beichten."

„Nein, besser: Er hat offensichtlich einen verkohlten Penis und angekokelte… naja, angekokelte Eier."

Ich lache verunsichert: „Hat er zu diesem rabiaten Mittel gegriffen, um Buße zu tun? Ich hätte nicht gedacht, dass er dazu fähig wäre."

Theo lacht. „Ich habe es gerade erst gehört vom alten Franziskus, der hat es von Leo Hinz. Die Ärzte sagen, so etwas hätten sie noch nicht gesehen, alles total verkohlt, schwarz und verschrumpelt. Der kann nicht mehr pinkeln und das andere sowieso nicht. Als ob ein Blitz in seinen Genitalbereich eingeschlagen hätte. Aber das kann ja nicht sein. Er hatte Klavierunterricht gegeben, übrigens Renatus, unten im Musikraum. Vorne steht der Flügel, hinten an der Wand in der Ecke das Klavier und dort ist es passiert."

Ich bin irritiert: „Aber wie? Blitzschlag, am Klavier? Vielleicht ein Stromschlag. Aber das kann doch nicht sein!"

„Nein, das kann tatsächlich nicht sein. Da ist nicht einmal eine Steckdose in der Nähe."

Ich kann es immer noch nicht glauben: „Das kann doch nicht sein, Theo. Vielleicht hat eines seiner früheren Opfer ihn sich gekrallt und hat ihm ein Feuerchen zwischen den Beinen gemacht."

„Alles, was ich von Franziskus weiß“, wiederholt Theo, „ist, dass er mit verkohltem Schwanz vom Klavierhocker gerutscht ist, sich dabei noch den Kopf aufgeschlagen hat und ins Krankenhaus gebracht werden musste. Renatus, der arme Junge, hat alles mit ansehen müssen.“

„Und was sagt der dazu? Er ist doch in deiner Gruppe.“

„Ich habe gestern gleich mit Renatus gesprochen. Da war aber noch gar nicht klar, weshalb Heuhoff ins Krankenhaus gekommen ist. Irgendetwas mit Prostata, war die Vermutung. Als ich mit Renatus gesprochen habe, schien er mir ganz aufgeräumt, war allenfalls ein wenig amüsiert. Er sagte, Heuhoff sei plötzlich schreiend vom Klavierhocker nach hinten katapultiert worden und noch ein Stück geflogen, gegen ein Pult. Mehr wisse er auch nicht. Ich werde morgen noch einmal mit ihm sprechen. Insgesamt entwickelt sich unser Wunderknabe übrigens gut. Er wird überraschenderweise inzwischen von allen respektiert.“

„Und das vom verkohlten Schwanz, das weißt du von Franziskus?“

„Ja, die Ärzte sollen es Hinz erzählt haben, weil er quasi der nächste Angehörige ist. Die mussten bei Heuhoff wohl alles entfernen …“

„… alles, was da sonst rumhängt? Wunderbar! Jetzt lässt er seine Klavierschüler wohl in Ruhe. Er hat keinen Bedarf mehr. Da glaube ich wieder an einen Gott.“

Theo stöhnt auf: „Um Renatus mache ich mir dennoch Sorgen. Er war anwesend, hat Alarm geschlagen an der Pforte. Siering hat Westenstedt informiert, dann den Krankenwagen angerufen. Der war dann auch in 30 Minuten da. Heuhoff hat nur da gelegen, war halb bei Bewusstsein und Renatus stand in der Ecke. Er wirkte wie gesagt eigentlich ganz aufgeräumt, aber das müsste ihn eigentlich traumatisiert haben.“

„Vielleicht haben sie ihm lange genug suggeriert, er sei der wiedergeborene Sohn Gottes. So etwas setzt Kräfte frei und er hat einen Blitz in Heuhoffs Gemächt geschleudert.“

Theo lacht verhalten. „Das ist Quatsch, aber ich habe auch schon daran gedacht. In einer Schlägerei gegen Ältere hat er sich auch gut durchgesetzt. Einer aus der Quarta hat deshalb gleich mehrere Zahnarzttermine.“ Jetzt lache ich: „Du glaubst tatsächlich ein bisschen daran. Ruf doch mal bei Völler an und schildere ihm die Sache mit dem verkohlten Heuhoff-Schwanz. Ich bin gespannt, wie er reagiert.“

Theo zögert: „Wir haben Order von Westenstedt zu verbreiten, es handele sich um eine seltene Sache mit der Prostata …“

„‘Explodierende Prostata’ – das ist eine tolle Erklärung. Das erklärt dann auch, dass Heuhoff vermutlich ein wenig unsicher läuft, wenn er aus dem Krankenhaus kommt. Besuch ihn doch mal im Krankenhaus und frag ihn. Das ist sicher lustig. Und dann sag ihm, dass er sich dieses Mal an den Falschen herangemacht hat. Missbrauchsversuch am Gotteskind. Und der Vater im Himmel war nicht amüsiert und verkohlte den Stachel der Lust. Das ist eine Art Gottesbeweis: Gott lebt und schickt seinen Blitz.“

Theo lacht nicht. Ich schon und sage: „Da trinke ich einen drauf. Manchmal kommt mir der Verdacht, dass die Kirche nur gegründet wurde, damit ihre Heiligen Männer unauffällig Kinder ficken zu können.“

Theo scheint es die Sprache verschlagen zu haben. Er stöhnt: „Klaus jetzt hör mal auf, das sind Einzelne …“

Ich unterbreche ihn: „Einzelne? Vereinzelte Sünder? Nein, Theo, die katholische Kirche ist zu einer Kinderfickersekte verkommen. Wer nicht selbst aktiv ist, führt seinen Mitbrüdern ihre Opfer zu. Denk an unseren Bruder Canisius.“

„Das sind Einzelfälle, die in die Internate gelockt werden. Das kannst du nicht verallgemeinern!“

„Ach Theo, da bin ich fast versucht, die Pastoren zu loben, die sich brav an ihre Haushälterinnen halten oder sich im Beichtstuhl einen runterholen, während die Frauen ihnen detailreich ihre Untreue beichten.“

Köln • Bischof Dr. Ralf Flitz (7) • 12. Dezember 2001

Zu Füßen des Vaters

Auf unsere Treffen der *Getreuen des wahren Katholizismus* in größerem Kreis haben wir lange Zeit verzichtet. Cumulus befürchtete, selbst in dieser geschlossenen Runde gäbe es Elemente, die geschwätzig oder unvorsichtig seien. Ich bin ganz seiner Meinung. Im kleinen Kreis – Cumulus, Winczyk, Völler und ich – treffen wir uns regelmäßig in Osnabrück oder hier in Köln, um uns auszutauschen. Ich gelte wohl als Bremser in unserer kleinen Gruppe, weil mich die Skepsis an unserem Projekt nicht ganz verlassen hat. Ich habe Renatus kennengelernt und bin über seine Entwicklung informiert. Für mich ist er ein ganz normaler Junge. Dass Völler und Winczyk Wunderdinge berichten, beseitigt meine Bedenken nicht. Dennoch: Eine neue katholische Erweckungsbewegung könnte den Verfall unserer Kirche aufhalten. Jede Gelegenheit, die sich bietet, müssen wir ergreifen. Der Papst ist auch dieser Meinung, das versichert jedenfalls Winczyk. Er trifft Johannes Paul II. regelmäßig. Der Papst will, dass Renatus ihm vorgestellt wird. Völler sondiert, wie das möglichst diskret geschehen könnte.

Mir ist vor allem die Wiederbelebung volksreligiöser Momente wichtig. Das habe ich beim Essen noch einmal betont: Ohne eine Durchdringung des Alltags mit katholischem Geist und katholischen Ritualen, kann diese Rekatholisierung nicht gelingen, jedenfalls nicht in den westlichen sogenannten demokratischen Staaten. In Polen ist das sicher anders. Dort gelingt es, den Staatsapparat katholisch zu prägen. Es ist nur noch eine Frage der Zeit bis Presse, das Rechts- und Bildungssystem nach katholischen Maßstäben funktionieren. Das ist aber ein Weg, den wir hier nicht unvorbereitet und wiederholt gehen können. Deshalb benötigen wir eine Bewegung, die zunächst die Gesellschaft umprägt. Wie dies politisch wirksam wird, werden wir sehen. Aussichtslos ist diese Umstrukturierung nicht. Die Menschen suchen nach Wurzeln, festen Werten und auch nach spirituellem Halt. Anders sind die vielen esoterischen Sekten und Gruppen nicht erklärbar. Doch Veränderungen brauchen Leitfiguren und so eine Leitfigur könnte Renatus sein. Doch darüber ist beim wie üblich guten Essen nicht die Rede, solange das Personal in der Nähe ist.

Dann bittet Cumulus wieder in die Bibliothek, bietet erneut seinen Cognac an und wendet sich, wie so oft jovial lächelnd an Völler: „Du kennst Renatus am besten. Wie weit ist er denn?"

Völler scheint beglückt: „Er macht riesige Fortschritte. Seine Kräfte entwickeln sich. Neulich hat er sich sehr wirksam gegen die Übergriffe seines Musiklehrers zur Wehr gesetzt." Winczyk lacht: „Ich habe es bereits dem Papst berichtet: Ein göttlicher Blitz hat den Päderasten getroffen und hat seine perversen Gelüste ein für alle Male beendet." Wenn Winczyk derart lacht, läuft es mir kalt über den Rücken. Ich denke an das plötzliche Ableben der Nonne, die Renatus ausgetragen hat. Winczyk ist skrupellos, wenn es um unsere Sache geht – durch und durch Jesuit. „Warst du etwa in der Nähe, als dieser Blitz den Musiklehrer traf?", frage ich neugierig.

„Nein, keine Angst, lieber Flitz. Ich war daran gänzlich unbeteiligt. Zu der Zeit war ich in Polen und bin meinem Auftrag nachgekommen, die angehenden Exorzisten zu schulen."

Völler unterbricht ihn: „Winczyk ist tatsächlich unschuldig: Renatus hat sich gewehrt gegen den Übergriff. Der Junge weiß aber nicht, wie das passieren konnte. Jedenfalls liegt Heuhoff im Krankenhaus. Sein Penis, seine Hoden sind verkohlt, wie die Ärzte sagen, die Prostata ist zerstört, die Blase ist wohl auch nicht mehr zu retten. Den Ärzten in Münster ist das ein Rätsel. Sie schalteten die Polizei ein, doch das bekommen wir hin. Mein Sohn Johannes weiß mehr als Renatus, aber die beiden halten fest zusammen. Vielleicht kann Marianne, noch mehr erfahren. Klar ist: Heuhoff hat der Blitz getroffen. Das sagt auch Johannes. Er meint, Heuhoff hat das bekommen, was er verdient hat, und so wird es allen gehen, die Renatus zu nahe kommen."

Ich kann es nicht fassen: „Mein Gott, meinst du, es habe sich um eine Art Wunder gehandelt? Hat Gott seinen Sohn geschützt oder hat Renatus selbst göttliche Kräfte? So etwas passiert, das ist oft ist überliefert, aber vielleicht handelt es sich auch nur um ein psychologisches Phänomen?"

Winczyk schaut Völler an: „Du hast doch schon öfter diese seltsame Kraft beobachtet. Ich denke, Renatus schützt sich selbst, allerdings noch völlig unkoordiniert und unkontrolliert. Er muss erst lernen damit umzugehen."

Ich bin sprachlos: „Wir müssen darauf achtgeben, dass sich über Renatus keine Gerüchte verbreiten. Stellt euch vor, das landet in der Presse. Ich weiß auch schon, wer sich seinen Reim auf die Sache machen könnte: Dieser Kolonko. Ihn müssen wir im Auge behalten. Er ist mit Theo befreundet. Da müssen wir aufpassen. "

Völler schaltet sich wieder ein: „Ich habe ihn im Auge. Er hält sich zurück und tendiert zum Unglauben. Er wird Wunder nicht erkennen, selbst wenn sie sich ereignen. Doch wir müssen ihn immer mehr einbinden. Kolonko will Theo nicht schaden und dem Hausmeister. Jetzt müssen wir ihm langsam Angebote machen. Ein gut bezahlter Job für ihn wäre gut, aber einer, der ihn kaltstellt."

Winczyk schaut zu Cumulus: „So einfach wird das nicht sein. Wenn er gefährlich wird, sollten wir uns nach Alternativen umsehen. Aber das müssen wir hier jetzt nicht diskutieren. Vielleicht hilft uns wieder einmal Gott mit seiner unergründlichen Vorsehung."

Ich weiß, Winczyk ist ebenso entschlossen wie skrupellos. So versuche ich zu beruhigen: „Völler, was meinst du, es wird sicher auch ohne drastische Maßnahmen gehen? Ich hatte ja auch schon mit Kolonko zu tun. Außerdem hat er sicher alles aufgezeichnet, was er recherchiert hat. Es wäre ein großes Risiko …"

Winczyk lächelt mir zu: „Keine Angst, wir gehen rücksichtsvoll vor und vor allem umsichtig und vorsichtig. Außerdem, lieber Flitz, wir erhalten vom Papst eine Generalabsolution. Um dein Seelenheil musst du dir keine Gedanken machen. Wir haben zunächst einmal Dringlicheres zu tun. Wir müssen Renatus unterstützen. Völler hat Renatus ja gebeten, aufzuschreiben, was ihm so durch den Kopf geht. Ich habe daraus ein kleines Manuskript machen lassen von einem sehr talentierten Autor. Er hat daraus ein Büchlein gemacht mit dem Arbeitstitel: ‘Zu Füssen des Vaters’. Er führt darin die Äußerungen von Renatus zusammen nach unseren Vorgaben …“

Ich interveniere: „Das heißt also, Renatus soll der Autor dieser Schrift werden, ein 11-Jähriger?“ Winczyk bestätigt: „Ja, ich denke, wir veröffentlichen es, wenn er 12 Jahre alt ist. Als Jesus 12 Jahre alt war, diskutierte er bereits mit den Gelehrten. Warum also soll ein 12-Jähriger heute keine Abhandlungen verfassen: Nichts besonders Intellektuelles, eher etwas, was er gesagt bekommt vom Heiligen Geist in einer Sprache, die dem 12-Jährigen angemessen ist. Heute heißt das übrigens ‘Channeling’, also Kanal sein für göttliche Botschaften. In der Esoterik-Szene ist das ganz üblich. Renatus ist so ein Kanal Gottes. Das zeigen seine Äußerungen immer wieder und auch seine Wundertaten. Und jetzt eben seine Notwehrmaßnahme gegen Heuhoff.“

Ich bin wieder einmal fassungslos und trinke schnell einen Schluck aus meinem Cognac-Schwenker: „Renatus wird also mit zwölf Jahren ein Buchautor, verstehe ich das richtig?“

„Nein, nicht ganz. Renatus channelt die Botschaften seines Vaters und fasst sie in seinem Verständnis zusammen. Die kleine Schrift richtet sich an die Jugend. Und Cumulus wird ein kurzes einordnendes Vorwort dazu verfassen, um dem Ganzen Glaubwürdigkeit und eine gewisse Ernsthaftigkeit zu verleihen. Der Papst selbst wird Renatus empfangen. Wir werden das mit unseren Möglichkeiten in Szene setzen.“ Ich frage, wie das gelingen kann: „Die Presse wird es zerreißen. Jede Satire-Sendung macht sich darüber her. Und außerdem: Wie wollen wir den angeblichen Verfasser schützen?“

„Wir sollten den Mut haben, ungewöhnliche Schritte zu gehen und Gott zu vertrauen. Ich bin zutiefst der Überzeugung, dass es Gottes Wille ist, diesen Schritt zu tun. Ein wenig mehr Gottvertrauen täte uns allen gut.“, wird Völler ungeduldig.

„Gibt es schon so etwas wie ein Manuskript?“

Cumulus reicht mir ein dünnes gebundenes Schriftstück. Ich lese:

„Fünf Eigenschaften sind erforderlich für den, der diesen Pfad beschreiten will:

Gehorsam. Vertrauen. Liebe. Hoffnung. Glaube.

Was mein göttlicher Vater mir über diese Eigenschaften gesagt hat, das will ich versuchen, dir hier mitzuteilen.

Die erste dieser Eigenschaften ist die Fähigkeit, allem Wahren und Guten Gehorsam entgegenzubringen …“

Ich lege das Skript vor mir auf das runde Tischchen: „Ist das nicht ein wenig allgemein. Wen wollen wir denn damit beeindrucken? Wir sollten das gründlich überarbeiten lassen.“ Winczyk nickt: „Ja, das ist nur ein Vorschlag. Du solltest das Ganze lesen!“

Ich greife wieder nach dem Skript und schlage es an beliebiger Stelle auf: „Vertrauen. Du musst deinem Meister vertrauen; und du musst dir selbst vertrauen, durch viele Leben und Tode hindurch. Wenn du ihn noch nicht gesehen hast, so musst du doch versuchen, ihn dir vorzustellen …“

Ich zögere einen Moment: „Wenn ich das recht verstehe: Wiedergeburtsglauben, Begegnungen mit dem Göttlichen …“ Ich schüttle meinen Kopf und widerspreche: „Das ist nicht christlich. Der Wiedergeburtsglaube ist nicht vorgesehen von der Kirche.“

„… blieb aber immer im Volksglauben erhalten, vor allem außerhalb Europas und in den spirituellen Bewegungen der Gegenwart ist das ein zentraler Bestandteil. Es glauben heute mehr Leute an Wiedergeburt als an die Auferstehung am jüngsten Tag.“

„Trotzdem: Die Schrift bedarf einer gründlichen Überarbeitung.“

„Sicher, sicher, es ist nur ein erster Entwurf.“

Ich blättere weiter: „Astralkörper, Mentalkörper, die Überwindung des Ego, Kronenchakra, Wurzelrassen … Herrgott, was soll das?!“

Bjerregard • Marianne Schlüter (5) • 26. Dezember 2001

Kontrolle

Es reicht mir. Dieser merkwürdige Vorfall mit Heuhoff und Renatus gab den Ausschlag. Bernd wusste mehr, erzählte aber offensichtlichen Unsinn: Heuhoff sei seine Prostata geplatzt. Renatus hätte während dieses Vorfalls Klavierunterricht bei Heuhoff aber er sei nicht weiter beunruhigt. Renatus selbst weicht mir aus. Er und Johannes lächeln hämisch, wenn ich sie darauf anspreche. Johannes rutschte einmal die Bemerkung heraus, Heuhoff hätte es nicht anders verdient. Renatus lachte: „Jetzt hat er verkohlte Eier.“ Meine Frage, was er denn gemacht habe, warum er das verdient habe mit der Prostata, beantworteten die beiden nicht. Sie verschließen sich mir gegenüber mehr und mehr. Ich dringe nicht mehr zu ihnen durch. Ich habe sie gefragt: „Vertraut ihr mir nicht? Ihr müsst mir alles erzählen, was euch bedrückt.“ Sie antworten: „Uns bedrückt nichts.“ Ich flehe sie fast an: „Ich kann euch helfen.“ Renatus antwortete: „Wir können uns selber helfen. Wir sind jetzt stark genug.“ Johannes beschwichtigte: „Trotzdem haben wir dich lieb. Du bist unsere Mutter und wenn du uns helfen kannst, sagen wir es dir.“

Ich erreiche die beiden Jungen nicht mehr. Sie kapseln sich gegen mich ab. Ich brauche wieder mehr Kontakt zu ihnen. Das Internat entfremdet sie von mir, das spüre ich immer deutlicher. Ich weiß nicht, was mit ihnen dort geschieht. Und auch Bernd verweigert Gespräche mit mir. Er beschwichtigt mich: „Lass sie doch! Hab Vertrauen zu ihnen! Sie schaffen das allein und ich behalte sie im Auge, weiß was mit ihnen ist, auch wenn ich nicht persönlich vor Ort bin.“

Zu den Weihnachtsferien habe ich die beiden aus Hautrup abgeholt und bin mit ihnen gleich nach Dänemark gefahren. Meine freudige Ankündigung: „Überraschung, wir drei fahren in den Weihnachtsferien nach Dänemark“, nahmen die beiden verhalten auf. Sie schauten sich kurz an. Dann sagte Johannes: „Die Weihnachtsgeschenke für Bernd können wir ihm ja nachher geben.“

Das Ferienhaus hatte ich kurzfristig gemietet. Es ist zu dieser Zeit teuer, doch es lohnt sich: Nordsee, kalter Wind, gemütliches

Feuer im Kaminofen, frischer Fisch in der Pfanne und ich habe die Kinder endlich einmal wieder für mich allein. Ich habe mir für heute Abend vorgenommen, mit ihnen über ihre Zukunft zu sprechen und ihnen gegenüber offen zu sein, was meine Abhängigkeiten von Kirche, meiner Arbeit beim *Kirchenboten* und Bernd anbelangt. Sie sind langsam groß genug, das zu verstehen. Alles werde ich ihnen allerdings doch nicht erzählen können. Dass ich kein Sorgerecht für Renatus habe, sondern nur für Johannes, behalte ich lieber für mich. Das könnte die beiden zu sehr beunruhigen. Eigentlich dürfte ich ohne Erlaubnis des Amtes nicht einmal mit Renatus hierher fahren.

Es gab am Heiligen Abend eine eher bescheidene Bescherung und Geburtstagsfeier. Niemand außer meinen Eltern wusste, dass ich mit den Kindern flüchten wollte. So bekommen sie ihre Weihnachts- und Geburtstagsgeschenke von Bernd eben später. Zur Kirche waren wir nicht gegangen: Ein Weihnachten ohne Kirchgang. Bernd wird das gar nicht gefallen und das gibt mir eine gewisse Befriedigung. Ich hatte Bernd nur eine kurze Nachricht per Mail hinterlassen, dass wir in Dänemark sind und ich ihm von Herzen ein schönes Weihnachtsfest im Kreise seiner lieben Ordensbrüder wünsche. Das war hämisch, aber es reicht mir langsam mit ihm. Wie gesagt: Diskussionen um die Zukunft der Kinder weicht er aus, meinen Widerstand gegen das Internat begegnet er zuerst mit Beschwichtigungen, dann mit Drohungen. Er ist nicht präsent. Wenn er uns an den freien Wochenenden der Kinder besucht, dann ohne sich anzukündigen.

Heute, am zweiten Weihnachtstag, waren wir lange am Strand spazieren. Der Wind wehte scharf von Westen. Die Wellen kamen fast bis an die Dünen und schwemmten viele Muscheln an den Strand. Johannes und Renatus liefen voraus, sammelten, was ihnen gefiel, und zeigten mir von Zeit zu Zeit ihre Funde. Wind, Wellen, Möwen. Sie waren völlig unbeschwert und steckten mich mit ihrer ausgelassenen Stimmung an. Ich rannte hinter ihnen her. Wir begannen wie früher, Fangen zu spielen. Die Kinder sind inzwischen schneller als ich. Ich wunderte mich, wie groß und kräftig Renatus in den letzten Monaten geworden ist. Er holt auf, ist jetzt fast so groß wie Johannes und deutlich breiter in den Schultern.

Als wir nach zwei Stunden im Ferienhaus ankommen, sind wir müde. Ich mache das Essen, danach für uns drei Kakao. Mir schütte ich einen guten Schuss Cognac in die Tasse. Ich packe das Holz in den Ofen und versuche es anzubekommen. Die Kinder drängen mich weg: „Das machen wir." Tatsächlich brennt das Holz bald. Sie haben mindestens vier Stücke von dem nach Öl riechenden Anzünder unter das Holz gelegt. So sitzen wir da, schauen in die Flammen und trinken unseren Kakao, während es draußen dämmert.

So bin ich überrascht, als ich Motorgeräusche vor dem Haus höre. Und dann klopft es an der Tür. Ich stehe auf, um nachzusehen. Bernd steht vor der Tür, breit lächelnd. Einer Umarmung entgehe ich nur knapp. Mir entfährt es laut: „Was willst du denn hier?" Er ignoriert die Frage und wendet sich an die Jungen, die hinter mir stehen: „Fröhliche Weihnachten! Ich bringe euch eure Geburtstags- und Weihnachtsgeschenke." Die beiden Jungen stürzen auf ihn zu. Ich sehe zu, wie sich Bernd an mir vorbeidrängelt, das Haus inspiziert: „Schön habt ihr es hier. Es ist richtig gemütlich. Er umarmt die Kinder und wendet sich dann mir zu. Ich drehe mich um und verweigere erneut die Umarmung: „Ich will hier einmal allein sein mit den Kindern. Warum akzeptierst du das nicht?" Bernd antwortet nicht.

„Ich hole die Sachen aus dem Auto und natürlich eure Geschenke." Ich merke, dass mir der Cognac zu Kopf steigt. Das mindert mein Reaktionsvermögen. Als er auf dem Weg zum Auto ist, rufe ich ihm nach: „Die Geschenke kannst du holen, den Rest kannst du im Auto lassen." Doch Bernd ignoriert mich. Die Jungen ziehen sich ihre Schuhe an und folgen ihm. Bald kommen sie zurück: Renatus und Johannes mit den Paketen, Bernd mit seinem Koffer. Bernd stellt seinen Koffer in das Wohnzimmer, zieht sich Schuhe und Mantel aus und setzt sich auf den Stuhl vor dem Ofen, auf dem ich vorher gesessen habe. Ich zwinge mich zur Ruhe: Vor den Kindern keine Szene: „Bernd, bist du so nett und setzt dich woanders hin. Da habe ich gesessen." Er erhebt sich, entschuldigt sich dramatisch und zieht sich einen anderen Sessel vor den Kaminofen.

Die Jungen packen ihre Geschenke aus: Schlittschuhe. Dafür ist es nicht kalt genug, zwei Drachen: „Die können wir morgen am Strand ausprobieren, toll!" Dann ein Spielemagazin, eins, das wir bereits zu Hause haben. Ich kann mir die Frage nicht verkneifen: „Wen hast du denn zum Geschenkeeinkaufen geschickt, die dicke Sekretärin von Bischof Flitz?" Bernd reagiert nicht einmal auf diese zugegeben unfaire Frage. Im Gegenzug ignoriere ich seine Frage, ob wir noch etwas zu Essen hätten. Die Kinder übernehmen das für mich: „Da ist noch Fisch im Kühlschrank …" Ich ergänze: „… und Kartoffeln. Die kannst du dir braten. Gemüse ist auch noch da." Bernd dreht nun völlig auf, spielt seine Vaterrolle und ich mache ihm sein Abendessen, weil ich nicht will, dass die Kinder auf ihn verzichten müssen. Sie freuen sich auf ihn und als kochende Hausfrau bin ich aus der Schusslinie. In meine Richtung lächelnd sagt Bernd noch kurz: „Ich habe einen guten Weißwein mitgebracht. Wenn du den kalt stellst?"

Als Bernd vor seinem Teller sitzt, das Essen in sich hineinschaufelt und dabei den Wein wegschluckt, frage ich ihn: „Woher wusstest du eigentlich, wo genau wir sind?" Er lächelt: „Gottes Wege sind wunderbar." Ich insistiere: „Dass wir in Dänemark sind, habe ich dir ja mitgeteilt. Aber woher wusstest du die Adresse?" Johannes antwortet für ihn: „Ich habe es ihm gesagt. Ich habe ihn angerufen." Ich bin irritiert: „Wann denn?" Nun antwortet Renatus für ihn: „Als wir einkaufen waren am zweiten Tag." Peinliche Stille. Bernd beendet sie: „Ist doch eine schöne Überraschung – für die Kinder." Ich bestätige: „Ja, für die Kinder."

Bald sitzen wir um den Esstisch herum und spielen „Malefiz". Eigentlich spielen ja alle gegen alle. Doch die Kinder gehen immer neue Koalitionen ein. Sie kooperieren und schließlich sorgt Johannes dafür, dass Renatus Figuren nach oben durchkommen. Bernd scheint das nett zu finden. Ich muss mich konzentrieren, dass ich freundlich bleibe. Einmal rutscht mir heraus: „Das ist nicht der Sinn des Spieles." Johannes kontert: „Du sagst doch sonst immer, kooperiert, konkurriert nicht.“ Eigentlich müsste ich nun mit Bernd kooperieren, doch ich weigere mich. Ich spiele völlig destruktiv, will nichts anderes, als Bernd schaden. Ich fühle mich dabei etwas albern, doch es muss sein.

Gegen elf Uhr schicken wir die beiden Jungen ins Bett. Sie haben ein eigenes Schlafzimmer. Johannes schläft oben im Doppelstockbett, Renatus unten. Sie haben sich abgesprochen, nach einer Woche zu wechseln. Ich schlafe im bequemen Doppelbett. Es gibt noch eine dritte Schlafkabine, in der wir unsere Koffer abgestellt und die mitgebrachten Lebensmittel lagern. Bernd hat seinen Koffer immer noch im Wohnzimmer stehen. Ich lasse ihn auflaufen, gehe ins Bad, putze mir die Zähne. Als ich im Nachthemd aus dem Bad komme, steht Bernd neben seinem Koffer und fragt: „Darf ich neben dir schlafen?“

„Da ist noch ein Zimmer hinten rechts. Wenn du dich da einrichtest. Bettbezüge hast du ja mitgebracht oder nicht.“

Er zieht ab: „Ich komme schon zurecht, gute Nacht.“ Ich setze nach: „Und morgen früh reden wir, bevor du wieder fährst.“ Bernd wirkt irritiert: „Ich möchte noch ein paar Tage bei euch bleiben.“ Ich hätte den Wein nicht trinken sollen: „Ich möchte aber nicht, dass du länger bleibst. Du kannst die Zeit auch dafür nutzen, deine Sachen aus unserer Wohnung zu holen.“

Bernd zeigt sich nun ein wenig angeschlagen: „Marianne, wir sollten darüber sprechen, in aller Ruhe. Ich muss dir einiges erklären. Deshalb bin ich auch gekommen.“ Ich reagiere etwas unüberlegt: „Gut, erkläre mir jetzt, was es zu erklären gibt, jetzt sofort! Dann haben wir es hinter dir und du kannst morgen nach dem Frühstück fahren.“ Bernd stimmt zu: „Okay, setz dich!“ Ich hole mir meine Bettdecke und setze mich vor den Kaminofen, in dem noch etwas Glut ist. Bernd legt nach, holt sich ein Glas Wein und bringt mir gleich ein gut gefülltes Glas mit.

„Okay Bernd: Ich stelle die Fragen und du beantwortest sie mir. Also: Was war das für eine Sache mit Heuhoff und Renatus? Was ist da passiert?“

Bernd zögert cinc Weile: „Heuhoffs Unterleib ist total zerstört: Seine Geschlechtsteil, seine Hoden, auch seine Blase und seine Prostata, auch sein Dickdarm hat etwas abbekommen. Die Ärzte mussten allerdings keinen künstlichen Darmausgang legen …“ Ich unterbreche: „Ich will wissen, wie da passieren ist und was Renatus damit zu tun hat?“ Bernd greift nach seinem Weinglas: „Heuhoff ist bekannt dafür, dass er, wie soll ich es sagen, den Schülern manchmal ein wenig zu nahe kommt. Und dabei ist das wohl passiert.“ Ich verstehe das nicht: „Was ist da passiert? Renatus hat Heuhoffs Schwanz und seine Eier gegrillt?“

„Nein es kam wohl ein Blitz, woher auch immer, vielleicht aus der Steckdose …“

Ich lache verunsichert: „Heuhoff hat seinen Schwanz in die Steckdose …“ Bernd muss nun auch lachen: „Nein, so wohl nicht. Er hat … also er hat an Renatus herumgefummelt, ihn angefasst und dabei ist es passiert.“ Ich bin fassungslos: „Heuhoff fummelt an Renatus herum und da kam, Halleluja, der Blitz Gottes aus heiterem Himmel und hat sein Schwanz verkohlt und seine Eier und seine Prostata ist explodiert.“ Bernd nickt zustimmend mit dem Kopf: „So muss es gewesen sein, so ähnlich.“

„Und was macht ihr nun mit diesem Kinderficker? Zeigt ihr in an?“

Bernd schüttelt den Kopf: „Wir regeln das intern. Heuhoff wird versetzt, wahrscheinlich nach Süddeutschland, wenn er wieder auf die Beine kommt.“ Ich fasse es immer noch nicht: „Wusstet ihr denn, dass er auf kleine Jungen steht?“ Bernd nickt: „So etwas bleibt in der Gemeinschaft nicht verborgen, aber wir haben ihn ermahnt und kontrolliert.“

„Und vertuscht“, ergänze ich, „und er macht sich an unsere Jungen heran.“ Bernd bestätigt: „Jetzt nicht mehr. Dem ist die Kinderfickerei vergangen, dank Renatus.“ Ich kann es nicht fassen: „Wie soll Renatus das angestellt haben, wie?“. Bernd antwortet völlig ernst: „Er hat besondere Kräfte.“ Ich versuche es mit Sarkasmus: „Superkräfte. Er erweckt tote Vögel zu Leben und verkohlt übergriffige Pfaffenschwänze.“ Bernd nickt: „So ist es. Es sind heilige Kräfte!“

Darauf läuft es also hinaus: „Renatus ist ein zweiter Jesus? Du glaubst das tatsächlich?“ Bernd zuckt mit der Schulter: „Es könnte sein. Wir haben ihn Heiligabend auf den Kirchenstufen gefunden.“ Ich leere mein Glas und schaue Bernd an: „Das glaubst du doch selbst nicht.“ Bernd widerspricht: „Doch, daran glaube ich.“ Ich gehe ins Schlafzimmer und lege mich hin. Etwas später drängt sich Bernd neben mich. Ich schiebe ihn weg: „Bleib mir vom Leib, sonst verkohle ich dir den priesterlichen Schwanz. Und morgen reden wir darüber, wann und wie wir die beiden aus Hautrup abmelden. Die können in Osnabrück zu Schule gehen. Das Carolinum hat einen guten Ruf.“ Von Bernd höre ich noch: „Auf gar keinen Fall!“

Hautrup • Oliver Bauer (8) • 6. März 2002

Superboy

In meinem Hausmeisterkeller laufen viele Informationen zusammen. Franziskus, mein Vorgänger, kommt mich jeden Tag besuchen und erzählt mir, was die Patres bei Tisch so alles reden. Meine Lebensgefährtin Susanne arbeitet im Sekretariat des Internats und bekommt vieles mit. Paulus ist Lehrer in der Schule, mein Nachbar, und macht sich gerne lustig über seine klösterliche Umgebung. Theo ist Präfekt, hat Renatus in seiner Gruppe und erzählt mir, was Renatus und Johannes so machen. Und dann bin ich mit meinen Werkzeugkästen überall im Haus unterwegs, oft auch in der Küche bei den Nonnen und Frauen aus dem Dorf, die dort arbeiten und überall sauber machen.

Alle wissen es und auch ich erzähle es gerne weiter: Heuhoffs Eier und Schwanz sind von Renatus verkohlt worden, weil Heuhoff ihm an die Wäsche gehen wollte. Das ist eine große Genugtuung für mich. Der Orden hat Heuhoff in Sicherheit gebracht. Er wird jetzt im Ordenshaus in Freiburg unter Verschluss gehalten. Das hätten sie mal vorher machen sollen. Als mir Westenstedt über den Weg lief, habe ich ihm das gesagt, auch dass er sich an mir vergangen hat.

Westenstedt nickte und sagte so etwas wie: „Ja es musste sein. Ich bin froh, dass das jetzt beendet ist." Ich bestätigte: „Höchste Zeit und vielleicht sollten Sie auch auf Bregenz ein Auge werfen, sonst habt ihr bald noch jemanden mit verkohltem Schwanz." Westenstedt ging einfach weiter, ohne ein weiteres Wort.

Die Gerüchteküche kocht. Viele glauben, dass Renatus besondere Kräfte hat. Seine Mitschüler nennen ihn Superboy. Als die Klasse einen Konflikt wegen einer zu schweren Klassenarbeit mit einem Lehrer hatte, sagte einer seiner Mitschüler gut hörbar: „Schmor dem Arschloch die Eier weg." Renatus scheint seine Popularität zu genießen und seine Klassenkameraden schicken ihn vor, wenn es mit den Präfekten im Internat oder den Lehrern in der Schule etwas zu verhandeln gibt. Die älteren Schüler lassen ihn jetzt in Ruhe. Keiner traut sich mehr an ihn heran. Wenn er beim Fußballspielen gefoult wird, reicht ein kurzer Blick und sein Gegenspieler hält sich zurück. Jetzt ist er also auch noch ein guter Fußballspieler. Theo erzählt das. Bei der Schulbrotausgabe drängt er sich vor und niemand wehrt sich. Das habe ich selbst gesehen. Johannes wollte sich brav in die Reihe stellen. Renatus nahm nun für ihn ein Pausenbrot und gab es ihm. Das heißt wohl, dass Renatus jetzt den Schutz von Johannes nicht mehr nötig hat, dass sich ihre Rollen vertauscht haben. Trotzdem, meint Theo, bleiben sich die beiden einig. Es gibt sie nur als Doppelpack. Selten sieht man einen der beiden allein. Es fehlt nur noch, dass sie zusammen aufs Klo gehen, spottet Theo.

Was ich auch selbst beobachten kann, sind merkwürdige Besucher auf dem Klostergelände. Auf dem Weg zur Turnhalle sehe ich eine Frau auf dem Schulhof. Sie hat graues Haar, ein eingefallenes Gesicht und geht ein wenig gebeugt. Ich spreche sie freundlich an: „Kann ich Ihnen helfen? Suchen Sie jemanden?" Sie ist unsicher: „Ich hätte gerne einen ihrer Schüler gesprochen. Er heißt Renatus." Ich erkundige mich. „Wie heißen Sie denn?" Sie stellt sich kurz vor, sagt, dass sie aus Fürstenau kommt. Ich sage: „Keine Ahnung, wo Renatus sich gerade herumtreibt, aber gleich beginnt die Studierzeit. Dann kommt er vielleicht über den Hof." Sie schaut mich fragend an.

„Ach so, Sie kennen ihn nicht. Gut, versuchen Sie es doch drüber bei der Pforte. Der Pförtner lässt ihn holen.“ Sie schaut mich hilflos an, wie abwesend und scheint mich nicht zu verstehen. „Okay, kommen sie mit!“ So gehe ich mit ihr über den Hof Richtung Pforte. Ich winke einen Jungen heran, den ich nicht namentlich kenne: „Kannst du mal bitte Renatus aus der Fünften zur Pforte rufen. Es wartet dort jemand auf ihn.“

Die Frau ist offenbar zu schwach, um zu laufen. So nehme ich sie am Arm und bringe sie zur Pforte: „Es geht mir nicht so gut ...“, erklärt sie mir, „ich kann nicht so schnell.“ Ich verberge meine Ungeduld: „Ich habe etwas Zeit. Kein Problem.“ So schlurfen wir über den Hof. Die Treppe hoch zur Pforte schafft sie kaum allein. So helfe ich ihr hinauf. Die Frau bedankt sich. Ich platziere sie auf die Besucherbank und frage sie: „Was wollen Sie denn von Renatus? Kennen Sie ihn überhaupt?“ Sie schüttelt den Kopf.

„Ich habe von ihm gehört. Ich bin krank, austherapiert, und habe von ihm gehört. Vielleicht kann er mir helfen.“ Ich verstehe langsam. Kurz denke ich daran, sie wegzuschicken. Das bringe ich nicht übers Herz. Sie wirkt so zerbrechlich. Außerdem bin ich neugierig, was gleich passiert. So hole ich der Frau ein Glas Wasser aus dem Pförtnerzimmer. Sie dankt mir mit einem gequälten Lächeln. Das macht mich hilflos und ich bleibe bei ihr. Irgendwer muss sie ja wieder die Treppe hinunterbringen: „Sie glauben also, Renatus kann Sie gesund machen?“ Sie nickt: „Ja, ich glaube schon, dass er das kann. Und wenn nicht – ich habe nichts zu verlieren. Aber was man so hört, kann er mir helfen, wenn er will. Er hat ganz sicher göttliche Energien, sagen die vom Bruno Gröning-Freundeskreis. Er ist ein Geistheiler.“ Die Frau ist so überzeugt, dass ich ihr nicht widerspreche. Ich werde Bernd heute Abend anrufen und ihm alles erzählen und auch Theo. Oder ich lasse es lieber. Die beiden werden über mich herfallen, weil ich der Frau geholfen habe.

Nach einigen Minuten kommen Renatus und Johannes die Treppe hoch. Sie sind bestens gelaunt, lachen und scheinen sich über etwas zu amüsieren. Dann sehen sie mich. Johannes lächelt mich an: „Hallo Oliver, alles Okay?“ Ich nicke: „Alles Okay, aber diese Frau will Renatus sprechen." Renatus schaut sie kurz an, dann mich. Ich sage: „Du kennst sie wahrscheinlich nicht." Die Frau versucht aufzustehen, fällt dann aber wieder zurück auf die Bank: „Ich bin sehr krank. Hilf mir bitte. Du kannst mir doch helfen. Ganz sicher kannst du mir helfen." Renatus schaut Johannes an, Johannes lacht: „Na, dann hilf ihr schon!" Renatus zögert kurz, spielt dann aber mit. Er schaut die Frau an. Sie versucht wieder aufzustehen, schafft es wieder nicht. Renatus schaut kurz zu Johannes hinüber. Johannes nickt: „Hilf ihr einfach!" Die Frau streckt Renatus die Hände entgegen. Er nimmt sie, schüttelt sie kurz und sagt lachend: „Nimm dein Bett und wandle. Dein Glaube hat dir geholfen." Dann lässt er die Hände der Frau los, dreht sich um und rennt hinter Johannes her. Johannes kann sich kaum noch halten, höre ich ihn sagen: „Nimm dein Bett und wandle. Dein Glaube hat dir geholfen. Die hat doch gar kein Bett. Das kriegst du beim nächsten Mal besser hin. Du darfst dabei nicht lachen, du musst gucken wie Jesus."

Die Frau scheint das nicht zu stören. Sie lächelt selig und erhebt sich nun ohne Probleme von der Bank. Ich versuche ihren Arm zu nehmen und entschuldige mich quasi für die Jungen: „Kinder sind manchmal ein bisschen albern. Nehmen Sie es ihnen nicht übel." Die Frau geht nun völlig selbständig auf die Treppe zu. „Ich habe es gleich gemerkt. Ich werde wieder gesund. Danke, vielen Dank." Ich sage so etwas wie „Keine Ursache" und gehe hinter ihr her. Sie geht vor mir die Treppe hinunter, ohne die geringsten Probleme. Keine gebückte Haltung mehr. Ihre Körpersprache hat sich vollständig geändert. Ich folge ihr: „Wenn ich noch etwas tun kann, lassen Sie es mich wissen." Sie schaut zurück: „Ja, sagen Sie dem Jungen, dass ich sehr dankbar bin und dass er ein großer Heiler ist. Und Ihnen auch vielen Dank, dass Sie ihn für mich haben rufen lassen. Ich komme jetzt wieder allein zurecht. Von Herzen Danke." Ja, der Glaube hat ihr geholfen. Dann muss ich lachen: Nimm dein Bett und wandle.

Hautrup • Klaus Kolonko (12) • 18. Mai 2001

Geistheilung

Von der Sakristei aus betreten die beiden in ihren Messdienergewänder den Altarraum – zuerst Johannes mit dem Weihrauchschwenker. Er bewegt das messingfarbene Gerät etwas zu hektisch, der stark qualmende Weihrauch ist ihm sichtlich unangenehm. Ihm folgt Renatus. Beide machen eine kurze Kniebeuge und bekreuzigen sich. Dann drehen die beiden sich um. In der ersten Kirchenbank gleich rechts, dort, wo ich als Internatsschüler in der fünften Klasse meinen Platz hatte, kniet eine ausgemergelte Frau, die sicher nicht so alt ist, wie sie aussieht: gelbe Gesichtshaut, eingefallene Wangen, Hakennase, dünnes graues Haar. Sie ist begleitet von einer jüngeren Frau und einem korpulenten Mann im knappsitzenden Sonntagsanzug. Links des Gangs kniet ein etwa 10-jähriges Mädchen, das offensichtlich von ihren Eltern begleitet wird. Auch die Eltern sind sonntäglich gekleidet. In der Mitte auf dem Gang, etwas zurückversetzt in Höhe der dritten Kirchenbank, wartet ein langer, dünner Rollstuhlfahrer, begleitet von einer Nonne.

Renatus wendet sich zuerst nach rechts, zur ausgemergelten Frau. Johannes, der ihm folgt hat seinen Weihrauchschwenker immer noch nicht im Griff, es qualmt mehr als es sollte. Renatus hustet demonstrativ und, mit einem Seitenblick auf Johannes, lächelt kurz. Der zuckt entschuldigend mit den Schultern und flüstert. Wahrschein ein leiser Fluch. Renatus grinst, schaut die offensichtlich kranke Frau an und sagt: „Gesegnet sei der Herr. Dein Glaube wird dir helfen.“, wobei er ein Kreuz in die Luft zeichnet. Er geht gleich weiter zum Mädchen, das links in der Band sitzt und fragt, noch bevor Johannes ihm folgen kann: „Was hast du denn? Bist du schlimm krank?“ Das kniende Mädchen schaut ihn an: „Ja, mir geht es nicht gut.“ Renatus antwortet: „Tut mir leid. Vielleicht hilft es dir.“ Er zeichnet ein Kreuz in die Luft und sagt: „Es wird dir sicher bald besser gehen! Du musst ganz fest daran glauben.“ Das Mädchen nickt mit dem Kopf. „Ich versuch’s.“ Die Mutter flüstert dem Mädchen zu: „Mach das Kreuzzeichen!“ Renatus lächelt sie an und sagt: „Ist schon okay, viel Glück.“

Johannes wackelt schnell noch ein wenig mit dem Weihrauchschwenker hin und her, während Renatus bereits den Rollstuhlfahrer ins Visier nimmt. Er macht ein nachlässiges Kreuzzeichen und sagt: „Nimm dein Bett und wandle. Dein Glaube hat dir geholfen.“ Johannes grinst kurz, Renatus schaut ihn an, grinst zurück und die beiden verschwinden zügig in der Sakristei, ohne die üblichen Kniebeugen zu machen. Bevor die Tür ins Schloss fällt, hört man die beiden lachen.

Seit längerer Zeit hatte ich wieder einmal ausführlicher mit Theo telefoniert: Er informierte mich, dass in Hautrup jetzt Wunderheilungen stattfänden und der Wunderheiler sei Renatus. Erst habe er Vögel wiederbelebt, dann Heuhoffs Gemächt verschmort... und jetzt: Geistheilungen. Einmal die Woche, am Donnerstag, so um 18 Uhr in der Klosterkirche. Wie gut, dass ich nicht Funktionär dieser Obskuranten-Organisation geworden bin. Wunderheilungen hier in Mitteleuropa im 21. Jahrhundert. Unfassbar. Das muss ich mir anschauen.

In der Esoterik-Szene habe ich schon ähnliches gesehen. Die Argumentation ist ebenso schlicht wie einleuchtend: Körper und Geist sind verbunden. Warum also nicht über den Geist den Körper heilen und über den Körper den Geist? In dieser Szene werden mit alternativen Heilverfahren gewaltige Umsätze gemacht. Dazu gehören auch Geistheilungen durch Handauflegen, durch merkwürdige magische Rituale, Clearing, Reinigungen der Chakren, durch Reiki oder das Singen von Heilmantren. Teufels- oder Dämonenaustreibungen finden auch statt, wie bei Jesus in der Bibel. Nur fahren die bösen Geister dann nicht in die Schweine, sondern werden gewaltfrei dorthin zurückgeschickt, woher sie gekommen sind.

Wenn jemand heute aus Mitteleuropa eine Teufelsaustreibung an sich oder seinen Angehörigen vornehmen lassen will, schicken ihn die entsprechenden katholischen Stellen inzwischen nach Polen. Dort gibt es eine quicklebendige Exorzisten-Szene mit eigenen Zeitschriften, einer eigenen Exorzisten-Hierarchie und den entsprechenden Locations für die einschlägigen Zeremonien. Es gibt auch katholische Ärzte, die gegebenenfalls, wenn die Exorzisten es mal ein wenig zu arg treiben, Tod durch Herzversagen bescheinigen. Erwartet werden vorab gewisse Spendenzahlungen und natürlich absolute Verschwiegenheit. Vorher prüfen katholische Psychiater, ob es sich vielleicht doch um eine Psychose handelt und nicht um den Teufel. Doch in dieser Frage sind sie kreativ: Es gibt besonders raffinierte Teufel, die Psychosen vortäuschen, um nicht ausgetrieben zu werden. Schließlich ist der Teufel der Vater der Lüge und Täuschung. Ich habe für eine Reportage dazu recherchiert, bin aber nicht sehr weit gekommen. Vielleicht sollte ich das einmal undercover versuchen. Ich brauche dafür eine Schauspielerin, die überzeugend eine Besessene mimt, mit Schaum vor dem Mund. Aber Wunderheilungen durch Kinder in katholischen Kirchen sind auch ein schönes Thema. Leider habe ich mein Aufnahmegerät nicht dabei. Das nächste Mal nehme ich es mit, wenn ich nach Hautrup komme.

Nachdem Renatus und Johannes die Kirche verlassen haben, beten die Kranken noch eine Weile. Zuerst greifen die Eltern dem kranken Kind unter die Arme, ziehen es hoch und fragen, ob es ihm schon besser gehe. Das Mädchen sagt nichts, aber lächelt die Eltern an. Der Rollstuhlfahrer versucht kurz aufzustehen. Beim zweiten Versuch gelingt es ihm tatsächlich. Die Nonne stützt ihn, murmelt so etwas wie „Dank sei Gott“ und forderte ihn auf, zu gehen: „Zwei Schritte, Erwin, zuerst zwei Schritte. Du schaffst das!“ Erwin hält sich an der Kirchenbank fest und verlangt dann nach seinem Rollstuhl. Die Nonne wird lauter: „Dank sei Gott. Der Glaube hat Dir geholfen.“ Erwin krallt sich mit beiden Händen an der Kirchenbank fest und scheint es nun selbst zu glauben. Er lächelt: „Ja, es geht, ich kann wieder stehen.“ Er versucht jetzt noch einen Schritt zu gehen. Schnell mache ich zwei Schritte auf ihn zu, fasse ihm unter den Arm und verhindere einen Sturz. Bald sitzt er wieder in seinem Rollstuhl. Die Nonne jubelt weiter: „Du kannst wieder stehen und wieder laufen, Erwin! Bald bist du wieder gesund!“ Erwin sitzt glücklich lächelnd in seinem Rollstuhl und sagt so laut er es vermag: „Dank dem Herrn!“ Die Nonne stimmt ein: „Gott hat ihn geheilt.“

Sie schaut sich um und sagt dann etwas leiser: „Ein Wunder, Erwin, ein Wunder.“ Erwin sitzt wieder sicher in seinem Rollstuhl und grinst ein wenig abwesend.

Ich halte es nicht länger aus, verlasse die Kirche durch den Klosterausgang und stehe bald oben in Theos Zimmer. Theo schaut mich fragend an. Ich nehme mir vor, freundlich zu bleiben, doch es gelingt mir nicht, während ich ihn anschreie: „Theo, das kannst du nicht zulassen. Du bist doch für Renatus und Johannes verantwortlich. Wie sollen die beiden das verkraften. Die sind Kinder. Renatus redet man ein, er sei ein Gott, der Menschen heilen kann. Stell dir doch kurz vor, wie das für ihn sein muss.“

Theo weicht zwei Schritte zurück. Ich zwinge mich, ruhiger zu werden, wieder frage ich: „Wie kannst du das zulassen?“ Theo schüttelt den Kopf und entgegnet: „Ich habe da nichts zuzulassen. Das hat Westenstedt angeordnet, damit die Heilungssuchenden nicht einfach so aufs Gelände kommen und Renatus suchen. Außerdem hat sein Vater, also Völler, das erlaubt. Er will das so und beide haben Rückendeckung vom Bischof.“

„Und der Bischof hat Rückendeckung von Rom, na klar.“

Theo zuckt mit den Schultern. „Ich habe Anweisungen, Renatus und Johannes vor den unangemeldeten Besuchern zu schützen und zu berichten, wie Renatus sich entwickelt ...“ „... ob er Wunder tut in seiner Freizeit, schlaue Sachen sagt, ob er besonders liebevoll und rücksichtsvoll ist, ob er tatsächlich der neue Messias ist?“, unterbreche ich ihn.

Theo bestätigt das: „Ja, so etwas. Aber ich habe inzwischen darum gebeten, mich zu versetzen.“

„Und,“ frage ich nach, „wie hat Westenstedt reagiert? Er hat dich vertröstet, stimmt's. Er hat dich vertröstet und er wird dich weiter vertrösten. Ich gebe dir einen Tipp: Erinnere die an unsere Freundschaft, erzähle denen, dass du dich mit mir über Renatus unterhältst.“

„Dir dürfte klar sein, dass ich genau das nicht darf. Die haben mich vergattert: Ich darf mit dir nicht über Renatus sprechen.“

Langsam wird mir klar, dass Theo tatsächlich etwas riskiert. Ihm ist die Sache mit Renatus ebenso suspekt wie mir. Er weiß, dass dem

Kind diese Wundertäterrolle nicht guttut. Doch im Unterschied zu ihm bin ich in einer komfortablen Situation. Ich stehe außen. Er hat sich dem Orden verschrieben und der Kirche und muss der Hierarchie folgen.

„Tut mir leid, Theo. Ich weiß ja, wie wenig du machen kannst. Trotzdem beginnt es mich zu interessieren, was die gemacht haben: Zuerst die Vorhaut nebst Nabelschnur stehlen, dann haben sie wohl irgendwie den armen Renatus damit verbunden, ich wage nicht zu denken, wie. Vielleicht haben sie ihn wirklich geklont. Stammzellen aus der Nabelschnur Jesu, künstliche Befruchtung. Das machen die inzwischen bei Tieren. Warum nicht auch bei Menschen? Und plötzlich wird jemand als neuer Jesus geboren und entsprechend inszeniert. Mal abgesehen davon, was das theologisch bedeutet – ist das nicht alles wahnsinnig?"

Theo beschwichtigt: „Aber das sind doch alles nur deine Spekulationen. Du weißt doch gar nicht, ob diese beiden Sachen, der Vorhautklau und Renatus etwas miteinander zu tun haben!"

„Stimmt. Zwar hat Völler so etwas angedeutet, doch so wahnsinnig können diese Leute eigentlich nicht sein. Allein der Glaube, die Gene von Jesus ließen sich aktivieren und würden dann irgend etwas Göttliches auslösen, ist schon Unfug. Gott besteht nicht aus Genen, wenn es ihn denn überhaupt gibt, was ich inzwischen bezweifle. Und wenn es ihn geben sollte, hat er mit diesem primitiven katholischen Obskurantenverein sicher nichts zu schaffen." Theo widerspricht: „Vergiss dein Theologiestudium nicht, lieber Klaus: Jesus war ganz Mensch und ganz Gott. Das ist die theologische Basis des Glaubens, Mensch aus Fleisch und Blut und zugleich Sohn Gottes. Also, wenn du die Bibel ernst nimmst, ergibt das schon Sinn." Ich stimme ihm zu: „Ich fürchte, du hast recht. Theologisch lässt sich das alles begründen, was aber eher gegen die Theologie spricht."

Theo muss ins Refektorium, zum Abendessen, und ich will heute noch zurück nach Hildesheim und breche auf. Mein alter Widersacher, Bischof Flitz, scheint diesen Zirkus noch zu unterstützen. In einer im Internet veröffentlichten Predigt hat er versichert: „Die Demut des Glaubens kann Menschen heilen. Wie in fast allen Traditionen gibt es auch im Christentum eine Heiltradition. Ein Blick in die Bibel bestätigt das: Jesus wird in den Evangelien als Heiler dargestellt, als Wunderheiler. Blinde sehen wieder, Lahme gehen, und Aussätzige werden rein."

In der Predigt ist natürlich keine Rede von Renatus, doch für mich ist der Bezug eindeutig. Selbstverständlich betont Flitz in seiner Predigt, dass Ärzte und Krankenhäuser die richtige Adresse seien, wenn jemand krank ist. Doch auch die Kraft der Gebete könne heilen. Gebete würden eine innere Heilung bewirken, die sich auch körperlich auswirke. Der feste Glaube könne Selbstheilungskräfte mobilisieren, es könne Selbstheilungskräfte aktivieren. So käme es zur Heilung im ganzheitlichen Sinne.

Die Predigt liest sich wie ein Auszug aus einem dieser Esoterik-Ratgeber. Auch der Satz, dass eine Krankheit den Menschen nicht zufällig treffe, wirkt wie abgeschrieben. Weder Krebs, noch der Herzinfarkt sei ein Zufall. Es läge letztlich auch nicht am Rauchen, am Bewegungsmangel oder daran, dass jemand zu dick sei und den ganzen Tag mit gebeugtem Rücken vor dem Computer-Bildschirm hocke. Alles hat seinen Grund, seinen *tieferen* Grund. Krankheit ist ein Geschenk, ein Fingerzeig Gottes. Wenn wir diese Lektion gelernt hätten, könnten uns die Krankheiten wie durch ein Wunder auch wieder genommen werden, vielleicht sogar durch einen, der in besonderem Maße die Gnade Gottes genieße.

Osnabrück • Marianne Schlüter (6) • 23. November 2001

Kanal Gottes

Die Schmutzwäsche ist verstaut. Jetzt sitzen die beiden auf der Rückbank meines neuen VW-Polo, kichern und tuscheln. Ich sehe sie im Rückspiegel. Johannes hat ein Buch in der Hand und liest vor: „Führe mich vom Unwirklichen zur Wirklichkeit." Ich lache: „Großartig! Wer schreibt denn so etwas? So ein Unsinn." Johannes liest weiter: „Führe mich aus der Finsternis zum Licht!" Jetzt prustet Renatus los: „Bin ich nicht schlau?“ Johannes unterbricht ihn: „Weise bist du, Renatus, weise!“ Renatus lacht weiter. Johannes hält das Buch hoch. Ich kann den Titel aber im Rückspiegel nicht lesen. „Führe mich vom düsteren Tod zur Unsterblichkeit!“ Renatus kriegt sich kaum noch ein: „Ich bin klug und weise!“ Jetzt sage ich lachend: „Klar bist du weise und ein Mathegenie und sowieso der Schlauste von allen.“ Nun lachen wir zu dritt.

Als das Lachen verebbt, frage ich: „Was ist denn das für ein Buch?“ Johannes antwortet: „Renatus hat es geschrieben.“ Ich lache wieder. „Aha, dass du Leute heilst, weiß ich inzwischen. Seit wann schreibst du Bücher, Renatus?“

Er antwortet: „Nicht alleine. Winczyk hat mich und Bernd interviewt, und Winczyk hat daraus ein Buch gemacht und jetzt bin ich auch Schriftsteller.“ Langsam merke ich, dass das kein Witz ist. Ich frage Johannes: „Was ist das für ein Buch?“ Er antwortet: „Hat Renatus doch schon gesagt: Winczyk hat ihn interviewt zusammen mit Papa, und daraus haben sie ein Buch gemacht. Auf der Titelseite steht: *Renatus: Zu Füßen des Vaters*“ Ich bremse, fahre an den Straßenrand: „Gib mal das Buch her!“ Johannes grinst, Renatus grinst, allerdings ein wenig verlegen. Ich werde laut: „Her damit!“

Tatsächlich: *Renatus. Zu Füßen des Vaters*. Ich setze mir die Brille auf und beginne zu blättern. „Wie dieses Buch entstand“. Ich lese laut: „Es war im Frühjahr 2001: Von einem ganz normalen Jungen gehen unheimliche Heilkräfte aus. Schon als Fünfjähriger erweckte er unwillentlich tote Vögel zum Leben. Sie öffneten die Augen, schüttelten sich und flogen davon als sei nichts gewesen. Der Junge wird älter, berührt kranke Menschen und sie kehren innerlich und viele auch äußerlich geheilt zu ihren Lieben zurück …“

Ich kann kaum begreifen, was hier geschehen ist. Ich drehe mich zu den beiden auf der Rückbank um und sage lauter, als ich es will: „Was soll dieser Scheiß?“ Renatus ist erschrocken, Johannes grinst noch immer: „Naja, Papa, also Bernd, hat gesagt, das ist Okay und es stimmt ja auch: Renatus kann Leute gesund machen. Die kommen ja wegen ihm extra nach Hautrup. Und dann kam dieser polnische Pater, Pater Winczyk, und hat mit Renatus gesprochen. Und was Renatus gesagt hat, hat er aufgeschrieben und ein Buch daraus gemacht."

Ich schaue nach: „Gotthelf-Verlag, Freiburg 2001". Ein knappes Vorwort von Kardinal Cumulus, eine Vorbemerkung von Winczyk. Dann der Text, der von Renatus sein soll: „Von allen Eigenschaften ist Gottvertrauen die wichtigste." Und es geht so weiter. Eigentlich leeres Gewäsch: „Krankheit ist kein Zufall, sie ist ein Fingerzeig Gottes, unseres Vaters. Heilung beginnt mit der inneren Genesung. Oft geschieht sie schnell, doch meist wirkt die Kraft Gottes im Verborgenen." Ich schüttle den Kopf: „Ist das ein Bullshit! Hast du wirklich so einen Scheiß erzählt, Renatus?" Renatus lacht jetzt nicht mehr: „Das hat doch Pater Winczyk geschrieben! Ich habe ihm nur erzählt, dass alle möglichen Leute geheilt werden wollen." Johannes schaltet sich ein, wie immer, um Renatus zu unterstützen: „Renatus sagt immer nur: 'Nimm deinen Rollstuhl und wandle', so wie Jesus in der Bibel. Und dann sagt er: 'Dein Glaube hat dir geholfen'."

Ich blättere weiter in diesem schmalen Buch und werde ironisch: „Toll, Renatus. „Zum Schluss wirst du auch noch zum Dichter. Von diesem schlummernden Talent wusste ich bisher noch nichts:‚Kanal Gottes, Lausche auf die Worte des Vaters, Erschaue das Seelenfünklein; Und folge göttlicher Weisung, Selbst im Gerümpel des Tages.'"

Ich schaue Renatus an und sehe, dass er ganz starr wird. Trotzdem mache ich weiter: „'Gerümpel des Tages', ist wirklich großartig, Renatus. Du bist ein wahrer Dichter. 'Achte auf himmlische Zeichen, Über den Häuptern der Menge; Und vernimm göttliches Flüstern, Über lautesten Erdengesängen'."

Die beiden sitzen still da und ich beruhige mich langsam. Dann setze ich das Auto wieder in Bewegung. Meine Hände zittern. Zu Hause werde ich Bernd anrufen und ihm einiges Flüstern. „Vernimm göttliches Flüstern ...", jetzt muss ich lachen: „lauteste Erdengesänge, Halleluja. Das ist Poesie!"

Zu Hause verschwinden die beide in ihrem Zimmer. Ich rufe Bernd an, verzichte aufs Vorgeplänkel: „Hör zu: Du weißt, warum ich dich anrufe: 'Zu Füßen des Vaters.' Ich melde jetzt die beiden von der

Schule ab und hole morgen ihre restlichen Sachen aus Hautrup. Zuerst diese merkwürdigen Heilungen, jetzt das Buch. Es reicht. Ihr macht das Kind kaputt." Bernd schweigt einen Moment und sagt dann: „Das kannst du nicht allein entscheiden. Ich bin als Vater von Johannes eingetragen. Das war dir ja so wichtig, damals. Jetzt entscheide ich mit. Klar kannst Du Johannes erst einmal zu Hause behalten, bis ich das juristisch rückgängig mache. Johannes ist dein Kind. Das kannst du erst einmal machen. Aber Renatus bleibt da. Ich werde gleich beim Amt anrufen. Nett übrigens, dass du mir das mitgeteilt hast. Deine Wohnung wird demnächst gekündigt, du wirst deinen Job verlieren und dann auch die Kinder. Du weißt, dass wir nicht ohne Einfluss sind. Also, wenn Du das wirklich willst, dann mach es."

„Ich wende mich an die Presse. Ich habe inzwischen auch meine Kontakte." Bernd lacht: „Ja, und wir auch. Das ist dir doch klar. Den Osnabrücker Tagesanzeiger haben wir in der Tasche. Das weißt du. Also überlege dir das gründlich."

Köln • Bischof Dr. Ralf Flitz (8) • 22. Dezember 2002

Schlachtplan

Cumulus hat sich heute für einen toskanischen Rotwein entschieden. Winczyk nippt noch an seinem ersten Glas, Völler hält das bereits geleerte Glas in seiner Hand. Ich trinke keinen Alkohol, wenn schwierige Entscheidungen anstehen. Cumulus bittet Völler, ihm die zweite Flasche zu öffnen und holt tief Luft: „Also Freunde, *Getreue des wahren Katholizismus* ..." Winczyk unterbricht ihn barsch: „Schon gut, Cumulus, kurz, knapp und präzise!", er schiebt seine Brille höher und reckt sich ein wenig. Sein leichter polnischer Akzent wird deutlicher, wenn er aufgeregt ist, und das ist er jetzt. Diese routinierte Wichtigtuerei von Cumulus ist tatsächlich hier fehl am Platze. Ich schließe mich Winczyk an: „Was liegt an, Cumulus?

Ich muss heute Abend noch zurück. Bald ist Weihnachten und ich musste einige Termine absagen, um herzukommen zu können."

Cumulus reagiert sofort: „Die Presse rührt sich. Zuerst berichtet der Deutschlandfunk über Geistheilungen in katholischen Kirchen. Hautrup wird namentlich genannt. Den Autor kennt ihr ja schon, es ist Kolonko. Und seit gestern kommen Schreiben aus Hamburg. *Der Spiegel* fragt an, was ich als Vorsitzender der Bischofskonferenz zu den Heilungen zu sagen habe. Sie bitten kurzfristig um eine Stellungnahme und um ein Interview in der ersten Kalenderwoche. Eine Rückfrage meines Pressesprechers ergab, dass zwei Autoren auf dieses Thema angesetzt sind. Welche, das wollten sie nicht mitteilen. Ich vermute, einer von ihnen ist Kolonko."

Winczyk unterbricht: „Das war doch abzusehen, dass das passiert. Unser Renatus erregt Aufsehen. Zuerst die Spontanheilungen, jetzt das Buch und in Hautrup organisieren wir ja schon die Heilungsgottesdienste. Es fängt alles gut an. Wir sollten jetzt mit Hilfe des *Spiegel* in die Offensive gehen. Ich habe dazu bereits einen kleinen Text vorbereitet, den wir an die Presse weitergeben, zwischen Weihnachten und Neujahr. Da haben wir die größte Publizität. Der Tenor des Textes: Menschen, die krank sind, erhalten selbstverständlich und wie immer von der Kirche geistlichen Beistand. Wir beten für die Kranken. Wenn die Gebete wirksam sind, so wie jetzt in der Klosterkirche Hautrup, wofür wir Gott danken, richten wir Heilungsgottesdienste aus." Winczyk schaut kurz in die Runde. Völler bestätigt: „Wir haben Heilungen in Lourdes und anderen Wallfahrtsorten und organisieren Fahrten dorthin. Das ist nichts Ungewöhnliches."

„Aber es ist ungewöhnlich, dass zwölfjährige Jungen in unseren Kirchen als Heiler auftreten.", werfe ich ein, „Jede Woche kommen mehr Kranke und Scheinkranke und lassen sich in der Kirche behandeln. Und der findige Rektor, wie heißt er noch? Westenstadt?"

„Westenstedt", berichtigt Völler. „Ah ..., also dieser Westenstedt stellt Opferstöcke vor den Eingang und verlangt sozusagen Eintritt", fahre ich fort, „Das ist schon ein wenig unverschämt. Neuerdings wird ein Buch verkauft, das angeblich unser Renatus geschrieben haben soll: 'Zu Füßen des Vaters'. Zehn Euro."

Winczyk will ablenken: „Das spielt doch alles keine Rolle. Wichtig ist: Renatus wird wahrgenommen als Heiler und als angehender Weiser. Das ist gut, auch wenn es uns vorübergehend Spott eintragen wird. Dass eine besondere Gnade auf ihm liegt, ist offensichtlich. Mit welcher Beiläufigkeit und Demut er heilt, das beeindruckt mich zutiefst. Wie nimmst du das denn wahr, Völler. Du siehst ihn ja oft?" Völler antwortet: „Ja, ich habe den Eindruck, er weiß noch gar nichts von seinen besonderen Kräften. Er begreift das als eine Art Spiel. Und das mit dem Buch, das war vielleicht wirklich ein wenig früh. Seine Deutschaufsätze werden immer mit drei oder vier benotet, sind voller Rechtschreibfehler. Sein Deutschlehrer hat aber bereits Anweisungen."

Winczyk übernimmt wieder: „Wir müssen das Göttliche in ihm erwecken. Es ist noch verpuppt, bald wird aus ihm ein göttlicher Schmetterling. Dazu bedarf es einiger Anstöße. So ähnlich wie es die Evangelien berichten. Die Familie bricht nach Jerusalem auf und findet ihn im Tempel wieder unter den Gelehrten: Lukas 2, 27: 'Alle aber, die ihn hörten, waren über seine Einsicht und seine Antworten verblüfft.' Und über seine Antworten war ich tatsächlich verblüfft, als ich zusammen mit Völler mit ihm gesprochen habe. Er ist nicht nur Heiler, er ist auch ein Weiser, jetzt noch eine Larve, aber bald wird er sich mit unserer Hilfe, und sagen wir einmal 'Kontextgestaltung', als neuer Weltenlehrer entpuppen. Wenn ihr so wollt, als ein neuer Jesus. Er benötigt allerdings, wie gesagt, noch etwas subtile Unterstützung durch uns."

Cumulus trinkt und nickt: „Ja, diese Unterstützung soll er haben. Ich werde mein Büro anweisen, entsprechende Interviewanfragen an uns zu prüfen. Wir müssen auf seiner Tätigkeit als Heiler dezent aufmerksam machen, am besten durch vorsichtige Relativierungen und Hinweise auf die religiöse Heiltraditionen. Die gibt es ja wie gesagt nicht nur bei uns. Von dir, Winczyk, bekomme ich einen Text. Wie ich dich kenne, ist es ein Strategiepapier. Ich werde mit den Presseleuten schon fertig. Ich lasse mir vorher die Fragen zukommen, dann kannst du, Winczyk, noch einen Blick darauf werfen, und dann gehen wir in die Offensive."

Winczyk nickt zustimmend: „Reich die Fragen am besten gleich an mich weiter. Ich schlage dir dann die Antworten vor. Wir haben übrigens volle Rückendeckung aus Rom. Wojtyla hat unser Vorhaben ja von Beginn an unterstützt, auch wenn er nicht in alle Einzelheiten eingeweiht ist. Er fragt immer wieder nach Renatus und will ihn möglichst bald sehen. Er plant einen inoffiziellen Kurzbesuch in Deutschland, bevor er nach Polen weiterreist. Es geht dem Papst übrigens wieder besser. Er ist fast völlig klar im Kopf, also so, wie vorher, und unerschütterlich in seinem Glauben."

Mich beunruhigt diese Euphorie: „Ich habe da noch eine Frage: Was wird aus diesem Kolonko? Ich habe ja mit ihm zu tun gehabt. Er ist hartnäck…" Völler unterbricht mich: „Aber er ist nicht wahnsinnig. Ich habe ihn gewarnt und ihm in Aussicht gestellt, dass er sich beruflich im Medienbereich weiterentwickeln kann, aber er weigert sich zu kooperieren."

Winczyk meint: „Genau das ist richtig: Er soll als kritischer Geist für uns arbeiten, kontrolliert, aber mit gewissen Entscheidungsbefugnissen, lange Leine. Damit hast du solche Leute unter Kontrolle und kannst sie einsetzen. Er muss gut verdienen, sich wichtig fühlen, man darf sein Gewissen nicht strapazieren. Man muss ihm Gelegenheit geben, seine Eitelkeit zu befriedigen."

Ich werde unruhig und insistiere: „Lieber Winczyk, das wird bei ihm, fürchte ich, nicht funktionieren. Er weiß von der Vorhaut, ahnt, dass unser Renatus damit in Verbindung steht, und er ist klug und phantasievoll genug, sich seinen Reim darauf zu machen. Ich kenne diese Menschen, die von der Kirche davongelaufen sind. Er wird Informationen sammeln und irgendwann damit herauskommen."

Winczyk räuspert sich: „Na, dann muss er eben unschädlich gemacht werden. Wir dürfen uns durch so etwas nicht aufhalten lassen." Völler widerspricht: „Ich habe ihn gewarnt. Das hat ihn beeindruckt. Außerdem will er niemandem schaden."

„Das ist mir zu unsicher. Ich werde das regeln lassen. Wir haben volle Absolution durch den Papst. Die Erreichung unseres gemeinsamen Ziels darf nicht von unserem kleinen Gewissen verhindert werden."

Ich wende ein: „Er weiß zu viel und hat die Informationen sicher gesammelt."

Winczyk nickt zustimmend: „Gut, dann musst du, Völler, diese Informationen sicher stellen und mein Mann aus Polen erledigt den Rest. Du hast doch deinen kleinen Einbrecherkönig. Es muss schnell gehen. Dieser Kolonko ist doch sicher nicht immer zu Hause. Dann räumst du seinen Schreibtisch aus, nimmst seinen Computer mit, alles. Danach schicke ich meinen Mann. Der lässt es wie einen Unfall aussehen. Nimmt dieser Kolonko Drogen oder hat er ein ungewöhnliches Sexualleben, ungewöhnliche Vorlieben?"

Hildesheim ♦ Oliver Bauer (9) ♦ 5. und 6. Januar 2003

Déjà-vu

Es ist Samstagfrüh, zwei Uhr. Bernd hat mir ein Angebot gemacht, das ich nicht ablehnen kann. Ein allerletzter Bruch, wie in alten Zeiten. Dieses Mal in eine Privatwohnung. Er meint, es ist besser. Ich weiß nicht, um was es sich handelt. Die Schlösser sind kein Problem für mich. Die Haustür unten ist ein Witz. Die Wohnungstür oben im dritten Stock hat zwei Schlösser. Ich brauche keine fünf Minuten. Es geht nahezu geräuschlos. Bernd hält das Namensschild zu, damit ich es nicht sehe. Aus Sicherheitsgründen meint er. Ich will das ganze schnell hinter mich bringen. 15.000 Euro sind nicht schlecht. Zuerst wollte ich nicht, doch Bernd drohte mir völlig unverblümt: „Wenn du es nicht machst, verlierst du deinen Job und deine Wohnung. Auch Susanne wird rausgeschmissen. Also überleg dir das. Bisher hast du keinen Grund gehabt, dich zu beklagen."

Als wir in der Wohnung sind, geht Bernd zielstrebig in eine Art Büro. Er schaltet das Licht an und zieht die Vorhänge zu: Viele Bücher, Aktenordner, ein alter Computer. Bernd stöpselt den Computer ab, stellt ihn zur Seite, holt einen anderen kleineren Computer aus seinem Rucksack und schließt ihn an. Dann packt er die Aktenordner in seinen Rucksack und legt irgendwelche bunten Hefte, ich vermute, Pornos an ihre Stelle. Einen richtigen Stapel. Jetzt werde ich misstrauisch: „Was soll das, Bernd? Was sind das für Hefte?“

„Das geht dich nichts an, Oli, das geht dich nicht das Geringste an. Das willst du alles auch gar nicht wissen.“

Ich lasse Bernd und schaue mir die anderen Zimmer an. Hier wohnt offenbar ein Paar mit Kind. Auf dem Nachttisch steht ein Foto, ein glückliches Paar. Ich schaue genauer hin. Den Typen darauf kenne ich. Es ist Kolonko. Jetzt wird mir alles klar: Bernd klaut die Akten von Kolonko, tauscht seinen Computer aus. Ich werde sauer und gehe zu Bernd. Er telefoniert gerade. Ich höre noch. „Ja, wir sind hier gleich fertig. Er kann jetzt kommen. Ich blockiere die Eingangstür, die Tür hier oben lasse ich auf.“ Bernd deutet mit dem Kopf auf den abmontierten Computer kommandiert: „Nimm den, und dann raus!“

Ich nehme den Computer und gehe nach unten. Alles fast lautlos, wie früher. Bernd folgt mir. Als ich die Hauseingangstür öffne, steht dort ein Mann, nicht besonders kräftig, mittelgroß. Ich kann ihn nicht erkennen, sehe nur dunkle Kleidung: eine Pudelmütze, die er sich tief ins Gesicht gezogen hat. Das Kinn verdeckt ein schwarzes Halstuch.

„Alles okay, keine Angst. Er gehört zu uns.“, Bernd schiebt mich weiter zum Auto und nickt dem Kerl zu.

Wir packen den Computer und den Rucksack mit den Akten ins Auto und Bernd startet. „Das war es schon. Ich bringe dich jetzt zu deinem Wagen, dann fährst du direkt nach Hause und erzählst keinem etwas, nicht einmal Susanne. Was hast du ihr gesagt, wo du bist?“

„Bei meiner Mutter, weil sie krank ist.“, antworte ich.

„Gut, bleib dabei! Und lasse die Klamotten verschwinden. Hier hast du das Geld.“ Er reicht mir einen Stapel Scheine. „Fahre nicht zu schnell und nicht zu langsam. Das kennst du ja. Wir sehen uns in den nächsten Wochen. Ich muss jetzt weiter nach Köln.“

Ich steige in mein Auto um, fahre los, grüble: „Weshalb sind wir bei Kolonko eingebrochen? Was sollte das mit dem Computertausch und den Akten und den Heften. Die waren so bunt, wahrscheinlich Pornos. Was sollte das? Und dann der Mann, der nach uns in die Wohnung ging.“ Aber Bernd hat ja gesagt: „Es ist besser, wenn du das alles schnell vergisst!“

Als ich um 6 Uhr zuhause ankomme, trinke ich erst einmal ein Bier. Susanne schläft tief und fest. Ich setze mich zu ihr aufs Bett. Sie zieht mich zu sich und dreht sich dann um. Ich liege einige Minuten da und frage mich, was ich tun soll. Es war eindeutig Kolonkos Wohnung. Er wusste von den Brüchen wegen der Vorhaut und er hat stillgehalten. Und jetzt? Was wollte der Typ in der Wohnung. Ich werde Theo anrufen. Es dauert eine Weile bis er abnimmt. Er klingt verschlafen: „Hier Oli, ich muss dich sofort sehen.“

„Warum? Kannst Du mir das nicht am Telefon sagen. Ich liege noch im Bett. Ich habe Ferien.“ Ich unterbreche ihn: „Theo. Es geht um Kolonko!“ Theo ist nicht der Schnellste im Begreifen: „Wieso? Was ist mit Klaus?“ Theo nervt mich, ich werde energisch: „Theo, zieh dich jetzt an. Wir treffen uns in 10 Minuten im Lunapark, hinten am Froschteich.“

Hannover ♦ Klaus Kolonko (12) ♦ 6. Januar 2003

Es wird ernst

Als wir im Flughafen Hannover auf unser Gepäck warten, macht mich Birgit auf eine Durchsage aufmerksam: „Klaus, hörst Du nicht. Du sollst Dich umgehend bei der Information melden.“ Ich bin irritiert. Wir hatten einige friedliche Tage auf Fuerteventura verbracht, um dem Weihnachtsrummel in Deutschland zu umgehen, und jetzt das. Vielleicht ist meiner Mutter etwas passiert? Ich hatte am Neujahrstag noch mit ihr gesprochen. Trotzdem suche ich gleich die Information in der Haupthalle auf. Birgit und ihre Tochter kommen mit dem Gepäck nach. Dort erfahre ich von einer freundlichen älteren Dame, dass ich sofort bei Theo anrufen soll. Ich finde eine Telefonzelle und stelle mich in die Reihe der Wartenden. Es geht schnell.

Theo hat offensichtlich auf meinen Anruf gewartet. Schon nach einem Klingelzeichen nimmt er ab: „Gut, dass du anrufst."

„Was ist denn passiert, Theo?"

„Zuerst brauche ich deine Zusicherung: Auf keinen Fall darfst du irgendjemandem verraten, dass du die Warnung von mir und Oliver hast." „Was für eine Warnung. Ich wurde schon genug gewarnt, von Völler, von Flitz, von anderen auch. Also, was soll das jetzt?"

„Hör zu, Klaus, hör bitte zu. Es ist ernst. Oliver hat mich heute früh aus dem Bett geklingelt. Er und Völler sind in eure Wohnung eingebrochen."

„Diese Schweine. Mir reicht's, ich ruf gleich die Polizei an."

„Hör erst einmal zu: Oliver wusste zuerst nicht, dass es eure Wohnung war. Er hat das zufällig bemerkt, er wurde vorher von Völler zum Einbruch gezwungen. Du weißt ja, dass Völler ihn in der Hand hat. Also: Sie haben deinen Computer ersetzt durch einen anderen, und sie haben deine Akten mitgenommen. Oliver denkt, dass sie deine Recherchen zur Vorhaut und Renatus haben wollten. Es kann sein, dass sie irgendwelches belastendes Material in deinem Arbeitszimmer deponiert haben, auch Pornos."

„Okay, das werde ich ja sehen und dann zeige ich diesen Völler an."

„Überleg dir das gut. Aber klar, was sollst du sonst machen. Überlege dir aber, woher du die Infos hast. Die müssen nicht wissen, dass Oliver nicht mitspielt. Was aber noch wichtiger ist: Nachdem Oliver und Völler eure Wohnung verlassen haben, also mit den Akten und dem Computer…"

„Was denn noch?"

„Ganz ruhig Klaus, hör mir gut zu: Als sie fertig waren, haben sie einen Mann reingelassen. Oliver meint, der ist gefährlich, der hat irgendetwas in der Wohnung gemacht. Also Vorsicht. Gehe nicht einfach in die Wohnung, schon gar nicht mit Birgit und der Kleinen. Der hat da wahrscheinlich irgendetwas manipuliert. Geh zur Polizei. Die sollen sich darum kümmern, aber überleg dir eine Geschichte, woher du die Infos hast. Vielleicht von einem Nachbarn. Nicht in die Wohnung gehen, hörst du? Auf keinen Fall!"

„Und was soll ich denen erzählen? Die denken doch, ich würde sie verarschen."

„Nochmal: Auf keinen Fall in die Wohnung gehen, okay?"

Langsam weiß ich nicht mehr, was ich tun oder lassen soll und hake nach: „Theo, gib mir mal die Telefonnummer von Oliver!"

„Nein, Klaus. Keine Verbindung zu Oliver. Dem passiert etwas, wenn Völler was merkt. Der verliert seinen Job, seine Freundin auch und es droht ihm Schlimmeres. Du weißt ja, dass die vor nichts zurückschrecken. Gehe also zur Polizei, sage denen, es wurde bei euch eingebrochen und erzähle irgendetwas, dass du als Journalist heikle Informationen hast oder so etwas, und dass jemand dich ausschalten will."

Als ich die Geschichte Birgit erzähle, schüttelt sie den Kopf und sagt: „Das ist doch alles Unsinn. Zuerst brechen sie bei uns ein, legen eine Falle und dann warnen sie uns? Die Polizei liefert dich gleich in die Psychiatrie ein, wenn du denen das erzählst. Wir holen jetzt unser Auto und fahren erst einmal nach Hause."

Osnabrück • Marianne Schlüter (8) • 6. Januar 2003

Karriereplanung

Das Spinnennetz der Kirche hat mich in der Vergangenheit immer fester eingesponnen: Das Studium, Bernd, dann der Redakteurs-Job, schließlich der Kindergarten und die Schule der Kinder. Für mich ist klar: Es sind beides meine Kinder. Bei mir sind sie aufgewachsen. Ich habe sie Tag und Nacht betreut, beschützt. Ich liebe sie. Beide. Mutterliebe macht abhängig, vollständig. So gibt es kein Entrinnen mehr. Mit jedem kleinen Widerstand geriet ich mehr und mehr in die Fänge dieses Vereins. Meine Versuche, Renatus zu adoptieren, endeten damit, dass er mir mehr und mehr aus den Händen glitt. Bernd drohte sogar damit, mir Johannes wegnehmen zu lassen. Ich musste zustimmen, als Renatus zusammen mit Johannes in Hautrup verschwand.

Seine angeblichen Wunderkräfte machen ihn jetzt zu einem Star. Immer öfter verbringt er die Wochenenden nicht bei mir, sondern er wird herumgereicht. Sogar in Köln lassen sie ihn ausgewählte Kranke heilen. Kardinal Cumulus hat das wohl selbst angeordnet. Inzwischen schreiben sie ihm vor, wie er aufzutreten hat, was er zu sagen hat, welchen Haarschnitt zu ihm passt und welche Kleidung er trägt. Johannes war lange Zeit dabei. Das gab Renatus die Sicherheit, die er brauchte. Neuerdings versuchen sie immer wieder, Johannes von ihm fernzuhalten. Beim Bischof war er allein, ohne Renatus. Johannes macht sich Sorgen um ihn.

Ich unterhalte mich mit Johannes. Renatus, meint er, lasse sich alles einreden. Ich frage zurück: „Sie manipulieren ihn, meinst du?" Er bestätigt: „Ja, Renatus glaubt jetzt das, was sie ihm einreden."

„Was reden sie ihm denn ein?"

„Naja", sagt Johannes, „sie reden ihm ein, dass er Wunder tun kann, Leute gesund machen kann und so etwas und dass er ein tolles Buch geschrieben hat und bald ein Lehrer für die ganze Welt sein wird."

„Und er glaubt das?"

„Langsam glaubt er das. Der Papst hat ihm sogar eine Einladung geschickt. Pater Winczyk hat sie ihm übergeben. Früher haben wir gelacht darüber, wenn sie ihn für so toll hielten und er Leute geheilt hat. Aber weil alle sagen, dass er so toll ist, glaubt er es fast selbst. Und immer wollen sie, dass er sagt, dass das stimmt."

„Dass was stimmt?"

„Na, dass er die Leute gesundmachen kann und Kräfte spürt und dass er von Gott gesagt bekommt, was er tun soll."

„Und was glaubst Du, Johannes?"

„Ich weiß nicht, aber ich glaube, sie reden ihm das nur ein. Manchmal funktioniert das mit dem Heilen. Dann stehen die Leute auf und sagen, sie können jetzt wieder ihre Beine spüren oder sie haben keine Schmerzen mehr oder so was."

„Aber ihr beide, ihr haltet zusammen?"

„Meist ja, aber einmal hat er schon gesagt, dass ich neidisch auf seine Kräfte bin, weil ich wie früher gelacht habe. Früher haben wir immer gelacht. Und einmal habe ich aus Spaß gesagt, dass er mal auf dem Wasser gehen soll. Jesus konnte das schließlich auch. Da war er richtig beleidigt. Und das Buch hat er auch nicht geschrieben. Das war jemand anders. Weshalb machen die das? Die spinnen!"

Johannes verstummt. Eigentlich ist er schon ein bisschen zu groß dafür, aber als ich sehe, dass er Tränen in den Augen hat, nehme ich ihn in den Arm. Nach einer Weile sagt er: „Die machen ihn kaputt. Er bekommt immer bessere Noten, darf alles. Alle aus der Klasse kriegen eine Wut auf ihn. Jetzt trifft er auch noch den Papst, zusammen mit Bernd, ohne mich."

Ich frage: „Den Papst? Der ist doch in Rom."
Johannes antwortet: „Renatus sagt, der ist inkognito in Köln."

Hildesheim • Klaus Kolonko (13) • 6. Januar 2003

Wachtmeister

Während der Autofahrt nach Hildesheim kann ich kaum mit Birgit über die Warnung von Oliver und Theo reden. Lea auf der Rückbank spürt, dass etwas ungewöhnlich ist und fragt mehrmals, ob wir uns gestritten haben und uns trennen wollen. Wir versichern ihr, dass wir uns bestens verstehen. Birgit sagt ihr, dass wahrscheinlich bei uns zuhause eingebrochen wurde, als wir auf Fuerteventura waren, und dass wir deshalb zuerst zur Polizei müssten. „Weil das langweilig ist, bringen wir dich zu deiner Freundin. Vielleicht kannst du da ein paar Stunden bleiben."

Sehr geschickt war das nicht. Jetzt will Lea unbedingt mit zur Polizei. Es ist Sonntag, und die Wache ist nur mit einem Notpersonal besetzt. Am Schalter sitzt ein deutlich übergewichtiger Mann mit Glatze und einem Bart um Mund und Kinn. Er schaut kaum von seiner Kaffeetasse auf, als ich ihm von der Warnung erzähle.

„Wir haben viel zu tun hier. Fahren Sie doch erst einmal nach Hause und schauen Sie, ob die Tür beschädigt ist und ob etwas fehlt. Außerdem, wer hat Sie denn gewarnt und wie?"

Ich versuche freundlich zu bleiben: „Ich bin gewarnt worden über die Information am Flughafen in Hannover. Die hatten keine Telefonnummer vom Anrufer. Die hatten nur den Eindruck, es sei ernst. Außerdem bin ich Journalist und bin an einer Sache dran, die einige Leute ärgert."

„Um was handelt es sich denn? Sind Sie der Mafia auf der Spur?" Er schaut sich meinen Personalausweis an und tippt etwas in seinen Computer. „Da habe ich Sie: Kirchenfunk." Er spottet: „Mafia in Hildesheim bricht bei einem Journalisten ein, der für den Kirchenfunk arbeitet." Er kann sich kaum noch halten vor Lachen, sein fettes Doppelkinn wackelt: „Hat die Mafia den Opferstock geklaut?" Langsam werde ich sauer. „Ich bitte Sie, kommen Sie mit oder schicken Sie einen Kollegen vor. Ich bin da an einer merkwürdigen Sache dran und es könnte für bestimmte Leute unangenehm werden, wenn das alles herauskommt."

„Noch einmal: Woher wissen Sie denn, dass jemand bei Ihnen eingebrochen ist? So einen anonymen Anruf, den kann doch jeder machen."

„Das kann ich Ihnen jetzt nicht sagen. Wie gesagt, ich bin Journalist und ich recherchiere noch. Da hängen viele wichtige Leute drin." Es gelingt mir nicht, ihn umzustimmen.

„Also, Sie fahren jetzt erst einmal nach Hause und schauen nach. Wenn eingebrochen wurde und etwas fehlt, rufen Sie mich an. Ich komme dann persönlich – mit meiner hübschen Kollegin." Er blickt zu einer Polizistin hinüber, die misslaunig in einen Schokoriegel beißt und dann die klebrige Masse, die ihr am Kinn klebt, vergeblich mit ihrem Finger zu beseitigen sucht. Ich protestiere: „Man hat mir ausgerichtet, dass ich auf keinen Fall allein in die Wohnung gehen soll, nur mit Polizei."

Birgit kommt mit Lea herein: „Dauert es noch lange?" Ich stöhne und schaue auf den Polizeibeamten: „Er glaubt mir nicht und will, dass wir erst einmal allein nachschauen." Birgit nickt: „Okay, das machen wir. Aber wenn etwas nicht stimmt, dann kommen Sie."

„Ja, das habe ich Ihrem Mann auch schon vorgeschlagen. Wenn das Türschloss kaputt ist oder ihre Wohnung ausgeräumt ist, komme ich sofort mit meiner Kollegin. Das mit der Flughafendurchsage ... kann es sein, dass sie einen witzigen Kollegen haben?"

„Das war kein Scherz, Herr Wachtmeister."

Er unterbricht mich: „Ich bin Haupt-Kommissar, so heißt das heute."

„Gut, Herr Oberkommissar, Hauptwachtmeister oder was auch immer", dieses Klischee eines dummen Bullen geht mir auf die Nerven, „es ist mir ernst ..." Er unterbricht mich: „Jetzt werden Sie mal nicht unhöflich, mein Guter!"

„Ich bin nicht unhöflich, nur etwas nervös wegen ihrer Ignoranz."

Jetzt setzt er sich aufrecht hin und ranzt mich an: „Jetzt ist Schluss! Gehen Sie und rufen Sie an, wenn etwas mit Ihrer Wohnung nicht stimmt."

Und plötzlich sagt Lea laut und deutlich: „Arschloch!"

Birgit schimpft wenig überzeugend mit Lea, entschuldigt sich und zieht sie aus der Tür. Ich folge den beiden. Auf dem Gang macht Lea weiter: „Fettes Arschloch, warum kommt der nicht mit. Dafür ist der doch da."

Ich liebe dieses Kind.

Hautrup • Oliver Bauer (10) • 6. Januar 2003

Geständnis

Kolonko ist immer anständig zu mir gewesen. Er hat die Geschichte mit dem Reliquiendiebstählen nicht veröffentlicht. Er hätte sich damit einen Namen machen können, sagt Theo. Das wäre eine tolle Story gewesen: „Katholische Bischöfe lassen das heilige Präputium stehlen." Oder: „Was will Kardinal Cumulus mit der Vorhaut Jesu?" Und wir brechen bei ihm ein, klauen seinen Computer, stellen stattdessen einen anderen hin mit belastendem Material, mit Pornos, wahrscheinlich Pornos mit Kindern, um ihn unglaubwürdig zu machen. Vielleicht hat Bernd ja damit gerechnet, dass ich Kolonko warne. Dann kommt die Polizei und findet das. Damit wäre er erledigt. Dann glaubt ihm kein Mensch mehr. Aber was wollte der Typ in seiner Wohnung?

Ich werde im Laufe des Tages immer unruhiger. Ich versuche Bernd anzurufen, doch er ist nicht erreichbar. Ich rufe bei Marianne an und frage nach Bernd. Sie sagt mir, er sei unterwegs, wahrscheinlich in Köln. Was soll ich machen? Theo kann Kolonko nicht erreichen. Wenn der Typ, den wir in seine Wohnung gelassen haben, ihn umbringen will, habe ich Schuld. Außerdem wohnt er nicht allein dort. Dort wohnt seine Freundin und deren kleine Tochter. Das weiß ich von Theo.

Ich beschließe, zur nächsten Telefonzelle zu fahren, um die Polizei in Hildesheim anzurufen, anonym. Ich will mich ja nicht selber ans Messer liefern. Es ist längst dunkel geworden, als ich endlich jemanden in der Polizeidienststelle in Hildesheim erreiche: „Wenn Sie mir nicht Ihren Namen nennen, höre ich mir erst gar nicht an, was sie sagen. Das interessiert mich dann nicht.“ Ich versuche es dringend zu machen: „Ich bin dort eingebrochen und dann hat mein Komplize einen Mann hereingelassen.“

Der Polizeibeamten schreit mich an: „Sie verarschen mich. Das kann Sie teuer zu stehen kommen, sehr teuer. Das ist Irreführung der Behörden. Oder sind Sie das selbst, Kolonko? Wenn Sie das selbst sind …“

Ich unterbreche ihn: „Hören Sie mir bitte zu …“ Er unterbricht mich: „Nein, jetzt hören Sie mir zu: Ich habe gleich Feierabend, und ich habe keine Lust mehr, mich von Menschen wie Ihnen nerven zu lassen.“ Jetzt unterbreche ich ihn: „Sie blödes Arschloch, sie gefährden Menschenleben …“ Und dann lege ich auf. Es hat keinen Zweck. Ich kann nichts machen.

Hildesheim • Klaus Kolonko (14) • 6. Januar 2003

Sprengfalle

Zuerst klingen wir bei der freundlichen Nachbarin, einer Rentnerin. Ja, es kann sein, dass da Geräusche auf dem Flur waren. Sie erinnere sich dunkel. Aber sie habe mit ihrem Freund ein bisschen gefeiert und etwas getrunken. Sie seien gleich wieder eingeschlafen: „Die Tür ist nicht beschädigt. Jedenfalls ist mir das heute Morgen nicht aufgefallen. Probiert doch erst einmal, ob das Schloss noch funktioniert."

Ich hole den Schlüssel heraus und merke gleich, dass da etwas nicht stimmt. Ich hatte die Tür doppelt abgeschlossen. Ich ziehe den Schlüssel wieder heraus, ohne die Tür zu öffnen und sage: „Birgit, Lea, geht ihr bitte zurück!" Die Nachbarin bittet die beiden zu sich in die Wohnung: „Ja, kommt rein. Wollt ihr ein Glas Wein? Für dich, Lea, habe ich Apfelsaft, wenn du magst."

Birgit schiebt Lea in die Wohnung der Nachbarin.

Jetzt drehe ich vorsichtig den Schlüssel im Schloss und öffne die Tür einen Spalt. Es gibt einen leichten Widerstand, als die Tür etwa einen Zentimeter geöffnet ist. Ich schaue genauer nach. Zuerst in die Spalte zwischen dem seitlichen Türrahmen und der Tür, dann nach oben. Oben in der Ecke der Tür sehe ich einen dünnen Draht. Schnell ziehe ich die Tür zu und zögere einen Moment. Dann drehe ich den Schlüssel noch einmal ganz vorsichtig, öffne behutsam die Tür einen kleinen Spalt ... Tatsächlich, da ist ein dünner Draht ... oder ein Faden. Kein Zweifel. Vielleicht sollte ich ihn vorsichtig durchschneiden? Ich ziehe die Tür wieder zu.

Ich drücke bei der Nachbarin den Klingelknopf. Birgit macht auf mit einem Glas Wein in der Hand. Ich bin unruhig, stottere etwas vom Draht oben an der Tür. Birgit will den Schlüssel und sagt beruhigend: „Ich schau mal nach."

„Nein, besser nicht. Wenn die Tür aufgeht, löst der Draht vielleicht etwas aus. Was weiß ich ...?"

Ich rufe die Polizei vom Telefon der Nachbarin an: Nach etwa zwei Minuten habe ich den dicken Polizisten in der Leitung: „Hier

Kolonko. Sie erinnern sich …“ Ich höre es demonstrativ stöhnen: „Herr Kolonko, ich habe gehofft, dass sie nicht mehr anrufen, bevor ich Feierabend habe. Waren Sie das, der gerade angerufen …“ Ich unterbreche ihn: „Ich habe die Tür einen Spalt geöffnet. Da ist oben ein kleiner Draht oder so etwas. Vielleicht können sie jemanden schicken, der das überprüft!“

Eine kleine Pause am anderen Ende der Leitung. „Ich habe bald Feierabend und sage hier Tschüs und dann gucke ich mir das selbst an. Wenn Sie irgendwelche Spielchen mit mir spielen, kriegen Sie Ärger, und zwar ordentlich.“ Die Adresse hat er bereits. Ich informiere Birgit und die Nachbarin und gehe nach unten, warte auf den Polizisten an der Hauseingangstür. Es dauert nicht lange. Den Reißverschluss seines Polizeianoraks hat er nur bis zum unteren Bauchansatz zuziehen können, so sehr quetscht sich sein kolossaler Bauch durch die Öffnung: „Wo ist denn die Wohnung, doch wohl nicht ganz oben?“

„Zweiter Stock, ich gehe vor.“

Nach den ersten zwei Absätzen macht er eine kleine Atempause. Er hat schwer zu schleppen. Ich warte oben. Bald hat auch er es geschafft. Ich zeige ihm die Haustür und stelle mich in den Türrahmen der Nachbarin: „Hier der Schlüssel. Passen Sie auf oben ist das Drähtchen.“ Er geht auf die Tür zu, greift nach dem Schlüssel und öffnet sie vorsichtig.

„Passen Sie auf, Herr Wachtmeister.“

Er dreht sich zu mir um. Seine Korrektur „Hauptkommissar“ bringt er nicht ganz zu Ende. Die gewaltige Detonation drückt mich in die Wohnung der Nachbarin. Als ich mich aufsetze, schaue ich auf einen zuckenden Fleischberg im Hausflur.

Köln • Bischof Dr. Ralf Flitz (9) • 6. Januar 2003

Gotteskind

„Bevor ich Euch entlasse, meine lieben hilfreichen Geister aus der Küche, nehmt meinen herzlichen Dank entgegen für dieses vortreffliche Mahl, das dem Anlass unserer Zusammenkunft durchaus würdig war." Cumulus schaut freundlich lächelnd Chefköchin Schwester Margarete an und bedeutet ihr mit einer winzigen Handbewegung, dass sie nun den Raum zu verlassen habe. Diese macht nun ihrerseits eine ausladende Bewegung in Richtung der Bedienung. Einer davon, ein junger Priesteramtskandidat von den Philippinen, unterhält sich angeregt mit dem am Tischende platzierten Bischof Engels. Wie zufällig berührt die Hand des Bischofs dessen Hüfte, als er sich Cumulus zuwendet. Schwester Margarete tippt ihn kurz auf den Rücken. Als der Priesteramtskandidat aufblickt, macht sie eine energische Bewegung mit dem Kopf in Richtung Tür.

Nun sind wir unter uns. Drei Kardinäle, zehn Bischöfe, einige andere geistliche Würdenträger, unter ihnen Winczyk, etwa 20 Männer. Die meisten von ihnen grau oder glatzköpfig, wenige unter 60 Jahre alt. Ich bin inzwischen nicht mehr der Jüngste in der Runde. Cumulus nimmt noch einen energischen Schluck aus seinem Weinglas, erhebt sich mit Mühe von seinem Platz und wartet kurz. Die Aufmerksamkeit aller ist ihm sicher: „Getreue des wahren Katholizismus! Jetzt, wo wir uns gestärkt haben, möchte ich euch etwas wirklich Großes, um nicht zu sagen Epochemachendes eröffnen. Ja, meine Brüder, unsere Gebete wurden erhört! Dank sei dem Herrn, unserem Gott! Es ist eine Gnade, wie sie der Menschheit sehr lange, ich möchte sagen, 2000 Jahre lang nicht mehr zuteilgeworden ist."

Cumulus macht eine seiner rhetorischen Kunstpausen und schaut in die Runde: „Wie soll ich beginnen, liebe Mitbrüder, wie soll ich beginnen? Vor mehr als einem Dutzend Jahren saßen wir zusammen, um unserer Kirche zunächst hier in Deutschland eine volkstümliche Wende zu geben. Wir fragten uns damals, wie wir uns erneuern können auf der Basis unserer alten Traditionen. Wir fragten uns, wie wir durch die Bindekraft der Institution die Verbindlichkeit des

Glaubens zurückgewinnen können. Im kleineren Kreis haben wir mit Hilfe modernster Verfahren eine Möglichkeit wahrer Rückbindung, wahrer *re-ligio* zu finden. Wir riefen uns die Jahrtausende alte Tradition der Reliquienheiligkeit vor Augen und Herz und wir … " Cumulus kommt ins Stocken, greift nach seinem Weinglas, das er allerdings bereits geleert hatte. „… und wir haben einen Gast, wie er heiliger nicht sein kann. Er kam heute ganz im Geheimen zu uns, um ihn, zu sehen, unseren Gottesknaben, unser aller heiliger …" Wieder stockt Cumulus, fasst nach seinem Weinglas und sucht dann mit den Augen die Weinflasche, die für ihn unerreichbar in der Mitte des Tisches steht. Nun schreitet Winczyk ein: „Mach es nicht so spannend, Cumulus. *Getreue des wahren Katholizismus*, wir haben ein Gotteskind gefunden, einen Wundertäter. Er heißt Renatus und ist göttlichen Blutes. Lieber Pater Völler, führe ihn herein, unseren Renatus!"

Aus der Bibliothek kommt Renatus an der Seite von Völler in den Raum. Renatus wirkt verunsichert. Er schaut immer wieder hoch zu Völler. Renatus ist groß geworden im letzten halben Jahr. Seine Arme schauen etwas zu weit aus den Ärmeln des Jacketts, doch seine Krawatte ist korrekt gebunden. Jetzt versucht er ein Lächeln zustande zu bringen. Winczyk ruft ihn zu sich. Renatus schaut aber Cumulus an, der sich auf seinen ächzenden Stuhl zurückfallen lässt. Cumulus stützt sich auf dem Tisch ab und drückt sich wieder in den Stand und setzt wieder zu einem seiner rhetorischen Höhenflüge an: „Unser Renatus, ihr habt sicher schon von ihm gehört, macht Blinde sehend und Lahme gehend und Aussätzige rein, Matthäus 11, 5." Einige der Anwesende beginnen zögerlich zu klatschen. Winczyk zischt ein strenges „Ruhe!" in den Raum. Cumulus stammelt noch so etwas wie: „Er ist zwölf Jahre alt und schreibt Bücher, ist weise wie der zwölfjährige Jesus im Tempel. Lukas 2, 41: Renatus, der Weise, der Heiler unserer Körper und Seelen!"

Renatus steht wie erstarrt da. Die Augen der *Getreuen des wahren Katholizismus* richten sich auf Renatus, der nun mit seinen Händen die Taschen seiner Anzugjacke sucht. Winczyk unterbricht das Schweigen: „Darf ich Euch, verehrte Mitbrüder, Renatus vorstellen.

Renatus, der Wiedergeborene aus den Keimen unseres Herrn Jesus, die Hoffnung der Christenheit, unser Heiler und Heiland, unser neuer Weltenlehrer."

Renatus unterbricht mit seiner glasklaren Kinderstimme: „Ich bin kein Weltenlehrer und das Heilen, das ist nichts als Einbildung."

Cumulus richtet sich auf, greift nach seinem Weinglas.

Völler fast Renatus an der Schulter, zieht ihn zu sich heran. Renatus löst sich aus dem Griff und seine Stimme wird zu einem Schreien: „Lasst mich einfach in Ruhe!"

Cumulus erstarrt, kippt nach hinten in seinen Stuhl. Seine Arme fallen nach unten, das Weinglas gleitet ihm aus der Hand. Die Augen weit aufgerissen. Sein Mund öffnet sich zu einem vergeblichen Atemzug, seine Zunge tritt aus dem Mund.

Kein Zweifel: Exitus.

Winczyk packt Renatus am Arm, reißt ihn zurück. Seine Stimme überschlägt sich: „Der Teufel, der Teufel hat Macht über ihn gewonnen." Dann dreht er sich abrupt zu mir um: „Flitz, es ist noch nichts verloren. Wir haben noch Material, noch eine göttliche Keimzelle, in Schottland. Wir versuchen es noch einmal."

Inhalt

Teil 1

Teil 2

Teil 3

Literatur

Wie gesagt: In diesem Roman ist weniger erfunden, als es den Anschein hat.
Hilfreich waren mir vor allem die folgenden Publikationen; mit einigen der unten angeführten Autoren führte ich Interviews für Radio-Features:

Angenendt, Arnold: Heilige und Reliquien. Die Geschichte ihres Kultes vom frühen Christentum bis zur Gegenwart, München 1997

Cantzen, Rolf (Hrsg.): Ich bin hinter dir. Katholische Internatsgeschichten, Aschaffenburg 2012

Cantzen, Rolf: Esoterische Biotope. Erleuchtungen in der Satsang-Szene nebst Besuchen bei Engeln und Einhörnern, Aschaffenburg 2019

Deschner, Karlheinz: Das Kreuz mit der Kirche. Eine Sexualgeschichte des Christentums, München 1989 (neu hrsg. im Alibri-Verlag, Aschaffenburg 2021)

Herrmann, Horst: Lexikon der kuriosesten Reliquien. Vom Atem Jesu bis zum Zahn Mohammeds, Berlin 2003

Kohl, Karl-Heinz: Die Macht der Dinge. Geschichte und Theorie der sakralen Objekte, München 2003

Müller, Alphons Victor: Die „hochheilige Vorhaut Christi“ Im Kult und in der Theologie der Papstkirche, Berlin 1907

Louis Peters, Joachim Rönneper (Hrsg.): Knochenpracht und Mantelflecken. Von Reliquien und Andenken, Eine Anthologie, Gelsenkirchen 2000

Lützelschwab, Ralf: Zwischen Heilsvermittlung und Ärgernis – das *preputium Domini* im Mittelalter, in: Pecia 8/11, 2005

Schindler, Alfred (Hrsg.): Apokryphen. Zum alten und neuen Testament, Zürich 1998

Sörries, Reiner: Was von Jesus übrig blieb. Die Geschichte seiner Reliquien, Darmstadt 2012

Alibri

Rolf Cantzen (Hrsg.)

Ich bin hinter dir

Katholische Internatsgeschichten

ISBN 978-3-86569-073-9, 197 Seiten, Abbildungen, kartoniert, Euro 16.-

Kontrolliert, gedemütigt, verprügelt, bestraft, sexuell missbraucht, zur Mittäterschaft gezwungen – das Erleben katholischer Internate wird in den hier gesammelten Texten ungeschützt erinnert. Die biografischen Reflexionen zeigen, wie in der „totalen Institution" Internat Kontrolle, Hierarchie, Gewalt und sexueller Missbrauch ineinander greifen und eine spezielle Variante „schwarzer Pädagogik" ausbilden. Der Zweifel an rigiden Glaubensvorschriften verbindet sich mit dem Gefühl, sündig und minderwertig zu sein. Die christliche Demutsforderung mündet in die systematische Demütigung der Zöglinge. Die persönlichen Rückblicke machen deutlich: Sexualisierte Gewalt in katholischen Internaten geschieht nicht zufällig durch psychopathische Einzeltäter. Sie wird begünstigt durch hierarchische Institutionen, durch christliche Ideologie und durch eine zur „Reinheit" verpflichtete zölibatäre Männergemeinschaft.

Rolf Cantzen

Esoterische Biotope

Erleuchtungen in der Satsang-Szene nebst Besuchen bei Engeln und Einhörnern

ISBN 978-3-86569-295-5, 146 Seiten, kartoniert, Euro 12.-

Zur Satsang-Szene gehören im deutschsprachigen Raum etwa 200 spirituelle MeisterInnen – Tendenz steigend. Sie wollen den Menschen Advaita nahe bringen, einen Zustand jenseits des Denkens und Fühlens, voller Liebe, Harmonie, Frieden und Glück. Der Haken an der Sache: Eine Voraussetzung ist die Abschaltung des „Mind", des Verstandes.

Rolf Cantzen berichtet aus den esoterischen Parallelwelten von nebenan und über die dort anzutreffende bunte Mischung verschiedenster religiöser Elemente. Er schreibt über Intellektuelle, die ihren Verstand überwinden wollen, über gechannelte Omas, Außerirdische und Engel, über spirituelle GmbHs und Aktiengesellschaften und darüber, dass man mit Einhörnern nur kuscheln darf (mehr nicht). Reportagen und Hintergrundberichte über das wundersame Diesseits des neu kreierten Jenseits.

Rolf Cantzen

Wiedergeboren werden – aber richtig

Ein spiritueller Ratgeber für alle Lebensfragen

ISBN 978-3-86569-174-3, 131 Seiten, kartoniert, Euro 10.-

Rolf Cantzen hat einen großen spirituellen Meister getroffen, der ihm alle Antworten auf die wirklich wichtigen Fragen des Lebens diktiert hat: – Wie denke ich die Wirklichkeit richtig? – Wie nehme ich Kontakt zu meinem Engel auf? – Wie entfalte ich die Kraft des positiven Egoismus? – Wie erlebe ich die schönsten Wunder? – Wie werde ich reich und schön? – Wie sichere ich mir die Unterstützung meiner Ahnen, der Germanen? – Wie werde ich erfolgreich und glücklich wiedergeboren?

Die hier achtsam aufgezeichneten Antworten des Meisters bringen alle, die sich auf den Pfad der Erleuchtung begeben, den entscheidenden Schritt voran. Die seelenkundigen Botschaften des Meisters werden alle zutiefst berühren, die bislang der Welt der Esoterik zurückhaltend oder gar ablehnend gegenüber standen. Kurzum: Die liebevollen Mitteilungen des Meisters machen einfach nur glücklich! Mit Faktencheck, Übungen und Meditationsanleitungen.

Alibri Verlag, Postfach 100 361, 63703 Aschaffenburg
Fon (06021) 62 62 560, www.alibri.de